CW01084260

Série Estratégias de Ensino 11

EDITORA AFILIADA

Série Estratégias de Ensino

DIÓGENES CÂNDIDO DE LIMA (ORG.)

ENSINO E APRENDIZAGEM DE LÍNGUA INGLESA

conversas com especialistas

John Robert Schmitz

Luciano Amaral Oliveira | Vera Lúcia Menezes de Oliveira e Paiva

Kanavillil Rajagopalan | Luciano Rodrigues Lima | Elizabeth Ramos

Giêdra Ferreira da Cruz | Joceli Rocha Lima

Domingos Sávio Pimentel Siqueira | Ana Antonia de Assis-Peterson

Eladyr Mª Noberto da Silva | Telma Gimenez | Vilson José Leffa

Denise Scheyerl | Adelaide P. de Oliveira | Ricardo Augusto de Souza

Miriam Lúcia dos Santos Jorge | Hilário Inácio Bohn

Diógenes Cândido de Lima | Leda Maria Braga Tomitch

Leland Emerson McCleary | Melissa Santos Fortes

Ana Maria Stahl Zilles

parábola

EDITOR: *Marcos Marcionilo*

CAPA E PROJETO GRÁFICO: *Andréia Custódio*

IMAGEM DA CAPA: Stock

CONSELHO EDITORIAL

Ana Stahl Zilles [Unisinos]
Carlos Alberto Faraco [UFPR]
Egon de Oliveira Rangel [PUCSP]
Gilvan Müller de Oliveira [UFSC, Ipol]
Henrique Monteagudo [Universidade de Santiago de Compostela]
Kanavillil Rajagopalan [Unicamp]
Marcos Bagno [UnB]
Maria Marta Pereira Scherre [UFES]
Rachel Gazolla de Andrade [PUC-SP]
Salma Tannus Muchail [PUC-SP]

CIP-BRASIL. CATALOGAÇÃO NA FONTE
SINDICATO NACIONAL DOS EDITORES DE LIVROS, RJ

E52
    Ensino Aprendizagem de língua inglesa: conversas com especialistas /
Diógenes Cândido de Lima (org.). - São Paulo : Parábola Editorial, 2009.
    (Estratégias de ensino ; 11)

    Inclui bibliografia
    ISBN 978-85-88456-95-2

    1. Língua inglesa - Estudo e ensino (Superior). I. Lima, Diógenes Cândido
de, 1949 -. II. Série.

09-1522
        CDD 428.24
        CDU 811.111'243

Direitos reservados à
PARÁBOLA EDITORIAL
Rua Sussuarana, 216 - Ipiranga
04281-070 São Paulo, SP
Fone: [11] 5061-9262 | 5061-8075 | Fax: [11] 2589-9263
home page: www.parabolaeditorial.com.br
e-mail: parabola@parabolaeditorial.com.br

ISBN: 978-85-88456-95-2

1ª edição - 1ª reimpressão - junho/2010

© do texto: Diógenes Cândido de Lima, 2009

© da edição: Parábola Editorial, São Paulo, maio de 2009

Sumário

6   Ensino e aprendizagem de língua inglesa: conversas com especialistas

Agradecimentos

A organização de um livro dialógico tem como objetivo estabelecer uma conversa entre pessoas em torno de um tema de interesse comum. Daí o envolvimento de vários(as) participantes. Gostaríamos de agradecer a todos e a todas que participaram deste projeto e que acreditaram em sua concretização. Expressamos nossos sinceros agradecimentos aos (às) proponentes dos casos aqui apresentados para análise e aos (às) especialistas que se prontificaram a analisá-los. Essas pessoas não mediram esforços em dar sua parcela de contribuição, não como detentores do saber, mas como estudiosos(as) interessados(as) em socializar o conhecimento produzido. Este livro não teria se concretizado não fossem as valiosas contribuições desses(as) acadêmicos(as) e pesquisadores(as).

Queremos expressar nossa gratidão à funcionária do Centro de Aprendizagem Autônoma de Línguas Estrangeiras (CAALE), da Universidade Estadual do Sudoeste da Bahia (UESB), Karine P. D. Cardoso, pelo constante apoio logístico a este projeto e a muitos outros desenvolvidos pelos membros da Área de Línguas Estrangeiras e Literaturas (ALEL), do Departamento de Estudos Linguísticos e Literários (DELL), da UESB.

DIÓGENES CÂNDIDO DE LIMA

Apresentação

A necessidade de aprender a língua inglesa tem se justificado por razões que vão de *status* à real exigência de dialogar com um mundo sem fronteiras. O rápido processo de globalização tem exigido que as pessoas se qualifiquem e se preparem para acompanhar a evolução deste mundo, que vem se desenvolvendo a passos largos e que tem alcançado um patamar de sofisticação nunca visto na história da humanidade. A aprendizagem de uma língua estrangeira, principalmente da língua inglesa, passa a ser uma exigência para que as pessoas possam lidar com essa rápida evolução e com esse crescente desenvolvimento.

Contudo, o crescimento exacerbado do uso da língua inglesa tem causado muita controvérsia e suscitado muita polêmica. Por exemplo, por um lado, acredita-se que essa evolução esteja fazendo com que muitas línguas minoritárias desapareçam. Por outro, está oportunizando o crescimento socioeconômico para alguns e permitindo que as pessoas possam se comunicar, em pé de igualdade, com o mundo que as cerca.

Daí se dizer que o destino da língua inglesa não está nas mãos dos falantes nativos, mas nas daqueles que a falam como língua estrangeira (LE). A expansão do inglês como LE tem feito com que várias escolas e vários departamentos de formação de professores de inglês como língua estrangeira (ILE) tenham sido criados e venham atraindo uma grande quantidade de professores nativos, que são contratados para lecionar em universidades e centros de idiomas, principalmente em regiões consideradas periféricas, como é o caso da Europa Oriental, África, Ásia e América Latina.

No Brasil, essa prática não poderia ser diferente. O ensino de língua inglesa tem se consolidado e se tornado grande fonte de renda para aqueles que enveredaram por essa tão promissora área, mas, também, tão cheia de obstáculos, frustrações e, acima de tudo, de muitas dúvidas e questionamentos.

Na condição de professor de língua inglesa, por mais de trinta anos, em instituições públicas de ensino superior, atuando, principalmente, em departamento de formação de professor de língua estrangeira, temos testemunhado várias discussões sobre o assunto e trabalhado com vários métodos e abordagens que guiam o ensino e a aprendizagem dessa língua, cujo nível de internacionalização tem se acentuado a cada dia.

Infelizmente, independentemente dos métodos e das abordagens utilizadas, a verdade é que a grande maioria dos departamentos de formação de professor(a) de língua inglesa, mormente aqueles que oferecem dupla habilitação, tem falhado na preparação de professores. Assim, acabam colocando no mercado de trabalho profissionais inexperientes, inseguros, sem ou com pouca fluência na língua estudada, portanto despreparados e com muita dificuldade para exercer a docência. Paradoxalmente, é o exercício dessa docência que tem levado muitos professores de língua inglesa a nos contatar, na esperança de que possamos, enquanto professores mais experientes, esclarecer suas dúvidas e buscar respostas para os seus questionamentos.

Os constantes questionamentos que nos são dirigidos por parte de alunos(as) e ex-alunos(as), muitos deles professores de língua inglesa que atuam na rede pública e/ou privada de ensino, levaram-nos a organizar este livro, cuja finalidade é estabelecer um espaço de debates, provocações e reflexões sobre o processo de ensino e aprendizagem de inglês como língua estrangeira e internacional.

Motivados por essas constantes consultas, solicitamos desses alunos(as)/professores(as) que colocassem no papel suas dúvidas, seus questionamentos, suas inquietações, enfim as indagações para as quais eles/elas necessitassem de algum esclarecimento, a fim de que pudessem desenvolver seu trabalho com mais segurança, com mais profissionalismo e, obviamente, que lhes trouxesse um resultado satisfatório e promissor, por meio de um diálogo com especialistas.

Essa solicitação resultou em uma série de perguntas que versam sobre questões de autonomia, leitura em língua estrangeira, relação entre os Parâmetros Curriculares Nacionais (PCNs) e o ensino de línguas, avaliação de aprendizagem, motivação, inclusão e interação social, preconceito e diversidade linguística, linguística aplicada crítica, interlíngua, aspectos culturais e ideológicos relacionados com o ensino e a aprendizagem de língua estrangeira, métodos e técnicas de ensino, além, naturalmente, dos questionamentos sobre as quatro habilidades linguísticas de ouvir, falar, ler e escrever.

Para comentar essas questões convidamos especialistas de várias partes do Brasil, os quais acreditaram em nossa proposta e, gentilmente, aceitaram o desafio de dialogar com esses jovens professores e professoras, tão ansiosos(as) em desenvolver um trabalho sério e de qualidade nas escolas em que lecionam. Muitos desses e dessas especialistas, que se prontificaram a dar sua parcela de contribuição, são renomados(as) professores(as) e pesquisadores(as) da área de linguística e linguística aplicada, enquanto outros(as), apesar de não serem tão conhecidos(as) são, também, profissionais igualmente competentes e, portanto, qualificados(as) para o desempenho da solicitação que lhes foi feita.

Na verdade, ao emitir opinião sobre os questionamentos aqui suscitados, os(as) especialistas não se posicionam, absolutamente, como donos(as) da verdade, mas, sobretudo, como quem tem se debruçado sobre o assunto e desenvolvido consolidada pesquisa na área em que atua.

Assim, espera-se que o presente livro, com perguntas e respostas relacionadas ao ensino e à aprendizagem da língua inglesa, organizado de forma leve e bastante prática – sem, contudo, fugir dos preceitos que regem o rigor acadêmico – sirva de subsídios e embasamento para aqueles que trilham o árduo, porém fascinante, caminho de ensinar e aprender línguas estrangeiras em contexto formal.

DIÓGENES CÂNDIDO DE LIMA

Ensino/aprendizagem das quatro habilidades linguísticas na escola pública: uma meta alcançável?

RUTE MOREIRA DE BRITO
pergunta

JOHN ROBERT SCHMITZ
responde

RUTE MOREIRA DE BRITO: As orientações apresentadas pelos Parâmetros Curriculares Nacionais (PCNs) quanto às habilidades e competências que se objetiva alcançar no ensino de línguas estrangeiras modernas enfocam "a comunicação como ferramenta imprescindível, no mundo moderno, com vistas à formação pessoal, acadêmica ou profissional [...]" (Brasil, 1999a, 132). Levando-se em conta a escassez de recursos didáticos e de outras ordens encontradas por professores e alunos para o desenvolvimento de atividades que envolvam as quatro habilidades linguísticas – ouvir, falar, ler e escrever em língua inglesa – e atentando para o fato de que "mesmo a classe média que normalmente frequenta cursos particulares de inglês durante 5/7 anos geralmente perde a fluência alcançada no curso depois que termina seus estudos" (Moita Lopes, 1996, 131); seria legítimo que o professor de língua inglesa priorizasse a habilidade de leitura por acreditar que essa é, em consonância com Moita Lopes (1996, 130) "[...] a única habilidade que atende às necessidades educacionais que o aprendiz pode usar em seu próprio meio [...] e que pode continuar a usar autonomamente ao término de seu curso de LE"? Até que ponto pode ir a autonomia do professor ao fazer um plano de curso que despreze, por assim dizer, as orientações dos PCNs quanto ao enfoque nas quatro habilidades linguísticas? E mais, essa mesma abordagem que prioriza a leitura como enfoque seria interessante para alunos da 5ª à 8ª série do ensino fundamental?

JOHN ROBERT SCHMITZ: Vejo que Rute Moreira de Brito tem experiência no ensino fundamental e também no médio.

A carga horária nem sempre é favorável para a disciplina de língua estrangeira nas escolas públicas. O número de horas é pouco, e o tempo limitado não permite dar atenção igual a todas as habilidades. É por essa razão que os PCNs (Brasil, 1999a) recomendam que a ênfase seja dada ao desenvolvimento da habilidade de leitura.

Se o aluno não continua a estudar a língua estrangeira, ele perde a fluência e a coragem de tentar falar. Se não ouvir frequentemente o idioma, deixa de ter insumo para a habilidade oral. Sem oportunidades para ouvir e falar, o aluno tende a se esquecer das regras gramaticais que aprendeu e internalizou. Todos sabem que redigir bem na própria língua materna é uma atividade árdua, que exige muita interação entre aluno e professor ou escritor e leitor. Imaginem as dificuldades quando se trata de escrever numa língua estrangeira.

1. Leitura em língua estrangeira

Podemos dizer a mesma coisa com respeito à leitura em língua estrangeira e também em língua materna. Se não lê sempre, o aluno não adquire novos conhecimentos e deixa de refletir sobre o que leu. A leitura deve ser contínua, pois o texto (em qualquer idioma) é o adversário: ele concorda com o texto? Concorda em parte ou discorda totalmente?

Permita-me discordar de Moita Lopes (1996, 131). Para ser justo com as escolas particulares ou institutos de línguas, muitos alunos, de fato, aprenderam diferentes línguas estrangeiras ao longo dos anos nesses estabelecimentos e de nenhuma forma perderam a fluência. Não é possível afirmar categoricamente que **todos os alunos** que terminaram cursos de línguas em escolas de idiomas no Brasil esqueceram a língua estrangeira. Muitos usam, no dia a dia de seu trabalho, o idioma que aprenderam nos institutos de idiomas. A realidade é que muito mais brasileiros falam inglês e outras línguas estrangeiras do que os ingleses ou americanos.

Rute não informa se alguns de seus alunos realmente ingressaram numa universidade. Seria bom saber se houve casos em que os alunos tiveram notas suficientes para entrar numa universidade estadual ou federal, que organizam um vestibular seletivo, devido ao número reduzido de vagas e ao grande número de candidatos. Vamos supor que alguns alunos, digamos três, tenham alcançado pontuação suficiente para serem chamados a fazer matrícula numa universidade federal. Suponhamos que dois desses alunos tenham optado respectivamente por química e engenharia, ao passo que o terceiro optou por letras, especificamente, língua e literatura inglesas. Cabe observar que a prova vestibular de língua inglesa pede a leitura e interpretação de textos relativamente simples e não estilisticamente densos. O fato de os três alunos terem sido aprovados na prova de inglês não significa que sejam leitores autônomos plenamente proficientes que nunca vão ter de ler e estudar mais. Numa tese que tem por título *Learning to Teach Reading in English as a Foreign Language - An Interpretive Study of Student Teachers' Cognition*, Simone Reis (2005), docente da Universidade Estadual de Londrina (UEL), mostra que aprender a ensinar leitura numa língua estrangeira não é uma tarefa fácil e que aprender a ler demanda tempo, prática e reflexão.

Terem sido aprovados na prova de inglês de um concurso vestibular não significa que os alunos não vão encontrar dificuldades com textos em inglês ou outras línguas estrangeiras. É bom lembrar também que mesmo os alunos que entram nas universidades públicas ou particulares, em nível de graduação e também de pós-graduação, frequentemente procuram cursos de inglês instrumental para poder ler textos em inglês escritos nas suas respectivas áreas. Existem cursos de inglês instrumental para psicólogos, sociólogos, químicos, administradores de empresas, entre outros.

O que se pode depreender desse estado de coisas é que a leitura em língua materna ou estrangeira é um trabalho de vida. Ele começa na escola, e a atividade de leitura continua ao longo da vida. Diria que os que param de ler, param de pensar e refletir. A prática de leitura tem de ser constante.

2. A realidade nua e crua da escola pública

Mas temos que ser realistas. É verdade que a grade horária em vigor não permite desenvolver amplamente todas as habilidades. Vamos imaginar que um professor ou uma professora como Rute, "em concordância com os alunos", enfatize a leitura para preparar os alunos para a prova de inglês dos concursos vestibulares. Quais textos seriam lidos? Seriam textos técnicos ou literários? Prosa e também poesia? Quem escolheria os textos? Os alunos em conjunto com o professor?

Como seriam as aulas de leitura? Seria basicamente a tradução dos textos escritos em inglês para o português? Os alunos não vão ouvir a língua estrangeira? O professor não vai ler os textos em inglês ou usar gravações em áudio para os seus alunos ouvirem a língua falada?

3. Qual é o perfil de um(a) professor(a) de língua estrangeira?

Acredito que, mesmo em uma aula dedicada à leitura de textos, a professora pode fazer perguntas em inglês. A professora pode usar seu inglês para cumprimentar a turma, dar instruções e orientações. Os alunos poderiam optar por responder em português ou em inglês. Ouvindo inglês, aos poucos, os discentes vão ganhar coragem para perguntar e comentar nessa língua. Como metodologia de ensino, ouvir inglês e ter a chance de "se aventurar" em inglês são procedentes, pois o professor não estaria "sonegando" ocasiões e oportunidades para o desenvolvimento da compreensão auditiva e da fala. Daí se vê que as habilidades de compreensão e da fala estariam presentes, mesmo numa aula cujo foco central é a leitura de textos em inglês. E nada impede que a professora motive a classe a fazer resumos ou paráfrases dos textos lidos. Assim, a habilidade da escrita não ficaria deixada de lado. Esse procedimento tem apoio no trabalho de Paiva (2005), que recomenda a redação em inglês de *e-mails*, bilhetes e resumos voltados para a vida diária dos alunos. Penso que as quatro habilidades não devem ser apresentadas isoladamente, mas sempre em conjunto.

Para dar um ambiente de aula de língua estrangeira na sala, os professores devem usar o inglês que eles têm para acostumar os seus alunos a ouvir e, quem sabe, a falar a língua estrangeira. As seguintes perguntas representam uma pequena amostra do que pode ser realizado:

> *Good morning! What day is today? What is the title of the text that we will read today? What is the main idea of the author? Tell me in English or in Portuguese. Do you agree with the author? Francisco, please copy the last five sentences of the text on the blackboard so we can examine together what is the conclusion of the writer.*

Se o profissional de língua estrangeira não fizer uso do idioma na sala de aula, ele estará abrindo mão da qualificação que mais o caracteriza e que o distingue de professores de outras matérias: a sua condição de ser bilíngue, de poder transitar entre duas culturas, a materna e a estrangeira. O que nós esperamos de um professor de inglês, espanhol ou japonês? Que ele fale o referido idioma estrangeiro e tenha uma competência profissional na metodologia de ensino de língua estrangeira.

Aprender realmente uma língua estrangeira implica deixar de ser monolíngue. Vi um adesivo na janela de um automóvel (provavelmente de um(a) professor(a) de línguas) com a frase: "Foreign language teachers cure monolingualism". O problema é que aprender as quatro habilidades exige muito tempo, com uma carga horária maior, que acarrete um contato intensivo entre o professor e o aluno.

4. O papel das faculdades e universidades na formação do professor de língua estrangeira

Todos os estabelecimentos de ensino superior devem preparar os alunos nas quatro habilidades. Formar professores de idiomas que não falam a língua estrangeira em nada contribui para melhorar o nível das escolas secundárias, públicas ou particulares. Estabelecer como meta o ensino exclusivo de leitura em língua estrangeira (e nada mais!), não motiva as faculdades e universidades a melhorarem os programas de ensino em língua estrangeira. Uma política de ensino de línguas que enfatiza somente a leitura enfraquece o perfil do professor de língua estrangeira, e existe o perigo de escolas contratarem professores de outras áreas que saibam ler, talvez precariamente, na língua estrangeira com a finalidade de resolver o problema da "falta de professor" de qualquer jeito. A língua estrangeira tende a ser a matéria "prima pobre" nas escolas.

5. Os concursos vestibulares

A prova de língua estrangeira no vestibular consiste em leitura e interpretação de textos e perguntas sobre a gramática do idioma. A realidade é que o vestibular determina em grande parte o conteúdo programático da escola secundária. Se o vestibular cobrasse a compreensão auditiva e a habilidade da fala em língua estrangeira, sem dúvida, as escolas públicas e particulares mudariam os seus objetivos de ensino.

Em minha opinião, a existência do vestibular e dos numerosos e poderosos cursinhos preparatórios evidencia o fracasso do ensino secundário em geral. Embora alguns cursinhos outorguem bolsas de estudo para alunos que não têm condições de pagar, a existência dos cursinhos privilegia alguns e exclui outros. Todavia, para ser justo, vários cursinhos têm elaborado material didático de alta qualidade. A presença dos cursinhos tem motivado as universidades a elaborar provas equilibradas e criativas, que refletem o conteúdo que deve ser aprendido na escola secundária. Cabe louvar os professores de certos cursos preparatórios para o vestibular que realmente sabem transmitir as suas respectivas matérias com entusiasmo, dedicação e boa didática.

Mas uma grande injustiça é que somente os alunos com certas posses podem fazer cursinho para tentar garantir uma vaga numa universidade. Em 2006, houve 170 mil alunos inscritos na primeira fase do Concurso Vestibular FUVEST (USP). Na segunda fase, houve 10.247 vagas. Muita gente qualificada fica fora, lamentavelmente. Poucos alunos ingressam nas universidades de ponta. As universidades de prestígio têm um número de vagas reduzido ao lado de um grande número de candidatos. Muitos se apresentam e "poucos são chamados". Um verdadeiro dilema para a sociedade brasileira é como selecionar com objetividade e com justiça os alunos para o ensino superior. De todo modo, houve recentemente três pequenos avanços para tornar o processo seletivo mais democrático: (i) notas do ENEM, (ii) bônus para alunos de escola pública e (iii) cotas para alunos afro-brasileiros e para os povos indígenas. Outro possível critério para fazer o processo seletivo mais justo seria a possibilidade de o aluno comprovar proficiência em inglês ou outra língua estrangeira.

6. Os documentos públicos

Recentemente, tomei conhecimento das *Orientações curriculares para o ensino médio: linguagens, códigos e suas tecnologias* (Ministério de Educação, Secretaria de Educação Básica, Brasília, 2004). A parte do documento referente ao ensino de inglês, intitulada "Conhecimentos de línguas estrangeiras" (p. 87-124) tem como autores Lynn Mário T. Menezes de Souza e Walkyria Monte Mor.

Os autores reconhecem os problemas enfrentados pelos professores e alunos do ensino médio. Eles informam que os alunos de fato "... chegam ao ensino médio com conhecimento fragmentado da língua inglesa devido a uma série de razões" (p. 120). Mas não descartam "o desenvolvimento da comunicação oral". Em suas palavras:

> Daí entendermos a relevância da retomada – ou introdução, para algumas escolas – de um enfoque sobre a comunicação oral no nível médio, buscando consolidar um trabalho que foi priorizado em alguns anos do nível básico de ensino e suprir a demanda por essa forma de comunicação.

7. Formação continuada

Sem dúvida, nem todos os cursos de graduação em língua inglesa preparam o aluno para falar o idioma. É, sem dúvida, difícil preparar os alunos adequadamente quando se trata de um curso de graduação com duas habilitações (inglês-português) num período de três anos. Mesmo no caso de cursos de quatro anos de duração, preparar um profissional que tenha competência nas quatro habilidades não é fácil. Conscientes dos problemas, algumas faculdades celebram convênios com institutos de idiomas para melhorar a proficiência dos seus alunos.

Quem se forma em qualquer disciplina em qualquer estabelecimento de ensino tem a obrigação de procurar sempre se aperfeiçoar. Hoje em dia, graças à internet, existe uma grande variedade de cursos gratuitos para todas as necessidades e interesses pessoais. Um bom exemplo é o EDUCONLE (Educação Continuada de Professores de Línguas Estrangeiras de Letras, **www.letras.ufmg.br/EDUCONLE**). Recomendo também, para uma formação continuada, os "Useful Websites" recomendados pelo Conselho Deliberativo da *Revista New Routes* (May, 2007, 31).

Concluindo, quero agradecer à professora Rute pela oportunidade de refletir sobre a questão que ela levanta.

Ensino de língua estrangeira para jovens e adultos na escola pública

JULIANA ALVES DOS SANTOS
pergunta

LUCIANO AMARAL OLIVEIRA
responde

JULIANA ALVES DOS SANTOS: A educação de jovens e adultos tem como um de seus objetivos oferecer educação básica a jovens e adultos que, por diversos motivos, foram excluídos do sistema educacional na idade adequada (LDB, 1996).

Uma das preocupações na elaboração de uma proposta político-pedagógica para essa modalidade de ensino é a articulação entre a realidade sociocultural, a escola, o professor e o aluno. Dentre os problemas enfrentados para a real efetivação de tal proposta, estão as dificuldades de ordem socioeconômica: trabalho e mobilidade de moradia/emprego, viagens, atraso na hora de chegada, cansaço e desemprego. As de ordem didático-pedagógica são: falta de planejamento e de conteúdo específicos para o ensino noturno, falta de interesse do aluno, pouco interesse/incentivo dos pais, baixa motivação dos professores, repetência, escola sem atrativo para os alunos, entre outros (Brasil, 2005).

Algumas dessas dificuldades já foram listadas anteriormente por Moita Lopes (1996), não na especificidade da educação de jovens e adultos, mas como problemas das escolas públicas em geral. Baseado nesse e em outros argumentos, o autor declara como "irreal" o ensino de língua inglesa com foco nas quatro habilidades; e enfatiza a "necessidade de um programa de ensino de língua estrangeira voltado para o ensino da leitura" (p. 133). Segundo ele, a aprendizagem dessa habilidade é útil para os alunos porque eles podem "continuar a aprender em seu próprio meio" (p. 134). Além disso, os únicos exames formais de língua estrangeira concernentes à graduação e pós-graduação envolvem o domínio de habilidades de leitura.

Esses são alguns dos argumentos com os quais o autor justifica o ensino de leitura nas escolas públicas. Vale ressaltar a ênfase dada à continuidade do aprendizado em seu próprio meio. No entanto, o público que a educação de jovens e adultos atende não tem acesso a outros meios além dos disponibilizados pela escola, onde normalmente não são oferecidos materiais para leitura em língua estrangeira. Além disso, esses alunos, em sua maioria, pretendem parar de estudar assim que finalizarem o ensino médio. Eles não têm perspectiva, tampouco condições financeiras para frequentar um ensino de nível superior para, dessa forma, fazer uso da habilidade de leitura em língua estrangeira, conforme Moita Lopes (1996) atesta. Tendo em vista essas observações, o questionamento que suscito é o seguinte: qual a função da aprendizagem de língua estrangeira na escola pública, na modalidade ensino de jovens e adultos?

Luciano Amaral Oliveira: A realidade do ensino apresenta dificuldades variadas para a realização do trabalho pedagógico, como, por exemplo, carga horária reduzida, elevado número de alunos na sala de aula, alunos com níveis diferentes de proficiência na mesma sala, escassez ou ausência de recursos didáticos adequados para a aprendizagem de línguas.

Se não houver uma função clara, um objetivo claro, para a aprendizagem, não se pode justificar a manutenção de uma língua estrangeira no currículo das escolas públicas.

Para responder à pergunta, parto de uma questão mais geral: qual a função do ensino e da aprendizagem de línguas estrangeiras? Afinal, ensinar e aprender são atos sistemáticos, que possuem objetivos preestabelecidos e que, por essa razão, podem ser problematizados.

Problematizar a função do ensino de línguas estrangeiras hoje pode causar a falsa impressão de que esse ensino é um fenômeno recente. Entretanto, desde o século IX d.C., aprendem-se e ensinam-se línguas estrangeiras.

É melhor partirmos do começo de tudo: por que o latim como língua estrangeira passou a figurar nos currículos de universidades europeias? O latim falado desapareceu com o fim do Império Romano no século V da Era Cristã. Contudo, o latim escrito sobreviveu nas obras dos grandes escritores clássicos, as quais se tornaram objetos de pesquisa de estudiosos na Europa Ocidental. Para que essa pesquisa fosse levada a cabo, era necessário aprender latim. E mesmo depois que as obras clássicas começaram a ser publicadas nas línguas românicas modernas e em outras línguas europeias, os estudiosos continuaram a estudar as obras no original, *i.e.,* em latim.

Observe-se que a função do ensino de latim estava vinculada aos objetivos de quem o estudava: formar leitores de textos literários. O desenvolvimento da competência de leitura dos estudantes era, pois, a razão de ser do ensino de latim no passado.

Com esse objetivo em mente, os professores de latim buscaram uma forma adequada de ensiná-lo. Embora o termo "método de ensino" não existisse naquela época, da forma que o concebemos atualmente, o que aqueles professores fizeram foi desenvolver um método de ensino de língua estrangeira apropriado para ajudar os estudantes a desenvolverem sua competência de leitura.

Vale notar que a função do ensino e da aprendizagem de línguas estrangeiras está relacionada ao momento cultural vivido pelos estudantes. Entre os séculos IX e XIX, época em que viajar era uma atividade extremamente difícil pela falta de meios de transportes rápidos e confortáveis, o contato entre as culturas comumente se dava por meio dos textos literários. Nada mais natural, portanto, do que o ensino de línguas estrangeiras voltado para o desenvolvimento da competência de leitura dos estudantes.

Dessa forma, o ensino de latim como língua estrangeira era feito por meio da análise detalhada das suas estruturas sintáticas e morfológicas e por meio da tradução. Acreditava-se que, se o estudante aprendesse a gramática e o vocabulário do latim por meio da tradução de textos do latim para a língua nativa do estudante e desta para o latim, ele se tornaria competente na leitura de textos literários escritos em latim. Essa forma de ensinar ficou conhecida como método de gramática-tradução, que continuou sendo usado por professores de línguas estrangeiras durante muito tempo. Aliás, até hoje.

Com o desenvolvimento tecnológico, mais notadamente o advento do avião a jato, surgiu uma nova razão para se aprenderem línguas estrangeiras. O turismo se consolidou no mundo ocidental e o contato direto entre pessoas de países diferentes, que falam línguas distintas, intensificou-se. Consequentemente, criou-se a necessidade de se aprenderem línguas estrangeiras para a comunicação.

Entretanto, foi a Segunda Guerra Mundial que tornou essa necessidade mais premente. O conflito bélico envolveu muitos países, o que fez o governo e os órgãos militares dos Estados Unidos perceberem a importância estratégica de se aprenderem as línguas faladas nos países envolvidos na guerra.

Pela primeira e única vez na história, governo e universidades americanas realizaram um projeto conjunto para criarem um método de ensino de línguas estrangeiras com o objetivo de levar o estudante a ser capaz de se comunicar oralmente e, em segundo plano, de se comunicar por escrito. Assim, criou-se o *Army Specialized Training Program* (Programa de Treinamento Especializado do Exército), envolvendo cinquenta e cinco universidades americanas, que receberam apoio financeiro e material para intensificarem suas pesquisas nas áreas de linguística aplicada e de ensino de línguas, a fim de desenvolverem métodos de ensino eficazes no menor espaço de tempo possível. Afinal, os funcionários do governo e do exército precisavam urgentemente aprender a se comunicar nas línguas faladas nos países envolvidos no conflito. A guerra, além disso, gerou um fenômeno que viria intensificar as pesquisas em busca de um método eficiente de ensino de línguas estrangeiras: os movimentos migratórios que levaram para os Estados Unidos um grande contingente de imigrantes, que passaram a ter a necessidade de aprender a se comunicar em inglês. O resultado dessas pesquisas foi o método audiolingual, que viria a dominar o ensino de línguas estrangeiras durante as décadas de 1950 e 1960, influenciando muitos professores até os dias atuais (Richards; Rodgers, 1994).

Do exposto até aqui, fica claro que, historicamente, na Europa e na América do Norte, o ensino de línguas estrangeiras teve duas funções básicas:

(1) capacitar os estudantes a lerem textos literários;
(2) capacitar os estudantes a se comunicarem oralmente e por escrito.

As motivações instrumentais que o mundo contemporâneo trouxe à baila são apenas variações dessas duas funções.

E o que podemos observar no Brasil? Como o ensino de línguas estrangeiras se insere nesse caminho histórico? Será que é possível determinar a função ou as funções do ensino de línguas estrangeiras nas escolas públicas? Vamos responder essas perguntas tomando por base o ensino de inglês.

Segundo Nair Guimarães (2005), o ensino de inglês figura nos currículos escolares no Brasil desde o começo do século XIX. Isso não nos surpreende, já que, em 1808, os portos brasileiros foram abertos ao comércio exterior. Entenda-se "comércio exterior" como "comércio com a Inglaterra". O mercantilismo britânico criava nas colônias e nas nações que negociavam com a Inglaterra a necessidade de aprender inglês.

Dá para imaginar a função do ensino de inglês naquela época: capacitar os estudantes a se comunicarem oralmente e por escrito. Era uma função justificada pelas negociações travadas entre comerciantes ingleses e brasileiros. Contudo, que método de ensino havia naquela época para se cumprir a função do ensino de inglês como língua estrangeira?

Essa pergunta surge porque, como vimos acima, a Segunda Guerra Mundial revelou, quase na metade do século XX, a falta de um método satisfatório, capaz de ajudar o estudante, de maneira rápida e eficaz, a falar e a escrever em uma língua estrangeira, o que resultou no Programa de Treinamento Especializado do Exército. Guimarães (2005) nos informa que, no século XIX, as aulas de inglês baseavam-se em atividades de leitura e de tradução de textos literários, indicando a presença do método de gramática-tradução. É interessante notar a distância entre a função a que o método de gramática-tradução se prestava e o objetivo de quem estudava inglês no Brasil, na primeira metade do século XIX.

Nos séculos XIX e XX, ocorreram intervenções governamentais que alteraram o currículo escolar no que diz respeito ao conteúdo da disciplina língua inglesa. A reforma curricular de 1868, por exemplo, consolidou a presença do método de gramática-tradução ao enfocar as aulas de inglês na literatura, na tradução de textos literários e na análise sintática. Em 1915, excluiu-se o estudo da literatura do currículo e estabeleceu-se como objetivo o desenvolvimento da oralidade e da escrita. Contudo, as provas do vestibular continuaram a ter um caráter literário (*ibid.*), o que aponta para uma provável continuação do uso do método de gramática-tradução, inadequado para o objetivo proposto na reforma daquele ano. A reforma de 1935 tentou resolver isso instituindo o método direto: o ensino de inglês deveria ser feito em língua inglesa, embora se mantivesse obrigatória a leitura das obras clássicas da literatura inglesa.

Pode-se observar, a partir das reformas, que o governo tentou criar um perfil do ensino de inglês de acordo com um objetivo que girava em torno ou do desenvolvimento da leitura ou do desenvolvimento da oralidade e da escrita. A função do ensino da língua estrangeira era determinada ou por necessidades práticas decorrentes das relações políticas e comerciais entre o Brasil e outros países ou por objetivos de ordem cultural, como a construção do conhecimento literário.

Atualmente, os PCNs servem de base para o entendimento do ensino de língua estrangeira no Brasil. Uma leitura dos PCNs referentes ao ensino de língua estrangeira revela qual a função oficialmente proposta para o ensino de línguas estrangeiras em nosso país atualmente. Vale lembrar que a época atual é marcada pela globalização, que tem provocado muitos debates acerca das diferenças culturais existentes entre os povos de todo o mundo e entre os cidadãos de um mesmo país.

Meu comentário sobre a questão das diferenças culturais não é por acaso. A Secretaria de Educação Fundamental (1997, 15) faz a seguinte afirmação:

> A aprendizagem de língua estrangeira é uma possibilidade de aumentar a autopercepção do aluno como ser humano e cidadão. Por esse motivo, ela deve centrar-se no engajamento discursivo do aprendiz, ou seja, em sua capacidade de se engajar e engajar outros no discurso de modo a poder agir no mundo social.

Chamam a minha atenção os termos *autopercepção*, *cidadão* e *mundo social*, não apenas por eles estarem inter-relacionados, mas também porque revelam a questão cultural envolvida no ensino de línguas estrangeiras. Essa é uma questão relevante, levando-se em conta os debates sobre diferenças culturais, alteridade e multiculturalismo que a globalização tem suscitado. A construção da cidadania depende do grau de conscientização que o indivíduo tem acerca de si próprio. Nesse sentido, ao estudar uma língua estrangeira, o estudante entra em contato com outra cultura, o que contribui para que ele conheça aspectos culturais diferentes daqueles presentes na sua comunidade. Isso pode levar o estudante a um processo de reflexão acerca do outro e de si próprio. Afinal, o mundo social do estudante brasileiro é influenciado por aspectos econômicos, políticos e culturais das sociedades de outros países.

O aumento da autopercepção do estudante, a contribuição para a construção de sua cidadania e o desenvolvimento de sua consciência cultural são a razão de ser do ensino de língua estrangeira no Brasil hoje. A função do conhecimento de língua estrangeira está, dessa forma, diretamente relacionada à constituição social do estudante, visto como um sujeito com determinada identidade cultural que se percebe diferente do outro e que respeita as diferenças entre ele e o outro. É por esse prisma que podemos entender a posição dos PCNs, em relação ao aprendizado de uma língua estrangeira, quando eles afirmam ser tal aprendizado um direito de todos os cidadãos.

Mas como se pode levar a cabo a função do ensino de línguas estrangeiras, qual seja, ajudar o estudante a se inserir, enquanto cidadão, em um mundo socialmente globalizado e culturalmente plural? Será que essa função exige o desenvolvimento das quatro habilidades: fala, audição, escrita e leitura?

Em princípio, para que o ensino de línguas estrangeiras realize a sua função, as quatro habilidades do estudante deveriam ser desenvolvidas. Afinal, para que ele possa construir um discurso com indivíduos falantes-ouvintes de outra língua, ele precisa saber falar, ler e escrever nessa língua, além de entender o que nela seja falado. Entretanto, há alguns elementos complicadores para o processo de desenvolvimento das quatro habilidades do estudante no ensino fundamental e no ensino médio na escola pública no Brasil. E é aqui que começamos a entender melhor a inquietação de Juliana, pois são esses elementos que provocam frustrações, ansiedade e questionamentos no corpo docente.

Nas salas de aula, tanto no ensino fundamental quanto no ensino médio, geralmente encontra-se um grande número de alunos por turma, ou seja, 40, 50, 60 e até 70 alunos por sala. Um número elevado de alunos dificulta o trabalho de gerenciamento e de monitoração do professor, além de favorecer a existência de níveis de proficiência distintos em uma mesma turma. Sendo a carga horária semanal destinada a inglês, geralmente, 100 minutos distribuídos em duas aulas que nem sempre são geminadas, a tarefa de ajudar muitos alunos a aprenderem a língua estrangeira se torna complicada. Além disso, muitas escolas públicas não dispõem dos recursos físicos necessários para a condução adequada de aulas de línguas estrangeiras, como, por exemplo, equipamentos audiovisuais e livros didáticos adequados, que geralmente são caros por serem publicados no exterior. Finalmente, há outro elemento, mais sério, que pode dificultar o ensino e a aprendizagem de línguas estrangeiras nas escolas públicas: os professores. Intuitivamente, considero seguro afirmar que a grande maioria dos professores de línguas estrangeiras nas escolas públicas no Brasil falam muito pouco ou não falam a língua estrangeira que lecionam.

E por que considero esse elemento o mais sério? Por duas razões. A primeira é de ordem técnica. Um professor de uma língua estrangeira que não fala essa língua não pode, obviamente, ajudar seus alunos a desenvolverem a fala, mesmo que a turma possua poucos alunos com o mesmo nível de proficiência e recursos físicos adequados. A segunda razão é de ordem educacional e está vinculada à formação do professor de línguas estrangeiras: os cursos superiores responsáveis pela formação de professores de línguas estrangeiras não estão cumprindo seu papel satisfatoriamente. Na medida em que uma universidade confere o diploma de licenciatura em determinada língua estrangeira a uma pessoa que não domina essa língua estrangeira, ela contribui decisivamente para que o ensino de línguas nas escolas públicas não tenha uma perspectiva futura positiva. Vale notar que os cursos de letras com línguas estrangeiras no Brasil ainda não fazem nada de concreto para reverter esse estado de coisas, como, por exemplo, instituir um teste de proficiência no vestibular com um caráter semelhante aos testes de aptidão existentes para os cursos de artes plásticas, música, dança, teatro e arquitetura.

É devido a essas dificuldades que os PCNs sugerem que as aulas de línguas estrangeiras se centrem no desenvolvimento de apenas uma habilidade: a leitura. Diante de tantas dificuldades, essa parece uma sugestão sensata, já que se tem que ensinar uma língua estrangeira na escola por esse ser um direito de cada cidadão e já que não há perspectivas de melhoria na formação dos professores de línguas estrangeiras.

Cabe, é claro, uma pergunta: o desenvolvimento apenas da leitura pode ajudar o estudante a se inserir social e culturalmente em um mundo globalizado? Bem, o aprendizado da leitura em línguas estrangeiras pode contribuir para o desenvolvimento da competência de leitura em língua materna. Isso porque os alunos entram em contato com estratégias de leitura e gêneros textuais diversos, elementos essenciais para o desenvolvimento do conhecimento textual de um leitor. Além disso, o professor pode contribuir para o desenvolvimento do conhecimento enciclopédico e cultural do estudante a partir da escolha dos textos a serem trabalhados em sala. Dessa forma, o desenvolvimento da leitura pode, sim, contribuir para que a aprendizagem de línguas estrangeiras cumpra a função social de contribuir, de alguma forma, para a construção da cidadania do estudante.

Entretanto, para que isso aconteça, é necessário que a abordagem teórica adotada nas escolas públicas para a educação de jovens e adultos esteja sustentada por uma visão interacionista da linguagem. No momento cultural em que vivemos, não há uma forma mais adequada de ensino da leitura do que aquela que vê o texto como um fenômeno discursivo criado por autor e leitor num processo de interação e construção de sentidos. Afinal, como as contribuições trazidas pela linguística textual revelaram, ler um texto não é um ato exclusivamente linguístico: se o leitor não tiver conhecimentos textuais, enciclopédicos e culturais, a leitura torna-se uma atividade difícil de ser realizada.

Há três funções básicas do ensino de LE na escola pública. A primeira é de natureza legalista: cumprir o que o Ministério da Educação (MEC) determina por meio dos PCNs. Pode-se discordar das determinações do MEC, mas delas não se pode escapar. Portanto, tem-se que aprender, pelo menos, uma língua estrangeira. A segunda razão é de natureza social: o desenvolvimento da leitura em língua estrangeira pode ajudar o estudante no processo de inserção cultural na medida em que ele pode se tornar um cidadão mais consciente de si mesmo e dos outros. Finalmente, a aprendizagem de línguas estrangeiras cumpre a função de ajudar o estudante a se desenvolver cognitivamente já que o auxilia na construção de conhecimentos.

O ensino de língua estrangeira e a questão da autonomia

ANTONIO ELISEU LEMOS LEAL SENA
pergunta

VERA LÚCIA MENEZES DE OLIVEIRA E PAIVA
responde

ANTONIO ELISEU LEMOS LEAL SENA: Muitas questões me intrigam no processo de ensino-aprendizagem de língua estrangeira (LE). Uma das dúvidas refere-se ao processo de aprendizagem autônoma em língua estrangeira. Como se sabe, os PCNs não definem o termo autonomia, mas dizem se tratar de uma "capacidade a ser desenvolvida pelos alunos e como princípio didático geral, orientador das práticas pedagógicas" (Brasil, 1998, 94).

Em relação aos vários conceitos de autonomia que tenho estudado, o que considero o mais completo é o de Paiva (2005), que sugere um conceito que engloba os fatores de interferência externos e os diferentes graus de independência no processo de aprendizagem. Freire (1997) não define autonomia, mas induz à conclusão de que é papel do professor criar possibilidades para que o aluno produza e construa seu próprio conhecimento.

Isso significa muito para o professor de língua estrangeira. O fato é que estamos com salas superlotadas, pouca carga horária, diversas turmas para trabalhar e uma grande desmotivação quanto à língua inglesa por parte dos estudantes, principalmente os de ensino médio. Tanto que, a maioria deles, quando conclui o ensino médio, escolhe o espanhol como língua estrangeira para prestar o vestibular (de acordo com o mito de ser esta língua estrangeira mais "fácil").

Gostaria de saber como o professor deve agir, em sala de aula, para estimular o aluno a construir seu próprio conhecimento em língua inglesa. Qual seria a metodologia mais adequada à realidade da escola pública para que o aluno seja estimulado a aprender e a desenvolver sua autonomia dentro e fora da sala de aula?

VERA LÚCIA MENEZES DE OLIVEIRA E PAIVA: Fui desafiada a refletir sobre a questão da autonomia. É preciso encará-la tendo em mente o contexto apresentado: "salas superlotadas, pouca carga horária, diversas turmas para trabalhar e uma grande desmotivação quanto à língua inglesa por parte dos estudantes, principalmente os de ensino médio".

Vou inverter a ordem das perguntas e começar pela segunda: **qual seria a metodologia mais adequada à realidade da escola pública para que o aluno seja estimulado a aprender e a desenvolver sua autonomia dentro e fora da sala de aula?**

Em primeiro lugar, é preciso que o professor saiba a língua, pois ninguém ajuda outra pessoa a aprender aquilo que ele mesmo não sabe. Satisfeita esta premissa, a melhor metodologia é aquela que atende ao desejo da maioria dos alunos, digo maioria porque temos que admitir que existem alunos que não querem aprender outra língua. Se conseguirmos atender a maioria de nossos alunos, poderemos até conseguir cativar os mais resistentes.

A metodologia mais adequada não impõe aos alunos essa ou aquela habilidade e não decide a *priori* o que é mais importante para seu futuro. Sou contra o foco exclusivo na leitura ou no ensino meramente gramatical, ou na tradução. Primeiro porque não defendo que o professor tem o direito de fazer essas escolhas passando por cima dos desejos dos alunos, segundo porque parto da premissa de que a língua deve ser ensinada em toda a sua complexidade comunicativa, sem restringir seu estudo a uma tecnologia (leitura) ou a aspectos apenas formais (gramática). A língua deve fazer sentido para o aprendiz em vez de ser apenas um conjunto de estruturas gramaticais.

Venho investigando a aquisição de línguas estrangeiras, utilizando um *corpus* de narrativas de aprendizagem onde os narradores nos contam como aprenderam ou aprendem diversas línguas. Ao ler os depoimentos, pude perceber que os alunos se cansam de ter o mesmo tipo de aula em torno de itens gramaticais ao longo de todo o percurso escolar. Talvez seja por isso que os alunos do ensino médio sejam os mais desmotivados, pois já perderam a esperança de ter uma aula que faça sentido.

As narrativas revelam, também, que o aprendiz de uma língua estrangeira, quando motivado, usa essa língua para fazer alguma coisa fora da sala de aula: ouvir música, ouvir programas de rádio e TV, compreender falas em filmes, brincar com jogos eletrônicos, e, em alguns poucos casos, interagir com estrangeiros. Mas isso, raramente, acontece na escola. A sala de aula, geralmente, não oferece atividades de uso da língua, mas apenas exercícios sobre determinados itens gramaticais onde a língua é tratada de forma artificial ou, ainda, a tradução de textos escolhidos pelo professor e que nem sempre são de interesse do aluno. As frases soltas em exercícios do tipo "passe para a negativa ou passe para o plural" não constituem enunciados na vida real, como o famoso *"The book is on the table"* ou *"The cat is under the table"*.

Um bom método deveria oferecer oportunidades para o aprendiz ler textos em jornais e revistas, de preferência sobre assuntos de seu interesse, tais como: esporte, cinema, música, textos literários diversos, sempre de tamanho e nível de dificuldade adequados ao conhecimento linguístico dos alunos. Nas atividades escritas, deveriam ser utilizados gêneros diversos, tais como formulários, cartões (aniversário, dia das mães, dia dos pais), *e-mail*. Quando possível, os alunos poderiam ser incentivados a participar de sessões de *chat* e listas de discussão próprias para aprendizes de línguas, enviar comentários a jornais etc. Deveriam também ser incentivados a usar a língua oralmente em pequenos *sketches*, ou cantando, participando de jogos. Enfim, deveriam se envolver em tarefas orais, interagindo com colegas e professores e, se possível, com outros falantes. Para ajudar o aluno no desenvolvimento oral, o professor pode, como aconselham Rubin e Thompson (1994, 169), ensinar algumas expressões essenciais para o gerenciamento de uma conversa, tais como:

- *Attention getters:* **Hey, Mary!**
- *Politeness routines:* **Thank you very much, Excuse me.**
- *Suggestions:* **Let's...**
- *Requests:* **Come here! Wait a minute!**

Em salas com muitos alunos, uma boa opção é recorrer aos trabalhos em grupo e que requerem colaboração. De preferência, pode-se pensar em tarefas em que cada aluno tem um papel específico. Exemplo: escrever um guia turístico sobre sua cidade em que cada aluno ficará responsável por uma parte. A complexidade dessa atividade pode variar de acordo com o nível dos alunos. Se os alunos são iniciantes, pode-se fazer um texto onde prevalecem palavras soltas e sintagmas seguidos das informações (ex. *population, altitude, main restaurants, museums* etc.). Se os alunos têm mais domínio do idioma, poderão escrever textos mais elaborados sobre sua cidade. Se já forem digitalmente letrados, poderão, após correção do professor, publicar seu texto na *web* em formato multimídia, ou seja, incluindo imagens, hipertextos e até pequenos vídeos produzidos em câmeras de telefones celulares. Cada aluno ficaria responsável por uma parte do trabalho.

Os grupos podem ainda encenar pequenas cenas; entrevistar colegas sobre determinados temas previamente acordados entre todos; escrever um portfólio da turma com descrições pessoais; fazer um painel de profissões com pequenas descrições etc.

Passemos agora à primeira pergunta: **como o professor deve agir, em sala de aula, para estimular o aluno a construir seu próprio conhecimento em língua inglesa?**

O ensino de LE tem carga horária reduzida, e eu gostaria de enfatizar que ninguém vai aprender uma língua estrangeira se ficar restrito às atividades de sala de aula, por melhor que elas sejam e por maior que seja o tempo previsto no currículo escolar. Logo essas horas na sala de aula precisam ser usadas de forma a despertar no aprendiz o desejo de ultrapassar os limites de tempo e espaço da sala de aula, em busca de novas experiências com a língua.

Uma ideia seria despertar a atenção do aluno para o inglês em sua volta. Colecionar com eles tudo o que eles possam encontrar em inglês: nomes de balas, chocolate, produtos de beleza, produtos de limpeza, nomes de remédio, nomes de comida, marcas de roupas etc. Fazer um glossário com eles por campo semântico. Muitas vezes, as palavras estão tão naturalizadas em nossa cultura que até nós professores esquecemos que elas fazem parte do léxico da língua inglesa. Ex. sabonete *Dove*, creme *rinse*, *cheeseburger* etc.

O professor não é responsável pela aprendizagem do aluno, mas pode ajudá-lo a ser mais autônomo. Os depoimentos dos aprendizes bem-sucedidos, em nossas narrativas de aprendizagem, revelam que eles se envolvem com a língua fora da sala de aula e alguns contam que receberam estímulo de seus professores para essas ações.

Geralmente o professor é responsável por diversas turmas. Pode-se tentar dividir essa responsabilidade com os próprios alunos. Que tal deixar, por exemplo, que os alunos escolham os temas que queiram ler dentro de uma lista de opções que o professor pode oferecer? Eles mesmos podem escolher as músicas que querem ouvir na sala de aula, podem colecionar as letras e até mesmo emprestar o CD para as atividades em sala de aula. Podem também ajudar na preparação das atividades. Vejamos dois exemplos apenas: (1) apagar algumas palavras que o colega deve completar ao escutar a música. Você não tem recurso para fazer cópias do exercício? Escreva, com a ajuda dos alunos, a letra no quadro sem as palavras. Não tem gravador? Peça que o grupo responsável pela escolha da música cante a música. (2) Ofereça aos alunos os versos fora de ordem para ordenarem enquanto ouvem a música.

Mudando as relações de poder, você poderá contribuir para atitudes mais autônomas de seus alunos. Envolva-os nas decisões, dê a eles opções de escolha de material e de atividades, transforme-os em seus colaboradores, e você estará não apenas ensinando outra língua, mas educando-os para uma participação na sociedade mais democrática e mais colaborativa.

Quem tem muitas turmas precisa se organizar ao longo da carreira, colecionando bons materiais que possam ser reutilizados. Uma campanha junto à comunidade pode ajudar a escola a adquirir equipamentos, vídeos, CDs e material bibliográfico. Os alunos precisam ser incentivados a ouvir música, assistir a filmes e ler muito fora da sala de aula.

Geralmente, nós nos sentimos ameaçados quando somos tratados pelos alunos como dicionários ambulantes. Que tal levar alguns dicionários para a sala de aula e incentivar os alunos a usá-los em vez de nos fazer de dicionários? As descobertas podem ser compartilhadas com os colegas, e uma lista de novas palavras pode ser, aos poucos, construída pelos próprios alunos.

A sala de aula pode ser transformada em um ambiente que estimule o uso da língua. Uma ideia são os cartazes feitos pelos próprios alunos e espalhados pelas paredes com frases que representam o discurso da sala de aula e que funcionam como apoio para se usar a língua na sala de aula. Alguns exemplos são: *Good morning. Good evening. Can you repeat, please? How do I say ... in English? What does ... mean? I did not understand. How do you spell...? Have a good weekend.* Muitas outras frases podem ser construídas com a colaboração dos próprios alunos.

Outra iniciativa é tentar montar um centro de autoacesso com material de referência e equipamentos (gravadores, CD e DVD players, computadores, TV etc.). Se isso lhe parece muito longe de sua realidade, Sheerin (1999) sugere adaptações de centros de autoacesso, como um *Self-Access Trolley* (um carrinho de supermercado) ou uma *Self-Access Box*, ou coleções de caixas com materiais, tais como: jogos e textos para leitura; CDs e letras de música com os versos fora do lugar para o aluno ordenar enquanto escuta; caça-palavras e palavras cruzadas com chaves de respostas que podem ser entregues após o término da tarefa. O material de leitura pode incluir livrinhos para crianças e adolescentes ou textos interessantes (minicontos, piadas etc.) plastificados para serem reusados. Escreva para as embaixadas e empresas estrangeiras e peça ajuda para seu *Self-Access Trolley* ou sua *Self-Access Box*. Nomeie um secretário em cada turma para fazer o controle do empréstimo desse material.

Peça ajuda também aos cursos de idiomas de sua cidade. Faça um projeto de ensino para a secretaria de educação, solicitando apoio para a compra do material; peça ajuda de empresários e, em pouco tempo, você terá uma boa coleção de material. Principalmente, peça ajuda aos seus alunos. Os que têm acesso à internet poderão contribuir com bons materiais e os que tiverem maior dificuldade econômica podem contribuir com boas ideias.

Proponha um projeto colaborativo com seus colegas de profissão ou abra sua sala para estagiários que possam ajudá-lo. Lembre-se de que as faculdades de letras estão em busca de espaço para seus alunos estagiarem. Sua escola pode desenvolver projetos com a(s) faculdade(s), envolvendo os estagiários em ações pedagógicas dentro e fora da sala de aula que promovam a autonomia dos alunos do ensino básico. Monte, por exemplo, roteiros de leitura autônoma, exercícios para serem feitos enquanto se ouve uma música com chave de resposta etc. Se quiser ver algumas sugestões desse tipo de exercício, visite o *link* http://www.veramenezes.com/pattern.htm. Os alunos poderão discutir as respostas entre eles. O importante não é ter respostas certas ou erradas, mas colocar o aprendiz em contato com o idioma. Você pode gastar muito tempo no começo da montagem de atividades que estimulem a autonomia, mas poderá obter resultados muito animadores. Se você quer que seu aluno seja autônomo, além de incentivá-lo a usar a língua fora da sala de aula, dê a ele opções. Deixe que ele escolha, por exemplo, atividades diversas em um *menu* de opções que você vai colecionar ao longo dos anos.

Incentive-os a convidarem falantes da língua que estudam para visitar sua sala e elabore com eles um roteiro de entrevista para que diversos alunos possam participar da interação com esse falante. Funcione como intérprete, se eles não conseguirem entender tudo. Mesmo que tenham dificuldade de compreensão, pelo menos, estarão ouvindo a língua e se sentirão emancipados por terem sido co-construtores de uma atividade em sala de aula.

Leve música para a sala de aula, muita música, deixe-os cantar. Leve filmes com legenda em inglês. Desafie-os a escolher pequenas cenas para serem encenadas. Você pode encontrar os *scripts* de muitos filmes em: http://www.imsdb.com/ e selecionar cenas para trabalhar em sala de aula. Cada grupo pode encenar a mesma cena e competir para a escolha dos melhores atores ou cenas diferentes. Há muitos alunos na sala de aula? Repita as falas com toda a turma, revejam as cenas em vídeo ou em DVD. Depois deixe os grupos trabalharem sozinhos e circule pela sala auxiliando no que for preciso.

Essas sugestões são apenas algumas possibilidades. Converse com seus colegas, certamente, vocês juntos chegarão a muitas ideias interessantes.

De uma coisa eu tenho certeza: ninguém vai se sentir motivado se, ano após ano, ficar memorizando regras gramaticais e fazendo os mesmos exercícios cansativos e sem sentido. Arrisco-me a dizer que os alunos se beneficiariam muito mais se, ano após ano, cantassem as músicas de sua preferência e interpretassem suas letras ou até mesmo tentassem traduzi-las.

Esqueça os programas baseados em itens gramaticais, deixe que os alunos vivenciem a língua e se sintam estimulados a procurar outras experiências de forma autônoma. Dessa forma, a aquisição acontecerá naturalmente.

O inglês como língua internacional na prática docente

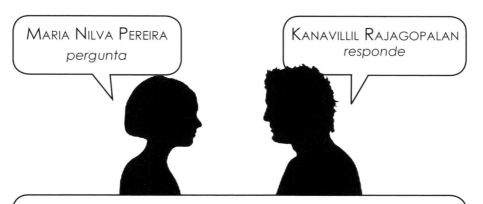

MARIA NILVA PEREIRA
pergunta

KANAVILLIL RAJAGOPALAN
responde

MARIA NILVA PEREIRA: Sempre me questionei sobre vários aspectos do ensino de inglês como língua estrangeira.

Um dos questionamentos diz respeito à própria denominação de inglês como língua internacional (ILI). Considerando, conforme Cruz (2006), que ILI "refere-se ao inglês usado nas interações entre falantes não nativos que têm línguas maternas diferentes", uma interrogação que surge, naturalmente, é qual variante do inglês aprender e ensinar nas escolas e nos cursos de língua. Segundo Seilhofer (apud Cruz, 2006), tais interações vêm crescendo continuamente: 80% das interações em inglês não envolvem nativos.

Levando em consideração essa estimativa, Jenkins (apud Cruz, 2006) afirma que, como a maior parte das comunicações em inglês não inclui nativos, "variantes do inglês – Received Pronunciation, General American – não devem mais ser usadas como normas para a correção da pronúncia de falantes de ILI". Segundo a autora, devem-se definir quais aspectos afetam a inteligibilidade em interações envolvendo falantes de ILI e quais não a afetam. No entanto, definidos esses aspectos e encontrados aqueles que impedem a inteligibilidade nas interações em ILI, não permanece a questão de qual variante privilegiar na correção da pronúncia dos falantes e/ou estudantes? O conceito de ILI me parece um tanto abstrato, como agir na situação concreta da sala de aula de língua estrangeira, ou seja, quais critérios utilizar para definir a variante do inglês a ser estudada?

KANAVILLIL RAJAGOPALAN: Adquiri a língua inglesa na infância (na verdade, fui alfabetizado nesse idioma). Ou, melhor dizendo, a língua inglesa foi-me enfiada goela abaixo quando ainda criança – uma vez que nasci na Índia quando aquele país era uma colônia inglesa. Logo depois que o país se tornou independente, o governo promulgou a Lei das Três Línguas (*Three Language Formula*), segundo a qual o estágio da alfabetização de uma criança só é considerado completo quando ela tiver aprendido a ler e a escrever em três idiomas (na Índia, isso significa, em regra, três ortografias distintas), sendo uma delas obrigatoriamente o inglês.

Como é o caso de muitos indianos da minha geração, a língua inglesa é como que um "verdadeiro espinho atravessado na garganta" em minha *psyché*. Pois tendo vivido, embora como criança, o momento de transição do poder na Índia (da dominação inglesa para a independência), a língua inglesa representa para mim um símbolo profundamente contraditório. De um lado, o inglês é a língua herdada dos colonizadores. Por outro, ela também é a língua em que melhor exprimo meus pensamentos. Trata-se de um sentimento comum aos milhões de indianos de classe média que pertencem à geração que foi batizada de "filhos da meia-noite" por Salman Rushdie, referindo-se à cerimônia da proclamação da independência da Índia conduzida na hora exata de meia-noite pelo então vice-rei da Índia, Lord Mountbatten, em atendimento a um pedido especial do líder indiano Nehru, que tomara o cuidado de consultar um astrólogo a respeito. Homi Bhabha, acadêmico conterrâneo e também "filho da meia-noite", captou esse sentimento de forma magistral quando o resumiu como "uma capacidade inusitada numa língua de outrem" (*an uncanny ability to use someone else's language*).

Por falar nesse paradoxo, fruto da colonização (nada mais que um eufemismo para escravidão coletiva), certamente foi Mahatma Gandhi que a encarnou com exímia perfeição (embora a independência da Índia tenha coincidido não com seu nascimento, mas com sua morte nas mãos de um assassino). A luta travada por ele contra o império tinha todas as marcas da cultura milenar indiana, haja vista sua ênfase na paz, compreensão do outro, tolerância religiosa etc., porém, como reconhecem os historiadores contemporâneos, essa luta também foi um golpe de mestre, não deixando nada a desejar ao jogo de xadrez maquiavélico, ao qual os ingleses haviam reduzido a diplomacia do seu Reino em relação ao resto do mundo. Ou seja, Gandhi soube como ninguém jogar o jogo dos ingleses em suas colônias mundo afora (e isso inclui o uso da língua dos colonizadores, no caso inglês), porém em benefício dos milhões dos conterrâneos subalternos (Rajagopalan, 2007b).

Em relação a qual variedade de inglês (britânica, norte-americana etc.) deve ser adotada no ensino de inglês ao redor do mundo e, em especial, nos países pertencentes ao círculo em expansão, prefiro começar fazendo algumas considerações sobre a própria pergunta. Quero dizer, antes de qualquer outra coisa, que a pergunta pressupõe a existência de tal modelo, restando-nos apenas descobri-lo ou, na pior das hipóteses, a necessidade de tê-lo para fins didáticos.

Para mim, essa pergunta não tem mais sentido algum. A língua inglesa, já há um bom tempo, deixou de ser propriedade dessa ou daquela nação, desse ou daquele país. Como bem diz Widdowson (1994), uma língua como o inglês (há outras como o árabe, o espanhol, o português, o híndi etc.) só pode ser caracterizada como internacional pelo fato de ter deixado de ser o monopólio de uma só nação. Ou seja, *em sua condição de língua internacional*, aquilo que chamo de "World English" (Rajagopalan, 2004, 2005a, 2005b) não tem falantes nativos. É isso mesmo! Não estou negando que a língua tenha falantes (pelo menos, segundo a cartilha da linguística vigente) que garantam sua sobrevivência. Mas a língua que tem seus falantes nativos (caso queiramos considerá-los assim) é a língua da Inglaterra, ou a língua da Escócia, ou a língua dos Estados Unidos da América, e assim por diante. Mas volto a repetir, quando nos referimos ao *World English*, língua falada hoje por quase um terço de seres humanos nos quatro cantos deste planeta (com quase o mesmo número de pessoas aprendendo a língua ao redor do mundo), não faz o menor sentido falar em falantes nativos. Essa língua, ou melhor, esse "fenômeno linguístico" (já que lhe falta alguns dos traços que considerávamos, até pouco tempo atrás, inalienáveis a qualquer língua, segundo a cartilha da ciência linguística, um campo do saber que, em muitos sentidos, ainda se encontra atrelado ao *Zeitgeist* do século XIX), na verdade, pertence a todos aqueles que dela fazem algum uso no seu dia a dia, por mais limitado ou restrito que ele seja (como consultar bibliografia, ouvir músicas, ler manuais de instrução etc.).

Dito isso, devo frisar que o "World English" não exclui ninguém, muito menos aqueles que se acha seus únicos donos. Dessa forma, o *World English* não é outro nome para o Inglês como Língua Internacional (ILI) que, na visão de Cruz (2006 apud Pereira) "refere-se ao inglês usado nas interações entre falantes não nativos que têm línguas maternas diferentes". É óbvio que a esmagadora maioria dos que usam o *World English* não pode ser considerada como composta de falantes nativos – afinal de contas, é justamente isso que torna o *World English* um fenômeno linguístico *sui generis* (ao que me consta, não há nenhum caso semelhante na história da humanidade). Agora, como já disse, os nativos também têm seu lugar no "World English". Só que eles não têm mais nenhum lugar de privilégio como "donos" ou "falantes autênticos" ou o que quer que seja. Eles, na verdade, terão de se adaptar à nova realidade e, em muitos casos, aprender novas formas de falar e ouvir.

Para quem acha a situação descrita no parágrafo anterior um tanto bizarra, apresento o seguinte caso, que comprova que o *World English* está em formação já há algum tempo:

Faz uns vinte anos, conheci um cidadão inglês que fora contratado por uma escola de inglês em São Paulo. Ele me contou que, antes de ingressar no magistério, tinha conseguido outro emprego, que era

muito mais de seu agrado, numa multinacional de produtos eletrônicos. Sua função nessa empresa era redigir curtos textos para com-
por os manuais de instruções. Para agradar seus superiores, nosso
amigo fez questão de "caprichar" nas redações, revisando-as inúmeras vezes e lapidando cada sentença. Porém, logo veio a surpresa. O
chefe do setor chamou-lhe atenção, dizendo o seguinte: "Olha, você
tem de se colocar no lugar de quem vai consumir estes produtos,
provavelmente um tailandês, um congolês, ou um guatemalteco e
assim por diante – ou seja, um usuário que não usa o inglês nem
como primeira, nem como segunda língua. Pouco importa se o inglês
que você escreve é idiomático ou se está de acordo com a norma cul-
ta. O que importa é que o outro consiga entender bem o que está dito
nas instruções". Ou seja, não demorou muito para o protagonista
desse episódio perceber que, para desempenhar bem o que se espe-
rava dele, ele precisava aprender, digamos, uma "nova língua".

Em outras palavras, o que estou chamando de "World English" é fruto
da nova realidade engendrada pelo fenômeno que conhecemos como
globalização (Rajagopalan, 2005b, 2005c, 2007c). Hibridismo é a marca registrada dessa nova "língua" (ou, como disse anteriormente, "fenômeno linguístico"). Outra característica do *World English* é o que
Blommaert, Collins e Slembrouck (2005) descrevem como multicentricidade, isto é, a existência de múltiplos centros e, consequentemente, múltiplas normas. A ideia de multicentricidade coloca em xeque a
ideia subjacente ao modelo de três círculos concêntricos, preconizado
por Kachru (1985) – isto é, a ideia de que há um único centro ao redor
do qual gravitam as mais variadas formas de falar inglês.

O que garante que o *World English* não tenha o mesmo destino,
por exemplo, do latim – língua que se fragmentou, primeiramente
em diversos dialetos mais ou menos compreensíveis entre si e, posteriormente, em línguas autônomas – é o fato de que o mundo de
hoje está se "encolhendo" cada vez mais e os povos das diferentes
nações precisarão, como nunca antes na história do planeta, comunicar-se uns com os outros, o que significa serem *compreendidos* uns
pelos outros. Em última análise, o fenômeno linguístico que estou

chamando de *World English* só pode ser compreendido em sua verdadeira dimensão se deixarmos de lado uma das mais divulgadas e bem arraigadas crenças a respeito de língua e comunicação. Segundo essa crença, bastam duas pessoas compartilharem uma mesma língua e, pronto, a comunicação ocorreria naturalmente. Ledo engano (cf. Rajagopalan, 2001). Em primeiro lugar, a sensação da "mesmice" da língua no caso decorre da possibilidade de comunicação entre as pessoas envolvidas (por que é que se diz "O fulano fala outra língua", quando tudo o que ocorreu foi um mal-entendido, uma falha na comunicação entre duas pessoas?).

Tenho sérias reservas em relação à proposta de Jennifer Jenkins (2000) de buscar um núcleo mínimo de inteligibilidade entre os falantes de diferentes formas de falar inglês. Em primeiro lugar, questiono a premissa básica dessa proposta que, no meu entender, é: basta cuidar da forma da fala e a comunicação entre as pessoas fluirá sem quaisquer impedimentos. Se as coisas fossem tão simples, um exército de professores de inglês solucionaria os conflitos no Afeganistão e no Iraque, permitindo que as partes em conflito dialogassem e encerrassem de vez suas queixas pendências!

Concordo com a colega Maria Nilva Pereira quando diz:

> Segundo a autora [Jenkins], devem-se definir quais aspectos afetam a inteligibilidade em interações envolvendo falantes de ILI e quais não a afetam. No entanto, definidos esses aspectos e encontrados aqueles que impedem a inteligibilidade nas interações em ILI, não permanece a questão de qual variante privilegiar na correção da pronúncia dos falantes e/ou estudantes?

Outra forma de manifestar a mesma inquietação seria: "Inteligibilidade para quem?" É nessa hora que se percebe que a proposta de Jenkins (2000), embora ousada no que diz respeito à variedade de "ingleses" (*Englishes*) que se fala no mundo de hoje, ainda abriga o sonho de contemplá-la a partir de um ponto fixo de referência, definido por quem detém o privilégio de decretar o que é e o que não é inteligível.

É grande e, de certa maneira, até compreensível a tentação de abordar o *World English* com conceitos e categorias herdados da linguística, tal qual ela se acha posta. A busca das condições de inteligibilidade é oriunda dessa tentação. Em vez de encarar a inteligibilidade de forma binária, isto é, em termos de "sim" ou "não", o *World English* nos desafia a pensar na possibilidade dela ser uma escala, isto é, em termos de "mais" ou "menos". Dito de outra forma, o *World English* precisa ser pensado tendo em mente o conceito de "semelhança de família" tal qual Wittgenstein o elaborou, conceito que nos permite escapar da rigidez das concepções essencialistas de outrora.

Gostaria de tentar responder à ultima questão levantada pela professora Maria Nilva Pereira:

> O conceito de ILI me parece um tanto abstrato, como agir na situação concreta da sala de aula de língua estrangeira, ou seja, quais critérios utilizar para definir a variante do inglês a ser estudada?

Há um fosso enorme entre a teoria e a prática, não só aqui, mas também em muitas outras coisas que dizem respeito à didática das línguas estrangeiras. No caso do inglês, ou melhor, daquilo que faço questão de chamar de *World English*, os desafios são ainda maiores. Em primeiro lugar, trata-se de uma realidade completamente nova e sem paralelos na história (Rajagopalan, 2006). Em relação à pergunta "Qual variedade a ser prestigiada?", respondo: "Nenhuma" ou, o que dá na mesma: "Todas". Explico. Como professores de inglês, é nosso dever preparar nossos alunos para serem cidadãos do mundo novo que se descortina diante dos nossos olhos e sobre o qual temos apenas uma ideia ainda muito vaga. Para atuar nesse admirável novo mundo, os nossos alunos têm de aprender a lidar com *todas* as formas de falar inglês.

Isso requer um bom "jogo de cintura", ou seja, uma habilidade de se adaptar às maneiras mais diferentes de falar inglês. Dou um exemplo. Quando houve a copa do mundo de futebol no Japão, as pessoas daquele país se referiam ao evento como "woroldo copo" ou "wolordo copo". O turista estrangeiro que não conseguiu fazer os devidos "reajustes" na maneira de interpretar fonologicamente a expressão foi penalizado, como alguns jornais reportaram na época. Não tenho nenhuma dúvida de que o tal "falante nativo" do inglês – um falante monolíngue – teria tido maiores dificuldades do que um aprendiz estrangeiro.

Cabe ao professor do *World English* expor a seus alunos a um grande número de variedades de ritmos e sotaques, pouco importando se eles são "nativos" ou não. Outro cuidado que o professor deve ter, desde o princípio, é o de desvincular a língua da cultura desse ou daquele país, posto que o *World English* é eminentemente transnacional e reflete diversas culturas ao redor do mundo – ou melhor, um *potpourri* de diferentes culturas. Não estou dizendo, de forma alguma, que devemos romper de vez a ligação íntima entre língua e cultura; estou dizendo apenas que o *World English* não pode ser, de maneira simplória, ligado a uma cultura particular. Cabe aqui uma referência a uma pergunta que, no meu entender, prima pela sua força retórica, feita por Lima e Roepcke (2004, 211): *"Is it possible to teach language and not be a culture broker?"*.

Texto e discurso no ensino de inglês como língua estrangeira

SINÉZIO COTRIM GUIMARÃES JR. *pergunta*

LUCIANO RODRIGUES LIMA *responde*

SINÉZIO COTRIM GUIMARÃES JÚNIOR: É possível ensinar língua inglesa como língua estrangeira moderna por meio de textos, leituras de *cartoons*, charges etc., ou é realmente necessário que se comece primeiramente a ensinar gramática na escola? Quais as prioridades que nós, professores de língua inglesa, devemos ter no ensino atualmente?

LUCIANO RODRIGUES LIMA: Dianne Larsen-Freeman, em seu artigo "Expanding the Roles of Learners and Teachers in Learner-Centered Instruction" (1998), aponta a cronologia das crenças sobre ensino-aprendizagem como uma espécie de coluna dorsal da história da linguística aplicada. Ela defende que cada uma das últimas décadas se caracteriza por meio de uma crença dominante sobre o aprendiz ideal, a saber: década de 1950: mímico, imitando os gestos do professor; década de 1960: cognitivo, descobrindo as regras da língua; década de 1970: afetivos e sociais, em busca de motivação e significação para a própria aprendizagem; década de 1980: estratégico, escolhendo com autonomia suas estratégias de aprendizagem; década de 1990: político, consciente de que a língua é um instrumento de poder. Embora não concorde com a taxonomia decimal de Larsen-Freeman, pois as crenças sobre ensino-aprendizagem não se submetem tão pontualmente ao calendário cristão, diria que tal classificação serve para se ter uma ideia da evolução do ensino de línguas estrangeiras nos últimos anos, que não escapa, em última análise, à influência da história das ideias, de modo geral.

Se se quiser definir o aprendiz da primeira década do século XXI com uma palavra, como o fez Larsen-Freeman em relação às crenças, penso que a característica principal desse aprendiz seria: textual. Os saberes contemporâneos como a linguística textual, análise do discurso, pragmática, pedagogia crítica, com base no método Paulo Freire, os estudos de tradução e outros baseiam-se na noção ampla de textualidade como um fator decisivo na construção dos significados. Assim, fora do texto – e do contexto – não existe significado possível. Hoje, somente quem é capaz de ler o texto no seu sentido mais abrangente, atingindo o nível do discurso, com todas as suas implicações linguísticas, estéticas, socioculturais e políticas, será considerado alfabetizado (ou letrado). O ensino de línguas estrangeiras, atualmente, lida com metas ambiciosas como esta: capacitar o aprendiz a ler e a compreender criticamente os textos (de diferentes tipos e gêneros, por meio de diferentes modos/canais, como oral, escrito, em jornais, rádio, televisão, em mais de um registro linguístico, como o literário, o científico etc.). Lembro que o próprio questionamento de Sinézio Cotrim já conduz ao caminho da resposta, quando ele aponta a utilização da leitura de *cartoons*, charges etc., textos densamente culturais e, portanto, abertos a interpretações.

A partir da minha experiência (leciono uma disciplina de língua inglesa onde utilizo a abordagem *ESP – English for Specific Purposes*, adaptada às condições e necessidades dos alunos), recomendo que o texto seja o centro do processo ensino-aprendizagem. O texto, em suas diversas modalidades e por meio de vários canais, ou seja, o texto escrito (impresso ou em tela) em diferentes gêneros, tipos e registros, oral falado, oral cantado ou oral teatralizado, deve ser apresentado ao estudante antes dos tópicos gramaticais. É necessário, também, conscientizar o estudante sobre elementos da tipologia textual, como gêneros, registros, tipos etc.

Ainda não foi possível abolir totalmente o estudo de tópicos gramaticais, pois eles constam do programa e devem ser referidos. Mas esse estudo se dá no interior do próprio texto e, portanto, nunca de forma isolada. Assim, em uma mesma aula sobre um texto, diversos tópicos gramaticais são acionados e brevemente explicados ou revisados, quando isso se torna necessário para a leitura do texto.

No estudo do texto em sala de aula ou no laboratório de informática (quando digo texto em inglês já penso mais no texto em tela na internet do que impresso na folha de papel), os aspectos culturais (políticos, econômicos, ideológicos, religiosos, históricos, estéticos etc.) são mais importantes do que os aspectos gramaticais.

No estudo do texto, todos os recursos são válidos e podem ser acionados simultaneamente, isto é, na mesma aula: as questões lexicais, os elementos morfológicos e sintáticos, os aspectos fonológicos (mesmo que o foco da aula seja a compreensão do texto escrito, importa muito a pronúncia das palavras) e os conteúdos culturais. Do mesmo modo, diversas abordagens, métodos e técnicas podem ser aplicados, sem a preocupação de estarem na última moda ou não: análise contrastiva, análise de erros, abordagem comunicativa e mesmo gramática e tradução, se isso for produtivo.

Todo texto se caracteriza como uma estrutura aberta para uma rede textual. A leitura do texto (literário ou não) é uma nova interpretação, isto é, a construção de um novo sentido. Um texto nunca possui apenas um único sentido possível. Mesmo os textos científicos possuem aspectos culturais e subjetivos. Toda leitura é tradução, e tradução é transcriação. Diferentemente do ensino de língua estrangeira baseado em tópicos gramaticais, no qual a gramática é apresentada como uma norma a ser seguida subservientemente, a aprendizagem por meio de textos propicia ao estudante uma maior autonomia. Os significados de um texto não estão previamente estabelecidos como uma regra gramatical.

O professor de inglês como língua estrangeira, para lidar adequadamente com o texto em sala de aula, deve ter conhecimentos básicos de linguística textual e linguística funcional, análise do discurso e de pragmática. Tudo isso o ajudará a ler criticamente o texto. Se o professor não for capaz de realizar uma leitura crítica do texto (ler o que está por detrás das palavras e vislumbrar as implicações daquele texto na sua vida e na vida dos seus estudantes), dificilmente poderá ser capaz de conduzir os seus alunos a uma leitura crítica. Nesse caso, existe o risco de que a leitura seja apenas uma decodificação e não o descortinar do mundo que se abre a partir do texto. Esse tipo de trabalho com o texto se assemelharia perigosamente ao adestramento com a língua escrita, isto é, a situação daquele que lê, mas não entende o que leu.

Para concluir esta breve resposta-comentário, cito uma passagem de Norman Fairclough, um dos precursores da linguística aplicada crítica e interdisciplinar. Fairclough transita pela área da análise do discurso e possui, além de convicções políticas sobre uma sociedade mais justa e igualitária, a noção da importância de uma educação linguística integral. Seu artigo fala do que ele chama de **"critical awareness of language"**, algo, segundo ele, indispensável na educação contemporânea, a educação para uma "textually-mediated social life":

> The presence of the discourse of flexibility in Stephen's talk is an illustration of the textual mediation of social life: in contemporary societies, the discourses/knowledges generated by expert systems enter our everyday lives and shape the way we live them. Contemporary societies are knowledge-based not only in their economies, but even for instance in the ways in which people conduct their personal relationships. Expert knowledges/discourses come to us via texts of various sorts which mediate our social lives – books, magazines, radio and television programmes, and so forth. These processes of textual mediation bind together people who are scattered across societies into social systems – one of Smith's examples is how textually mediated constructions of femininity lock women scattered across social space into the economic system of commodity production and consumption, in that femininity

is constructed in terms of the purchase and use of commodities such as clothes (Smith 1990). Moreover, the distances in space and time across which these processes of textual mediation operate are increasing. Modernity can be seen as a process of "time/space compression", the overcoming of spatial and temporal distance, and late modernity is marked by a twist in that process which is widely referred to a "globalisation" (Harvey 1990, Giddens 1991). The vehicles for this spatio-temporally extended textual mediation are the new media – radio, television, and information technology (Fairclough, 1999).

O ensino de línguas estrangeiras deve ser organizado em torno do estudo do texto (textos de todos os tipos e gêneros, em seu sentido mais amplo e profundo, no nível do discurso, implicando o conhecimento da noção dinâmica de textualidade e discursividade), uma vez que o texto faz girar todas as dimensões desse ensino: lexical, gramatical, semântica, estética, política, cultural etc.

Transferência fonológica no ensino de língua inglesa

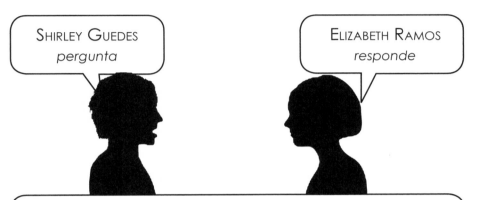

SHIRLEY GUEDES
pergunta

ELIZABETH RAMOS
responde

SHIRLEY GUEDES: Há diversas dificuldades quanto à disciplina de língua inglesa: muitos (ou quase todos) os alunos de EF e EM consideram o inglês desnecessário, inútil para suas vidas, para seus cotidianos.

Essa dificuldade, segundo eles mesmos, decorre da falta de base nas séries anteriores, principalmente para as turmas do 2º ano. Além de não terem tempo para se dedicarem aos estudos, de não terem o contato diário com a língua e de não terem facilidade com a disciplina, queixam-se de não terem tido professores preparados para a regência da disciplina.

Uma das grandes dificuldades é a compreensão e a produção oral. Levando em conta a diferença fonética das línguas e a presença de fonemas na língua inglesa que não existem no acervo fonético do português do Brasil, a pronúncia e a compreensão tornam-se um dos principais empecilhos nas aulas de língua inglesa como língua estrangeira. Essa situação faz com que os alunos achem que não sabem o inglês por não conseguirem pronunciar corretamente (de acordo com o sistema fonológico da língua inglesa) e, consequentemente, desestimula a continuação do aprendizado.

Casos em que os estudantes marcam as palavras da língua inglesa com fonemas da sua língua materna são muito comuns nas aulas de inglês.

Gostaria, então, de saber como posso trabalhar a parte fonética/fonológica da língua inglesa, na sala de aula, para evitar que os alunos pronunciem as palavras da língua-alvo como se fossem da língua portuguesa.

ELIZABETH RAMOS: Num processo de aprendizagem de língua estrangeira, é natural que o aluno tenda a transferir para o "novo" idioma particularidades de sua língua materna. Isso ocorre não apenas com relação aos aspectos fonológicos, mas também com respeito à sintaxe, à morfologia e até mesmo ao uso de itens lexicais. A tendência dos alunos a transferir para a língua inglesa os traços fonológicos do português não constitui novidade.

Shirley Guedes comenta a dificuldade dos alunos em "pronunciar corretamente (de acordo com o sistema fonológico da língua inglesa)", e eu gostaria de perguntar o que seria esse "pronunciar correto"? Além disso, a que língua inglesa você se refere? Ao que me parece, você deve estar considerando os fatos fonológicos pertinentes ao inglês típico da *received pronunciation* [RP]. Será que o desvio do chamado inglês RP impede o aluno de se comunicar?

Minhas perguntas pautam-se por um ponto importante a ser considerado: o de que não existe um único "inglês". Tal como outras línguas, o inglês também apresenta diferentes variantes, resultantes de processos de interferência e transferência, por exemplo, das línguas autóctones dos povos colonizados pela Inglaterra. Assim, temos o inglês nigeriano, o indiano, o jamaicano, entre muitos outros, trazendo características gramaticais, fonológicas e/ou morfológicas das línguas sobre as quais o idioma do colonizador se impôs. Além das situações resultantes de processos de colonização, existem ainda os casos de indivíduos, que aprendem o inglês e o utilizam como "língua internacional" (EIL). Há também, é preciso lembrar, os diversos falares dentro da própria Grã-Bretanha. As diferentes situações em que

a língua inglesa é falada geram, portanto, variantes e, consequentemente, impõem reflexões quanto à utilização de um único modelo de
produção fonológica no processo de ensino e aprendizado do inglês.

É muito difícil "evitar que os alunos pronunciem as palavras da língua-alvo como se fossem da língua portuguesa", afinal, eles só conhecem aspectos do seu próprio idioma aprendido, não raro, com bastante dificuldade. A interferência é inevitável, particularmente quando
se trata de alunos que, por serem pouco ou nunca expostos à língua
inglesa, evidentemente, acham o aprendizado "desnecessário, inútil
para suas vidas e para seu cotidiano". Um dos questionamentos que,
em silêncio, esses alunos devem fazer-se é: por que preciso aprender
essa língua? Admitamos que, sem existir um objetivo, a motivação
do aluno fica bastante comprometida. A dificuldade não decorre, uni-
camente, "da falta de base nas séries anteriores" e "de não terem
tempo para se dedicarem aos estudos". No processo de aprendizagem
da língua estrangeira, há, pelo menos, dois aspectos fundamentais:
motivação e percepção da diferença, isto é, aquisição de uma consciência receptiva, para que o aluno possa desenvolver a competência
oral produtiva. Quando não existem possibilidades de utilização da
língua estrangeira e situações de exposição, naturalmente, tais diferenças não serão percebidas e será difícil motivar o aprendizado.

Seria preciso refletir até que ponto as interferências e transferências
fonológicas que nossos alunos demonstram, efetivamente, constituem
impedimento à comunicação. Afinal, nesse processo não está em jogo
apenas a produção de sons isolados individuais, mas também tonicidade das palavras e frases, entonação, aspectos do discurso corrente,
contexto, expressões não verbais, entre outros. É preciso lembrar que
a produção fonológica em língua inglesa é tarefa das mais complexas.

Podemos lançar mão de alguns recursos para desenvolver a motivação e a percepção fonológica dos alunos, por exemplo, integrando
a fonologia ao cotidiano da sala de aula. Quando se tratar de adolescentes, os jogos podem propiciar um ambiente onde os alunos
tenham a oportunidade de perceber certas diferenças fonológicas,
sabendo-se que o objetivo é desenvolver a capacidade de comunica-

ção em inglês internacional (EIL), isto é, sem exigir que os alunos copiem um padrão fonológico único da língua inglesa. Afinal, se os falantes nativos fazem uso de diferentes variantes, a depender do lugar onde nasceram e viveram, por que exigir que um aluno de inglês como língua estrangeira não tenha a mesma possibilidade?

Algumas atividades podem ser desenvolvidas em sala de aula, no sentido de estimular a competência fonológica dos estudantes. Como as dificuldades que você pontua são de ordem fonêmica, irei sugerir atividades que contemplem exercícios em torno dessas questões fonológicas.

Um dos pontos que precisamos ter em mente é que os alunos devem ser apresentados aos fonemas e às suas representações. Nesse sentido, o quadro fonêmico pode ser incorporado aos demais materiais utilizados em sala de aula.

iː	ɪ	ʊ	uː	ɪə	eɪ	John & Sarah Free Materials 1996
READ	SIT	BOOK	TOO	HERE	DAY	
e	ə	ɜː	ɔː	ʊə	ɔɪ	əʊ
MEN	AMERICA	WORD	SORT	TOUR	BOY	GO
æ	ʌ	ɑː	ɒ	eə	aɪ	aʊ
CAT	BUT	PART	NOT	WEAR	MY	HOW
p	b	t	d	ʧ	ʤ	k	g
PIG	BED	TIME	DO	CHURCH	JUDGE	KILO	GO
f	v	θ	ð	s	z	ʃ	ʒ
FIVE	VERY	THINK	THE	SIX	ZOO	SHORT	CASUAL
m	n	ŋ	h	l	r	w	j
MILK	NO	SING	HELLO	LIVE	READ	WINDOW	YES

Phonemic Chart[1]

Sugiro que a percepção das diferenças fonêmicas seja trabalhada aos poucos, por meio da eleição de um ou dois fonemas de cada vez. Seria interessante iniciar o trabalho com a percepção de pares mínimos, por exemplo, *hut* x *hat*, *thin* x *tin*, *think* x *sink*.

Uma vez conhecidas as representações dos sons, pode-se colocá-las no quadro-negro, em colunas, e pedir que os alunos afixem sob elas, os cartões onde estão grafadas palavras, ou desenhadas figuras, que contenham os sons correspondentes. Por exemplo:

---

[1]   Fonte: Disponível em: http://www.englishdroid.com/assets/phonemic_chart.png.

/i/	/i:/
ship	*sheep*
chip	*cheap*
slip	*sleep*

A percepção das diferenças fonêmicas pode, também, contemplar as dificuldades que você menciona, como é o caso do som /u/ versus o som /v/, ou mesmo o som /ai/ versus /i/ ou /i:/, e se estender a um número maior de sons e palavras, como por exemplo, *toy* x *tie* x *toe*; *roll* x *real* x *rail*; *bear* x *beer* x *bay*; *show* x *share* x *shy*, trabalhando as semelhanças entre fonemas e não apenas as diferenças.

Há, ainda, a possibilidade de conferir aos estudantes maior controle sobre seu próprio processo de aprendizagem, pedindo-lhes que ditem para o professor, ou para outro colega, as palavras que serão coloca-das na coluna correspondente. Dessa forma, se o aluno não se fizer compreender, o professor não terá condição de executar o comando.

A atividade pode ser seguida por diferentes tipos de *drills* através dos quais o professor, por meio de imitações, por exemplo, pode ati-var a imaginação dos alunos, permitindo que determinados sons se-jam armazenados e, posteriormente, lembrados com mais facilidade. Nesse sentido, a utilização da música pode constituir um recurso estimulante à percepção do aluno. Não será difícil encontrar músi-cas que atraiam a atenção dos estudantes e que contenham palavras como *was* e *were*, além de pronomes como *I*, *us*, *my*, *mine*, que, uma vez identificadas, são inseridas nas lacunas da letra, possibilitando a repetição da pronúncia de forma descontraída.

Outra boa ideia para desenvolver a consciência fonológica recep-tiva é a distribuição, entre os alunos, de cartões contendo figuras de objetos e/ou palavras dos quais fazem parte os fonemas a serem trabalhados. Depois da introdução dos novos fonemas, o estudante, ao ouvir determinado som, levanta seu cartão correspondente. O mesmo exercício pode ser modificado para fazer com que o aluno diga a palavra e o professor levante o cartão.

Os bingos, em geral, despertam o interesse. Que tal um bingo de fonemas? Distribua cartões de bingo contendo fonemas, ao invés de números. Pronuncie uma palavra e deixe que os alunos identifiquem, na sua cartela, determinado som que faça parte dessa palavra.

Uma forma bastante divertida de explorar o *phonemic chart* é transformá-lo num tabuleiro de jogo. O aluno lança o dado e percorre, no quadro fonêmico, o número de casas correspondentes, na direção predeterminada. Ao cair em determinado símbolo, ele diz uma palavra que contenha o som correspondente, do contrário, terá que voltar tantas casas atrás.

Existe, ainda, um jogo de Yes/No que pode auxiliar nas questões fonológicas que você apresenta. Entregue a cada aluno dois cartões – um com YES, outro com NO. Explique que ouvirão palavras que conterão determinado som (escolha o fonema com o qual têm dificuldade, por exemplo, /u/ x /v/). Instrução para a turma: levantem o cartão YES se vocês acham que ouviram o som /u/. Levantem o cartão NO se não ouvirem o som /u/. O comando do jogo pode ser transferido para um aluno, depois de algum tempo de jogo.

Espero que essas sugestões sirvam para estimular o aprendizado dos traços fonológicos da "língua inglesa", lembrando que não existe um padrão fonológico único, e que existem muitas variantes. De toda sorte, é sempre bom reforçar o fato de que há apenas oito sons vocálicos e seis de ditongos no nosso idioma, contra doze e dez, respectivamente, em inglês. Esse ponto, aparentemente tão simples, é suficiente para impor à maior parte dos brasileiros muitas dificuldades no aprendizado do inglês. Além disso, não devemos nos surpreender diante do fato de que alunos que foram educados para associar /i/ a /i/, de repente tenham dificuldade em decodificar o /i/ em /ai/, /i/ ou, eventualmente, /i:/. Observe, ainda, que, se nossos alunos aprenderam que Walter é pronunciado como [vaute], é natural que a mudança de som da letra "w" de /v/ para /u/ cause certo estranhamento. Tampouco nos deve causar surpresa que os alunos tentem inserir uma sílaba final às palavras em inglês, uma vez que sua competência linguística na língua-mãe assim os conduz. Portanto, dizer [miuki] em lugar de [milk], [maini] em lugar de [main] reflete, simplesmente, uma transferência, para o inglês, de traços da língua portuguesa, falada no Brasil.

O papel do centro de aprendizagem autônoma de línguas estrangeiras no desenvolvimento da autonomia dos alunos de letras

JOCELI ROCHA LIMA
pergunta

GIÊDRA FERREIRA DA CRUZ
responde

JOCELI ROCHA LIMA: Preocupam-me as dificuldades do estudante que se predispõe a fazer letras sem, contudo, apresentar um *background* minimamente necessário para dar prosseguimento ao estudo da língua inglesa em nível superior. Esses alunos revelam a necessidade de primeiramente aprender a língua inglesa que futuramente ensinarão nas redes públicas ou de iniciativa privada. De fato, há que se buscar meios alternativos de proporcionar a esses estudantes um aprendizado cada vez mais rápido e eficiente da língua-alvo.

Essa realidade aponta para a necessidade de um estímulo constante ao estudo autônomo para que se possa despertar no aluno de letras o aprendizado responsável e autocontrolado das quatro habilidades comunicativas de ouvir, falar, ler e escrever em inglês, para que tal atitude se reflita como uma aliada no processo de ensino/aprendizagem desses aprendizes de LE.

Partindo dessas reflexões, até que ponto o acesso ao centro de aprendizagem autônoma contribui para o desenvolvimento da autonomia dos nossos alunos de letras?

GIÊDRA FERREIRA DA CRUZ: Para responder a esta pergunta, é necessário definir autonomia e explicar o que é um centro de aprendizagem autônoma.

Autonomia

Esse conceito vem sofrendo alterações e sendo complementado desde que começou a ser discutido por professores e pesquisadores da área da linguística aplicada.

Segundo Cruz (2005), no âmbito educacional, a discussão sobre esse termo teve início com Henry Holec, na década de 1980, com o livro intitulado *Autonomy in Foreign Language Learning*. Para Holec (1981, 3), "autonomy is the ability to take charge of one's learning". Essa autonomia está associada à ideia de independência e individualidade. Assim, o aprendiz assume a responsabilidade pelas decisões concernentes à escolha dos objetivos, métodos e técnicas de ensino a serem usados, ajudando a definir conteúdos, a monitorar e a avaliar seu próprio aprendizado. Essa definição é bastante ampla e percebe-se, claramente, que o autor tem uma visão do "aprendiz autônomo ideal", ou seja, o problema é que ele não explicita, em termos pedagógicos, como atingir tal nível de autonomia.

Ainda conforme Cruz (2005), na década de 1990, Little (1991) tenta voltar à autonomia proposta por Holec (1981) para o ensino/aprendizagem de línguas, com uma proposta mais pedagógica, ao enfatizar que autonomia não é sinônimo de autoinstrução, não é um novo método e não dispensa a presença do professor. Assim, o aprendiz autônomo é aquele que reflete criticamente sobre o próprio processo de aprendizagem, que traça objetivos, de acordo com suas necessidades, e assume a tarefa de decidir o que, como e quando estudar para alcançar os resultados desejados. Desse modo, Little (1991) enfatiza que o aprendiz não é responsável pela totalidade do processo, acreditando que o fato de um indivíduo optar por estudar sem o auxílio de um professor não significa, necessariamente, que ele atinja um alto nível de autonomia. Ao contrário, a presença do professor de modo algum é dispensável. Para esse autor, é o professor que pode fornecer as condições para o desenvolvimento da autonomia do aprendiz, sendo difícil para os alunos se tornarem autônomos sem a ajuda ou sem o incentivo daquele.

Dickinson (1994, 4) apresenta autonomia: "Autonomy in learning is essentially a matter of attitude to learning", enfatizando que ser responsável pela própria aprendizagem significa ser responsável pelos próprios atos. Esse seria, portanto, um princípio fundamental, para ser estimulado em qualquer aspecto educacional.

Freire (1996, 107), na sua obra *Pedagogia da autonomia: saberes necessários à prática educativa*, politiza o termo autonomia ao explicitar que ter respeito à autonomia e à identidade do educando exige dos professores uma prática coerente com o saber, pois:

> Ninguém é autônomo primeiro para depois decidir. A autonomia vai se constituindo na experiência de várias, inúmeras decisões, que vão sendo tomadas. Por que, por exemplo, não desafiar o filho, ainda criança, no sentido de participar da escolha da melhor hora de fazer seus deveres escolares? Por que o melhor tempo para esta tarefa é sempre o dos pais? Por que perder a oportunidade de ir sublinhando aos filhos o dever e o direito que eles têm, como gente, de ir forjando sua própria autonomia? Ninguém é sujeito da autonomia de ninguém. Por outro lado, ninguém amadurece de repente, aos 25 anos. A gente vai amadurecendo todo dia, ou não. A autonomia, enquanto amadurecimento do ser para si, é processo, é vir a ser. Não ocorre em data marcada. É neste sentido que uma pedagogia da autonomia tem de estar centrada em experiências estimuladoras da decisão e da responsabilidade, vale dizer, em experiências respeitosas da liberdade.

Apesar de Freire (1996) não estar se referindo à autonomia especificamente aplicada ao contexto de ensino e aprendizagem de LE, essa referência se aplica com perfeição a esse contexto, uma vez que autonomia pode ser construída na prática do dia a dia dos aprendizes de línguas estrangeiras.

Para Littlewood (1996 apud Paiva, 2007), um indivíduo pode demonstrar três tipos de autonomia: no uso criativo da língua (autonomia como comunicador), no uso das suas próprias estratégias de aprendizagem (autonomia do aprendiz) e na expressão de significados e criação de contextos pessoais de aprendizagem (autonomia como pessoa).

Benson (1997) define autonomia dentro de um campo teórico e apresenta três tipos de aprendizagem autônoma de línguas: (1) a técnica – apresentada como a aprendizagem da língua fora do contexto educacional, em que o objetivo é fornecer ao aprendiz as técnicas necessárias para que ele as use, quando for o momento adequado; (2) a psicológica – vista como uma transformação interna, ou seja, uma questão de atitude em tornar-se mais responsável pela sua própria aprendizagem e (3) a política – voltada para um nível de conscientização, que o aprendiz pode ter em relação ao controle sobre sua própria aprendizagem.

De acordo com Scharle & Szabó (2000, 4), autonomia e responsabilidade estão inter-relacionadas. As autoras definem autonomia:

> Autonomy as the freedom and ability to manage one's own affair which entails the right to make decisions as well. Responsibility also be understood as being in charge of something, but with the implications that one has to deal with the consequences of one's own actions.

Diante do exposto, podemos afirmar:

> Definir autonomia não é uma tarefa fácil, principalmente, porque há poucos contextos onde os aprendizes podem, realmente, ser autônomos. Os alunos, raramente, estão totalmente livres de interferência de fatores externos que funcionam como obstáculos para a desejada autonomia. Estudar sozinho, por exemplo, não é necessariamente sinônimo de autonomia (Paiva, 2006, 5).

Autonomia é, então, na definição de Paiva (2006, 88-89):

> Um sistema sociocognitivo complexo, sujeito a restrições internas e externas. Ela se manifesta em diferentes graus de independência e controle sobre o próprio processo de aprendizagem, envolvendo capa-

cidades, habilidades, atitudes, desejos, tomadas de decisão, escolhas e avaliação tanto como aprendiz de língua ou como seu usuário, dentro ou fora da sala de aula.

O que um CAALE?

Apesar da complexidade do termo autonomia, estudiosos da linguística aplicada salientam a importância de ajudar o aluno a se tornar consciente da sua capacidade para ser autônomo, para saber como se ajudar ao longo do processo de aprendizagem de línguas estrangeiras.

Segundo Benson (1997), não existe autonomia sem orientações pedagógicas de como implementá-la. Uma dessas orientações foi traduzida na idealização dos centros de aprendizagem autônoma de línguas. O termo inglês *Self-access center*[1] é, geralmente, traduzido como "centro de autoacesso", e na Universidade Estadual do Sudoeste da Bahia, por exemplo, ele recebe a seguinte tradução: "Centro de Aprendizagem Autônoma de Línguas Estrangeiras" (CAALE).

Assim, o CAALE/UESB é um espaço especialmente criado, pelos professores da área de Línguas Estrangeiras e Literaturas (ALEL), com o objetivo de ajudar no desenvolvimento da autonomia na aprendizagem dos alunos.

O Centro é composto por quatro ambientes: (1) uma antessala que serve de recepção; (2) uma sala equipada com quadro branco, carteiras, mesa, TV, vídeo, DVD; (3) uma sala com seis cabines, cada uma equipada com computadores conectados à internet, terminais de áudio com gravação em fita cassete e em CR-ROM; e (4) uma sala para leitura com livros e revistas em línguas estrangeiras. O CAALE/UESB permite ao aluno a oportunidade de:

---

[1]   Sheerin (1997, p. 2) explica que o termo *self-access* se refere ao material de aprendizagem e ao sistema organizacional disponíveis diretamente para o acesso dos aprendizes.

- praticar a língua-alvo fora da sala de aula, em um horário flexível;
- utilizar materiais complementares;
- ter uma aprendizagem que busque atender às suas especificidades e exigências;
- desenvolver a responsabilidade pela sua própria aprendizagem;
- trabalhar no seu próprio ritmo, atendendo às necessidades individuais.

Para que possam ser considerados usuários do Centro, os alunos devem estar devidamente cadastrados e possuírem a carteira de identificação do CAALE.

O acesso ao centro de aprendizagem autônoma contribui para o desenvolvimento da autonomia dos alunos de letras?

Resultados de uma pesquisa desenvolvida no CAALE/UESB (Cruz, 2005) – na qual se investigou o nível de autonomia dos alunos do primeiro semestre do curso de letras em relação à aprendizagem de línguas estrangeiras, mais especificamente língua inglesa – demonstraram que não houve registro de comportamento autônomo por parte dos discentes na realização de atividades no centro, uma vez que os alunos estiveram no CAALE por orientação dos professores para o cumprimento de atividades preparadas pelos docentes. Ao se investigar, cautelosamente, o comportamento e as ações dos alunos dentro do centro, confirmou-se que os sujeitos, por eles mesmos, não realizavam nenhuma atividade que os ajudasse a avançar na língua-alvo. Na verdade, eles demonstravam dependência da professora de inglês. Essa postura de passividade constatada é fruto, em grande parte, do papel desempenhado pelo aluno ao longo da sua vida acadêmica – que vem desde os ensinos fundamental e médio – de esperar pelas "ordens" do professor.

O uso dos pôsteres

É importante ressaltar que todos os recursos do CAALE/UESB (CDs, vídeos, revistas, livros etc.) estavam disponíveis para todos os alunos do curso de letras, que estudavam língua estrangeira. Deve-se salientar também que todos os informantes da pesquisa tinham consciência da importância do Centro para o aprimoramento da língua inglesa, como pôde ser percebido nas respostas dadas à pergunta "qual é o objetivo de se frequentar o CAALE?". No entanto, o que se verificou foi que eles só frequentavam o espaço quando solicitados pelos professores, o que leva a concluir que saber somente o objetivo do centro não é suficiente para que o aluno o utilize de maneira eficaz.

Assim, objetivando encorajar os alunos a frequentarem e a utilizarem os recursos do CAALE/UESB, foram expostos, no mural da recepção, pôsteres com sugestões de atividades para serem desenvolvidas por eles mesmos. Os pôsteres eram trocados mensalmente, com o propósito de encorajar o aluno a desenvolver a sua autonomia, uma vez que continham atividades para serem trabalhadas com as quatro habilidades básicas: ouvir, falar, ler e escrever (álbuns com as letras das canções de CDs, filmes, textos para leitura com perguntas de interpretação e livros paradidáticos). Dessa forma, os pôsteres foram idealizados como mais um instrumento que ajudasse o aluno a refletir sobre a necessidade de se envolver com a sua própria aprendizagem.

Com o uso dos pôsteres, nota-se, a partir daí, certa mudança no comportamento dos estudantes, que passaram a procurar o centro para realizar atividades criadas por eles mesmos. Contudo, muitos deles ainda se mostraram com pouca ou nenhuma consciência da responsabilidade pela própria aprendizagem da LE (a exemplo da realização de atividades distanciadas do foco na língua-alvo); e/ou se mostraram com limitado domínio de estratégias que pudessem favorecer o processo de autonomia (a exemplo da pouca diversificação nas atividades realizadas para o aprimoramento das habilidades linguísticas básicas).

É notório que o aluno precisa aprender a aprender para poder se ajudar ao longo de seu processo enquanto aprendiz de LE, para se tornar autor do seu próprio mundo. Contudo, como pontua Pennycook (1997, 45),

> To became the author of one' s world, to became an autonomous language learner and user, is not so much a question of learning how to learn as it is a question of learning how to struggle for cultural alternatives.

Desse modo, os resultados da pesquisa não pretenderam limitar a autonomia a "aprender a aprender". Enfatizou-se, naquele momento, "aprender a aprender" significando conhecer os próprios estilos e estratégias de aprendizagem, bem como

> o uso consciente de estratégias metacognitivas – apontando para caminhos que precisam ser trilhados, na medida em que encoraja a reflexão sobre o processo de aprendizagem enquanto ele está acontecendo, ajudando o aluno a tornar-se consciente da sua capacidade de ser mais autônomo (Cruz, 2005, 108).

Então, faz-se necessário aprender a se conhecer, como primeiro passo, nessa longa caminhada para o desenvolvimento da autonomia do aprendiz de LE para depois procurar novas alternativas.

De que forma os professores podem contribuir mais significativamente para esse processo?

O aluno desenvolver sua autonomia não significa que não precisará mais de um professor. Ao contrário, a criação de um centro por si só não tem a capacidade de tornar o aluno autônomo. De acordo com a literatura, o aprendiz precisa reformular suas crenças sobre seu papel enquanto aprendiz de LE para desenvolver a sua autonomia. É justamente nesse contexto que entra em cena o professor para desempenhar seu importante papel de ajudar o aluno a tornar-se consciente da sua capacidade para ser autônomo.

De acordo com Micoli (2007, 34):

Acreditar que o aluno aprenderá tudo o que precisa para expressar-se bem em língua estrangeira em sala de aula é impossível. Assim, tanto professores como alunos devem saber que seus papéis em sala de aula são limitados – o professor não pode ensinar tudo e o aluno não deve esperar que através do professor se aprenda tudo. Ele deve ser incentivado desde cedo a buscar suas próprias soluções e desenvolver ações que o façam avançar em seu desempenho como aluno. Isso certamente se refletirá em sua vida pessoal como ser humano mais potencializado para os desafios de hoje.

Apesar do nome "centro de aprendizagem autônoma", tal centro não tem o poder de transformar os alunos do curso de letras em aprendizes autônomos. Por isso a importância do papel de funcionários e professores para orientar o estudante.

Assim, o professor pode facilitar a aprendizagem ao observar, em seu aluno, aspectos linguísticos que precisam ser melhorados:

- ajudá-lo a identificar suas necessidades;
- encorajá-lo a se desenvolver na língua-alvo usando uma bibliografia específica;
- incentivá-lo a utilizar os recursos do CAALE – como assistir a filmes, ouvir músicas, cantar, ler textos de seu interesse etc.;
- ajudá-lo a planejar suas atividades para que consiga ver o resultado dos seus esforços.

Uma vez que o professor já dispõe de sala de aula para desenvolver suas atividades regulares, o centro, consequentemente, não é para ser usado com os mesmos propósitos. Portanto, o professor também pode ajudar o aluno a:

- criar clubes de conversação – interagindo com colegas;
- organizar grupos de estudos – criando listas de discussões para expressar seus sentimentos;
- buscar se envolver com projetos de pesquisa com temas de seu interesse;
- publicar seus próprios textos (a exemplo de *short-stories* escritos para a disciplina prática de produção de textos em língua inglesa) no www.uesb.br/caale;

- refletir sobre a sua prática do dia a dia, buscando as respostas para os próprios problemas, tornando-se, então, crítico de si mesmo.

Considerações finais

Apesar da eficácia dos centros de aprendizagem autônoma, aqui não se afirma que a autonomia só possa ser desenvolvida dentro de um centro, ou seja, que haja um local apropriado para que a autonomia ocorra. Ao contrário, a autonomia também pode ser desenvolvida nas atividades rotineiras em casa, nas conversas com os colegas e, até mesmo, em classe sob a orientação do professor, paralelamente ao aprendizado do conteúdo programático. Segundo Paiva (1998), o professor pode contribuir para formar aprendizes mais bem-sucedidos e autônomos, incentivando-os a se responsabilizarem por sua aprendizagem e conscientizando-os dos processos cognitivos.

Não se pode negar a importância dos centros de aprendizagem autônoma de línguas. Contudo, vale ressaltar que tal proposta é apenas uma das maneiras de se desenvolver a autonomia, mas não se acredita que seja o centro, mesmo que com todo um pacote tecnológico de ponta, que garantirá que o processo de autonomia ocorra. Na verdade, a ênfase não deve ser dada ao local, mas às crenças e às atitudes dos professores e alunos, que estarão atuando dentro desses espaços. Por isso, Benson & Voller (1997) alertam para o uso de novas tecnologias no ensino/aprendizagem de línguas, ao enfatizarem que se deve ter o cuidado de não associar a autonomia do aprendiz a uma dependência das novas tecnologias.

Finalmente, sabendo-se que não é tarefa simples ajudar o aluno a se tornar autônomo, o centro de aprendizagem autônoma de línguas estrangeiras funciona, não como um fim em si mesmo, mas como mais um instrumento no auxílio do desenvolvimento da autonomia do aprendiz. E sabendo-se que autonomia não é uma habilidade inata, mas que ela pode ser desenvolvida, muitas pesquisam ainda precisam ser realizadas para que se possa investigar como os centros podem ajudar efetivamente na autonomia do aprendiz, uma vez que são muitas as variáveis que envolvem o processo de aprendizagem de uma língua estrangeira.

Correção de pronúncia e a
da identidade do aluno de letras

GIÊDRA FERREIRA DA CRUZ
pergunta

JOCELI ROCHA LIMA
responde

GIÊDRA FERREIRA DA CRUZ: Avery & Ehrlich (1992) afirmam que não é completamente correto pensar que o ensino de pronúncia tem como único foco a redução do sotaque estrangeiro por meio de *drills*, ou que ensinar pronúncia é inútil dada a crescente inabilidade dos aprendizes em adquirir o sotaque nativo. Nenhuma das duas visões é completamente correta. Isso devido aos já conhecidos fatores biológicos, socioculturais, pessoais e linguísticos que afetam o processo de aquisição do sistema sonoro de uma segunda língua. A consciência desses aspectos é o que propicia o entendimento de que "a prática de pronúncia pode não ser algo perfeito, mas ignorá-la totalmente pode ser um grande desserviço aos estudantes de ESL".

Como o inglês hoje é considerado uma língua internacional, às vezes, fico apreensiva em corrigir a pronúncia dos meus alunos. Apesar de perceber que eles cometem "deslizes" de pronúncia, acredito que não deva exagerar nas correções em sala para que não se sintam constrangidos ou pressionados a desenvolver uma pronúncia sem sotaque, uma vez que o sotaque é, também, uma forma de identidade cultural. O que, primordialmente, deveria corrigir: os sons consonantais ou os sons vocálicos? Além disso, qual desses grupos de sons representa o maior desafio para os alunos de letras?

JOCELI ROCHA LIMA: O que se põe aqui é a necessidade de trabalhar a produção e a compreensão áudio/oral da língua inglesa.

Sem dúvida, um questionamento bastante pertinente, quando vivemos uma fase do ensino da pronúncia do inglês enquanto língua internacional e da defesa dos valores culturais dos aprendizes de toda e qualquer língua estrangeira. A pergunta feita reflete bem o movimento oscilante que marca o ensino de pronúncia, que tem vivenciado, ao longo de quase 10 séculos, momentos em que recebeu total ou nenhum interesse dentro dos estudos linguísticos; foi assim com o latim, no século XII. Etimologicamente falando, o fato de o latim ter sido aprendido como uma segunda língua pelos quatro cantos durante a Era Medieval, e pronunciado com os mais vários sotaques (a depender da língua de quem o aprendia), pode ter levado à falta de interesse pelos detalhes fonéticos. O latim da Idade Média não representava mais o padrão clássico dos gramáticos (Robins, 1967). Esse fenômeno de não correspondência entre a língua falada como L2 (e mesmo língua estrangeira – LE) pelos diversos aprendizes e a língua-alvo dos falantes nativos vai se repetir e se repetir ao longo dos séculos de ensino de línguas, e não seria diferente hoje com a internacionalização do inglês.

Quando se fala em valorização da pronúncia no processo de aprendizagem de uma LE, voltamo-nos sempre para a figura do professor e para os materiais utilizados, tudo para que os alunos tenham acesso a bons modelos, já que a fala do professor não deve ser o único, nem o principal modelo para os alunos. Deve-se considerar seu grau de proficiência e, dessa forma, o uso de material autêntico constitui mais uma oportunidade de treino para o professor (ver mais em Abreu-e-Lima, 1996). Esse tipo de opinião marca o foco que recebeu o ensino de pronúncia até a primeira metade do século XX: o alcance do sotaque nativo "perfeito". Havia tamanha preocupação com isso que se buscou investigar a idade crítica para a aquisição desse sotaque *standard*: acima dos 13 anos (aproximadamente), o falante aprendiz amargaria a frustração de não mais poder alcançar o sonhado sotaque nativo. Brown (1994, 1995) discute bem essas questões. O que acontece é que a total mudança de foco sobre a comunicação em LE fez com que não houvesse mais a menor preocupação em que os aprendizes de inglês como L2 ou LE perdessem seu sotaque. No nosso caso, somos e continuaremos sendo falantes brasileiros de inglês. Contudo, há que se resguardar, como afirma Jones (1997), o desejo particular dos aprendizes que buscam um sotaque nesses moldes.

Da mesma forma, somam-se pelo mundo afora outros falantes de inglês nativos das mais diversas línguas. Devido à expansão e domínio desse idioma, finalmente, chegou-se à conclusão de que não há um sotaque nativo de referência para todos aqueles que estudam e ensinam o inglês como LE. Resultado da impossibilidade de eleger o modelo a seguir; de defender o inglês "mais correto". Para que se tenha uma ideia, os Estados Unidos, maior nação que tem o inglês como língua nativa, detinha, em 1997, apenas 20% do inglês falado no mundo todo; para Crystal (1997), estava claro que ninguém poderia reclamar a propriedade desse idioma. Complementando o pensamento de Crystal, os autores Schumacher, White e Zanettini (2002), ao discutirem qual seria esse "inglês correto" a se ensinar, verificaram, por meio da investigação bibliográfica, que existem mais falantes de inglês como segunda língua – L2 (450 milhões) do que falantes nativos (350 milhões). Logo, não pode haver forma certa ou errada de pronunciar, considerando-se a diversidade de contextos onde essa língua é falada. Só que essa aparente não severidade se aplica apenas ao sotaque, entonação típica, vocabulário diferenciado; em complemento dizem ser o sotaque integralmente correto e relevante dentro da comunidade à qual pertence o falante. Os autores então se questionam sobre qual padrão deveria orientar os falantes estrangeiros. De fato, há mesmo que estabelecer padrões para não corrermos o risco de alcançar tempos de total incompreensão entre os usuários de inglês enquanto LE. Dentro dessa liberdade de falar seu próprio inglês – marcado pela sua interfonologia – os aprendizes mundo afora poderão afastar-se tão severamente da pronúncia adequada (distintiva) de determinados sons que perderão a condição de se comunicarem com outros falantes (sejam eles estrangeiros ou nativos).

Daí a necessidade de, mais do que nunca, avaliar cuidadosamente o erro do nosso aluno dentro da sua interfonologia e, consequentemente, decidir o que corrigir. Antes de focar os elementos segmentais de vogal e consoante, gostaria de reforçar a necessidade de corrigir "palavras que causam estranhamento ou incompreensão no outro"; e vou além: necessidade de corrigir palavras que, mesmo não causando "estranhamento" ou "incompreensão" no outro, geram a compreensão de uma mensagem diferente daquela que foi pretendida originalmente pelo falante por um problema de não distintividade vocálica, por exemplo, que coloca palavras de um par mínimo como *sheet/shit − coffee/copy* em um mesmo contexto. Essa é a grande problemática da substituição de sons (erros de pronúncia) que não gera articulações confusas ou estranhas, mas sim pronúncias claras com sentido diverso do real (ver mais em Jenkins, 2000; Schumacher; White; Zanettini, 2002). Muito antes desses estudiosos, Henry Sweet, importante foneticista do século XIX, já defendia a importância de se fazer distinção de pronúncia quando essa distinção é significativa. A consciência desses aspectos faz com que muitos professores adotem a postura de "não exagerar nas correções em sala" para que o aluno "não se sinta constrangido ou pressionado a desenvolver uma pronúncia sem sotaque, uma vez que seu sotaque é, também, uma forma de identidade cultural".

Diante da preocupação de contribuir para a manutenção da identidade cultural dos alunos, ocorre-me que, num processo natural e, talvez, até inconsciente, os alunos irão imitar o professor, num processo perfeitamente esperado na inter-relação professor/aluno de LE. Isso não quer dizer que eles estejam negando sua identidade ao tentarem falar como o professor que, certamente, estará se esforçando ao máximo para apresentar uma excelente pronúncia (talvez aquela bem próxima de um padrão nativo). Sem dúvida, a abordagem comunicativa, que se estabeleceu dentro da área de estudos sobre o ensino de línguas no final da década de 1970, foi decisiva para romper com o paradigma da perfeição formal, dado que contribuiu para desmistificar a necessidade/obrigatoriedade da busca do sotaque nativo e, com isso, dar um freio à correção exagerada de aspectos irrelevantes de pronúncia, que não comprometiam a fluência do falante/aprendiz. Mas tenho restrições à negação total da correção do erro quando nos referimos aos segmentos sonoros isolados (os fonemas), tendência que se estabeleceu como princípio dentro do ensino comunicativo de línguas; princípio esse que passou a privilegiar os aspectos suprassegmentais da língua (*stress*, entonação, tonicidade) enquanto realmente relevantes para a interação comunicativa. Contudo, acredito que, em contextos específicos, os aspectos segmentais (os fonemas) atuam como elementos fundamentais para a eficácia da pretendida comunicação entre falantes (ver mais em Lima, 2005). E isso por um motivo óbvio que Schumacher, White e Zanettini (2002, 15) apresentam bastante claramente: "você pode querer dizer uma coisa e, sem saber a pronúncia correta, acabará dizendo outra!" (ver também Espiga, 2001). Contudo, os autores privilegiam basicamente a correção de elementos como a tonicidade e entonação do que sons isolados. Em contrário, sugiro que os segmentos sonoros significativos e relevantes à comunicação sejam privilegiados da mesma forma para que não ocorra prejuízo de significado, principalmente quando o contexto não contribui para a orientação do interlocutor – afinal, a "eficácia comunicativa" pode esbarrar no detalhe da esquecida "correção formal". É possível prever eficácia comunicativa quando um aluno diz "*I want to leave* (**/liv/**) *with you*" quando sua intenção original é dizer "*I want to live* (**/lɪv/**) *with you*"? Lembremos que, dentre os aspectos mais específicos do que representa ser comunicativo, Fernandes (2001) lista, em primeira posição, a significação e a relevância das mensagens.

Quais, então, dentre os segmentos consonantais ou vocálicos, devem ser corrigidos? Eu diria corrigir PRIMORDIALMENTE, porque todas as vezes que um professor de línguas achar pertinente fazer uma correção de pronúncia na fala de seus alunos, deverá fazê-lo – desconsiderando *over corrections*, é claro. Bem, de modo geral, os estudiosos na área apontam os elementos vocálicos como os vilões dos equívocos de pronúncia cometidos pelos aprendizes de inglês. Isso porque as vogais não possuem ponto de articulação de referência. Logo, no momento em que o posicionamento dos lábios não se mostrar mais eficiente para a distinção entre vogais como /i/ e /ɪ/, por exemplo, o único recurso de percepção que nos resta é a audição. Daí ser tão importante observar o ambiente em que duas palavras, cuja diferença entre elas seja um único fonema, possam ocorrer, e somente a perfeita distinção entre esses dois sons determinará o verdadeiro sentido da frase (Prator Jr.; Robinett, 1972). Além disso, o essencial é que se dê atenção às vogais em posição de tonicidade, onde os erros de substituição comprometem mais o sentido das palavras. A vogal alta anterior frouxa / ɪ /, por exemplo, ocorrendo em posição tônica pode representar um grande desafio ao falante brasileiro que domina apenas uma vogal alta anterior tensa – /i/; a dificuldade aparecerá quando ele tiver que distinguir *beech* > /i/ de *bitch* > /ɪ/. Em minha pesquisa com alunos de letras da UESB, focalizei essencialmente quatro vogais inglesas em posição tônica e de contrastividade (Lima, 2005). Mas se um estudante de inglês pronunciar /i/ em lugar de /ɪ/ na primeira sílaba da palavra *impossible im* (impossível), por exemplo, não correrá o risco de dizer outra palavra, pois já não há contrastividade nessa posição. Esse tipo de equívoco é irrelevante para a comunicação, uma vez que não acarretará prejuízo de significado. Nesse caso específico, a correção desnecessária seria um exagero. Entre vogais que não causem grandes prejuízos à compreensão, não é aconselhável se dar atenção exagerada. Existem pares que não são distintos mesmo por falantes nativos de determinadas regiões dos EUA, portanto não se deve supervalorizar esses casos (Avery; Ehrlich, 2002). Um exemplo seria considerar relevante distinguir os fonemas iniciais em *thigh* /θay/ (coxa) de *tie* /tay/ (gravata), mas essa mesma distinção não se mostra igualmente relevante se um aprendiz diz *thanks* /tʀnks/ e não /θʀnks/ (obrigado).

De fato, em concordância com Avery e Ehrlich (2002), os alunos de inglês não deveriam buscar atingir uma pronúncia sem sotaque, uma vez que há questões muito mais relevantes para sua comunicação na LE. Cabe ao professor orientá-los. O que os professores deveriam focar efetivamente são os erros críticos (maiores responsáveis por incompreensões), conscientizando os aprendizes dos aspectos de pronúncia que podem resultar em incompreensões/compreensões distorcidas no outro. Os estudos de Jenkins (2000) ilustram esse argumento: a autora descreve duas situações observadas nas quais um aprendiz coreano de inglês comete dois erros de substituição de sons. Na primeira situação, o estudante coreano entra na sala de aula e diz: "*I pailed*", quando sua real intenção era dizer *I failed* (Eu perdi – troca de /f/ por /p/); na segunda situação, durante o intervalo no refeitório, o mesmo estudante, carregando folhas de papel nas mãos, pergunta a outro estudante japonês: "*Do you want a copy?*" (Você quer uma cópia?), quando sua intenção era perguntar *Do you want a coffee?* (Você quer um café – troca dos mesmos fonemas /f/ por /p/). Na análise de Jenkins, alguns interlocutores do estudante tiveram condições de perceber o "erro" ocorrido na situação um e fizeram os ajustes mentais necessários para interpretar a palavra corretamente (mesmo porque a palavra *pailed* inexiste). Por outro lado, na situação dois, nenhum dos interlocutores conseguiu compreender a mensagem, entendendo que o estudante lhes oferecia "café" ao invés de uma "fotocópia" (cf. p. 35). Esse exemplo vem ilustrar a questão problemática da substituição que não gera articulações confusas ou estranhas, mas sim palavras claras com sentido diverso do real, em contextos que não orientam os interlocutores.

Avery & Ehrlich (2002) ainda afirmam ser papel do aprendiz manter o sotaque como forma de preservação de sua identidade cultural. Eu não diria que é papel obrigatório do aprendiz manter um sotaque estrangeiro; a opção é dele, de mudar ou não. Acredito que seja papel do professor informá-lo de que ele NÃO TEM DE falar igual a nenhum nativo, não é um dever, mas é um direito. Sobre esse ponto, Dalton & Seidlhofer (1994) discutem a questão do senso de comunidade como sendo o objetivo do aprendiz em usar a língua e não apenas a comunicação em si, como se espera. Dessa forma, um sotaque estrangeiro pode funcionar como elemento discriminador para o aprendiz (cf. p. 7), esse pode ser um dos motivos que movem o desejo de falar como o outro. As autoras consideram que pode haver penalidades se o aprendiz quiser se aproximar demais da pronúncia da comunidade do falante nativo, e o aprendiz pode se ver como um intruso que deseja ser um membro dessa comunidade sem estar qualificado para isso. A qualificação apropriada como passaporte para a participação na comunidade pode forçar o aprendiz a "rejeitar sua própria identidade" (p. 7). Porter & Garvin (1989, em comentário feito por Dalton & Seidlhofer, 1994, 7-8) mostram-se radicalmente contra o ensino de pronúncia, por verem nessa atividade uma humilhação ao aprendiz e consequentemente uma agressão à sua imagem, além de ser imoral e antiético. Os seus estudos concluem que se deve "dar aos aprendizes o que eles querem". Em crítica a tal assertiva, as autoras salientam que dar ao aprendiz o que eles desejam não é sempre possível, mas quando se tratar de pronúncia (e outros aspectos da língua), as suas atitudes devem sim ser levadas em consideração. O importante é não lhe dedicar atenção excessiva, uma vez que mudanças na pronúncia de uma pessoa atingem diretamente uma identidade já construída. Está claro na visão de Dalton & Seidlhofer (1994) que a variação entre as línguas é algo normal e que a pronúncia está intimamente ligada à identidade social e individual de cada aprendiz. Segundo as autoras, é preciso examinar cuidadosamente a viabilidade e o desejo de forçar o aprendiz a "corrigir" (grifo das autoras) sua pronúncia com base em normas do falar nativo. Apesar de se mostrarem resistentes ao estabelecimento de normas, elas mantêm a ideia de que deve haver "algum" modelo para os aprendizes seguirem (cf. p. 9).

Os estudos que saíram em defesa da proteção dos valores culturais daqueles que estudam uma LE vêm fazer frente ao ensino convencional de inglês como LE que ainda vislumbra o falante nativo como interlocutor em potencial de qualquer aprendiz. Contudo, a mudança de paradigma vem firmar um novo objetivo de uso da língua inglesa como uma "língua franca" (uma língua internacional) para fins de comunicação com outros falantes não nativos (Jenkins, 2000, 1). Diante da comunicação internacional que se firma como tendência, o ensino da pronúncia da língua inglesa deverá desenvolver habilidades de pronúncia que sejam apropriadas para o uso internacional da língua. Logo, o estabelecimento de normas centrais que garantam inteligibilidade fonológica em um contexto internacional se firma como a grande tarefa. Busca-se distinguir a fonologia de produção do aprendiz e a fonologia de reconhecimento, sem dedicar atenção exagerada a detalhes de refinamento. Isso permitirá a mudança de foco no ensino de pronúncia daquilo que é "conveniente para o professor ensinar" para aquilo que é "eficaz para o aprendiz aprender" (Seidlhofer; Dalton, 1995 apud Jenkins, 2000, 2).

Assumindo-se esse contexto, é preciso lançar olhos críticos aos recursos didáticos de auxílio ao trabalho do professor. Com relação a esses materiais e posturas, Jones (1997) salienta que é muito difícil que materiais preparados para um mercado internacional atendam particularmente aos anseios, necessidades e expectativas de cada aluno. Apesar de ainda manterem muito dos textos do audiolingual, eles passam a incorporar novos aspectos que enfatizam a prática comunicativa (suprassegmentais), além de forçarem o desenvolvimento da conscientização do aprendiz e da sua automonitoração na aquisição da fonologia da L2. É muito difícil desvincular-se das práticas tradicionais (o ensino de regras se manterá), contudo, mais e mais oportunidades para a prática livre e a monitoração serão enfatizadas. Tudo isso para que a pronúncia seja ensinada como um componente da comunicação (cf. p. 110).

O professor não deve ter medo de corrigir, pois há sim o que corrigir na pronúncia dos nossos alunos. A questão é o quê e em que medida.

Pesquisas mais recentes reforçam a importância de aspectos suprassegmentais em detrimento dos segmentais, mas como se pode subestimar o valor da correção segmental se seus elementos compõem o discurso que pretende ser comunicativo? Fazer com que o falante saiba claramente que dizer "*I've already _sand_ the table*" com ênfase nessa atividade e não em outra qualquer é fundamentalmente importante, desde que *_sand_* seja realmente *sand* e não *send*.

Falhas na comunicação entre falantes nativos de uma mesma língua ou entre não nativos são consideradas parte integrante do processo de comunicação. O que acontece é que esses problemas se agravam com os problemas de pronúncia apresentados por muitos aprendizes ao longo do processo de aprendizagem (cf. Avery & Ehrlich, 2002,

161). Logo, se vê o quanto é importante dar à pronúncia seu valor devido. Como afirmam os autores, é preciso "situar o ensino de pronúncia juntamente com o ensino das demais habilidades na língua na sala de aula de ESL, de forma que as habilidades de pronúncia se desenvolvam de forma sistemática".

É muito bom amadurecer a discussão de como lidar com o aluno de EFL, considerando toda a complexidade e riqueza do universo que com ele se apresenta.

Como abordar questões ideológicas nas aulas de língua estrangeira?

GISVALDO BEZERRA ARAÚJO-SILVA
pergunta

DOMINGOS SÁVIO PIMENTEL SIQUEIRA
RESPONDE

GISVALDO BEZERRA ARAÚJO-SILVA: Com base no pressuposto de que a aula de línguas estrangeiras também deve servir como espaço para discussão de assuntos relevantes para a formação do aluno (Brasil, 1999; Moita Lopes, 2001; Paiva, 2001), não se devem ignorar as posições ideológicas dos alunos. No entanto, ainda parece haver uma necessidade de se selecionar abordagens mais adequadas e/ou mais eficientes para promover essa discussão, uma vez que esse tipo de situação costuma trazer à tona, mesmo aos professores mais experientes, uma série de indagações. Sendo assim, questiona-se: como reagir, por exemplo, à sugestão de um aluno de explodir todas as favelas como meio de alcançar o fim da violência e da criminalidade? Mostrar claramente o ponto de vista do professor, mesmo se ele for contrário ao do aluno? Pedir ao aluno que explique seus argumentos melhor e, em seguida, apresentar alguns contra-argumentos? Promover um debate sobre o tema na próxima aula? Trazer um artigo em LE que trate do assunto e propor uma discussão independentemente da faixa etária desses alunos?

DOMINGOS SÁVIO PIMENTEL SIQUEIRA:

[...] ensinar não se esgota no "tratamento" do objeto ou do conteúdo, superficialmente feito, mas se alonga à produção das condições em que aprender criticamente é possível (Freire, 1996, 29).

O contexto

De repente, numa sala de aula de língua inglesa de um curso livre voltado para as classes média e alta de Porto Alegre (RS), um aluno, de idade entre 13 e 15 anos, sugere que "a solução para acabar com a violência e a criminalidade no país seria explodir as favelas da cidade".

Aos ouvidos e olhos de um educador sensível, a sugestão "bombástica" do aprendiz pode ser vista como uma excelente oportunidade para trazer à baila e discutir criticamente temas importantes como identidade, ideologia, preconceito, cidadania, imperialismo, neocolonialismo, pobreza, desigualdade social, discursos homogeneizantes, consumismo, "glocalização"[1], dentre outros, historicamente ausentes dos livros didáticos e das salas de aula de língua estrangeira, em especial das de inglês, hoje uma língua de alcance internacional. Em outras palavras, passado o susto inicial, a afirmação do adolescente estudante de inglês pode ser um convite ao diálogo que, segundo Schnorr (2001, 72), evocando o pensamento de Paulo Freire, "enquanto tal só existirá se estivermos 'desarmados' de nossos dogmas e abertos à investigação, que implica o ouvir e o dizer sua palavra".

Argumentando que as aulas de língua estrangeira devem, dentre outras coisas, servir como espaço para a discussão de assuntos relevantes para a formação do(a) aprendiz, é preciso perguntar: como reagir a isso? Que abordagens e estratégias utilizar na

---

[1]   Neologismo criado a partir das palavras "globalização" e "localização"; usado inicialmente por economistas japoneses em artigos para a *Harvard Business Review*, no final da década de 1980; mistura do global com o local; os efeitos das condições locais sobre as pressões globais. Disponível em: <http://searchcio.techtarget.com/sDefinition/0,,sid19_gci826478,00.html>. Acesso em: 31 jul. 2007.

discussão de temas polêmicos na aula de LE? Como o professor deve se comportar? Mostrar claramente seu ponto de vista, mesmo se tiver uma opinião contrária à do(a) aluno(a)? Pedir ao(à) aluno(a) que explique seus argumentos melhor? Apresentar alguns contra-argumentos? Promover um debate amplo e aberto com todo o grupo na próxima aula? Trazer um artigo em LE que trate do assunto e propor uma discussão, independentemente da faixa etária desses alunos?

São perguntas muito pertinentes e, certamente, de complexo equacionamento. Vamos enfrentar essas indagações, tendo como pano de fundo a pedagogia crítica que, dentre outros princípios norteadores, concebe o processo de ensino e aprendizagem de línguas como um empreendimento pleno de conotações ideológicas e políticas (Rajagopalan, 2006), rejeita pretensões rígidas de objetividade e neutralidade de discurso e propõe a transformação de salas de aula em lugares onde cânones de conhecimento sejam questionados e desafiados (Pennycook, 1990, 1994).

Embora muitas acepções sejam perfeitamente aplicáveis ao ensino e à aprendizagem de *quaisquer* línguas estrangeiras, é importante mencionar que, em alguns momentos, por sua condição de língua internacional, pela necessidade de adotarmos posturas cada vez mais críticas em relação à sua propagação, vamos pensar especialmente no ensino de língua inglesa, o idioma mais estudado em todo o mundo e, de certa forma, visto negativamente como instrumento ideológico crucial no processo de "mcdonaldização" cultural do planeta. Isso sem falar na posição central que o idioma ocupa na propagação do fenômeno definido por Phillipson (1992) como "imperialismo linguístico", mesmo nos dando conta de que, com o número de falantes não nativos de inglês já alcançando o triplo dos nativos, as pessoas não mais estejam se portando como consumidores passivos de formas culturais hegemônicas (Pennycook, 1990, 1994, 2001).

Ideologia

Diante de um escopo de significados tão variado e complexo, além das mais diversas visões sob as quais o conceito tem sido concebido ao longo do tempo, escolher uma definição mais específica do termo *ideologia* não é uma tarefa simples. Para Thompson (1987, 519), ideologia são "as maneiras das quais o significado (ou a significação) se serve com o objetivo de sustentar relações de dominação". Pelo viés da análise do discurso, Fernandes (2007, 29) define ideologia como "uma concepção de mundo de determinado grupo social em uma circunstância histórica". Grigoletto (2005, 54), por sua vez, enfatiza que se pensarmos a ideologia fora da perspectiva marxista – onde é tomada como inversão do real – e sim como relação necessária do homem com o real, "será possível concluir que não se pode escapar a ela, qualquer que seja a sua configuração histórica", ou seja, "não se pode estar fora da ideologia".

Conta-nos Chaui (2006) que o termo *ideologia* apareceu pela primeira vez na França, após a Revolução Francesa (1789), por volta de 1801, no livro *Éléments d'idéologie*, de Destutt de Tracy. Tendo a seu lado um grupo de eminentes colaboradores, logo alcunhados de *ideólogos*, de Tracy "pretendia elaborar uma ciência da gênese das ideias, tratando-as como fenômenos naturais que exprimem a relação do corpo humano, enquanto organismo vivo, com o meio ambiente" (Chaui, 2006, 25).

Os ideólogos, por certo tempo, foram partidários de Napoleão Bonaparte no período inicial de seu reinado, já que o viam como um liberal. Todavia, mais tarde, tornaram-se adversários do monarca por considerarem seus atos e posições caminhos abertos para a restauração do antigo regime. Foi nesse contexto de confronto de ideias que, a partir de uma declaração do próprio Napoleão, os termos *ideologia* e *ideólogo*, ironicamente, passaram a assumir conotações pejorativas. Salvo em situações bastante específicas, o sentido negativo do termo parece ser o que mais prevalece nos dias de hoje, como esclarece Chaui (2006, 60.84.108) em diversas passagens:

Ideologia: um mascaramento da realidade social que permite a legitimação da exploração e dominação. [...] Processo pelo qual as ideias da classe dominante tornam-se ideias de todas as classes sociais, tornam-se ideias dominantes. [...] Transformação das ideias da classe dominante em ideias dominantes para a sociedade como um todo, de modo que a classe que domina no plano material (econômico, social e político) também domina no plano espiritual (das ideias). [...] Conjunto lógico, sistemático e coerente de representações (ideias e valores) e de normas ou regras (de conduta) que indicam e prescrevem aos membros da sociedade o que devem pensar e como devem pensar, o que devem valorizar e como devem valorizar, o que devem sentir e como devem sentir, o que devem fazer e como devem fazer.

Ideologia, linguagem e discurso

Ideologia, linguagem e discurso são três elementos intimamente relacionados entre si. Para Foucault (1972), o discurso não é meramente o aspecto suprassentencial da linguagem; ao contrário, a linguagem em si mesma é um aspecto do discurso. Já Fernandes (2007, 21) aponta que "a ideologia materializa-se no discurso que, por sua vez, é materializado pela linguagem em forma de texto". Sendo assim, segundo essa linha de raciocínio, nem sempre opinião unânime entre especialistas, a "ideologia é imprescindível para a noção de discurso, não apenas imprescindível, é inerente ao discurso" (Fernandes, 2007, 24).

Uma vez que a linguagem reflete as estruturas ideológicas de uma comunidade, não podemos ignorar o fato de que tudo o que externamos e expressamos por meio da linguagem traz em si uma carga ideológica representativa da concepção de mundo do grupo social a que pertencemos, numa determinada circunstância histórica. Em outras palavras, a linguagem deixa aflorar um conjunto de representações e ideias que revelam a compreensão que uma dada classe tem do mundo e "como não existem ideias fora dos quadros da linguagem, entendida no seu sentido mais amplo de instrumento de comunicação verbal ou não verbal, essa visão de mundo não existe desvinculada da linguagem" (Fiorin, 1997, 32).

Portanto, ancorados nessas premissas, é mais que pertinente a afirmação de Bolinger (1980) quando ele diz que a linguagem é *a loaded weapon*, por meio da qual nenhum texto que se materializa é inocente.

Explodir as favelas

A sugestão de um aprendiz de inglês de classe média alta de explodir as favelas como solução para a violência e a criminalidade no Brasil choca. No entanto, numa sociedade como a nossa, onde dissimulamos quase tudo, é possível que alguns professores, na mesma situação, tomassem tal afirmação como uma brincadeira ou, no máximo, uma piada de mau gosto. Entretanto, aqui defenderemos exatamente que é preciso assumir, num momento desses, a posição de educador e impedir que a questão em si e as implicações daí advindas sejam convenientemente ignoradas. Em especial por ter o evento ocorrido numa aula de inglês como LE, onde, já há algum tempo, chama-se a atenção para uma suposta alienação e um comportamento acrítico, apolítico e reacionário dos docentes em todos os contextos de ensino e aprendizagem do idioma internacional de comunicação (Moita Lopes, 1996; Cox; Assis-Peterson, 1999, 2001; Leffa, 2005; Siqueira, 2005).

Rajagopalan (2006, 22) chama a atenção para o fato de que "considerações ideológicas e políticas estão sempre presentes no ensino de *qualquer* língua, quer estrangeira, quer materna". Adotando tal posição, não apenas como ponto de partida, mas principalmente como ponto de chegada, sugiro pensar:

(1) Como reagir a isso? Em primeiro lugar, reagir, não ignorar, não deixar que tal opinião seja vista apenas como um arroubo típico da idade ou uma atitude impensada. Guardadas as devidas proporções, adolescentes sabem o que estão dizendo e fazendo. Com maturidade e sensibilidade, o professor pode propor um aprofundamento da questão, explorando cuidadosamente o contexto, e promover uma discussão mais ampla ou algum tipo de debate, envolvendo todo o grupo. Embora a afirmação tenha partido de um indivíduo em formação, sabemos que ali está representada a voz de determinado grupo social. E por que então não trabalhar o discurso, a ideologia, as crenças, os valores, os (pré)conceitos desnudados na "singela" sugestão do aprendiz? Trata-se de uma oportunidade para realmente educar, confrontar pontos de vista, instigar o senso de cidadania nos nossos alunos a partir das aulas de LE, hoje tão esvaziadas de criatividade, subjetividade e senso crítico. Ou seja, emerge a possibilidade de trazermos para o centro das discussões as mensagens sociais e ideológicas externadas nas mais variadas situações e que são usualmente neutralizadas em prol de uma metodologização excessiva do processo de ensino e aprendizagem e dos conteúdos aparentemente inocentes hospedados no "mundo plástico" do livro didático.

(2) **Como o professor deve se comportar?** Dentre outras coisas, como um intelectual crítico, pró-ativo e transformador, segundo o perfil delineado por Giroux & McLaren (1989, xxiii):

> Profissionais que se mostram capazes e desejosos de refletirem sobre princípios ideológicos que informam [sua] prática, que aliam teoria e prática pedagógicas a questões sociais mais amplas, que trabalham juntos para compartilhar ideias e que incorporam a seu ofício uma visão de uma vida melhor e mais humana.

É natural que em contextos educacionais onde quase sempre se privilegia o domínio de técnicas e metodologias, o professor sinta-se pouco estimulado a assumir e fomentar papéis mais desafiadores e menos neutros dentro da sala de aula, no sentido de ampliar sua agenda e rever conteúdos preestabelecidos, abrindo espaço para assuntos e questões que vão além do previsível e do programado. Um professor que rompe com esse estado de coisas, certamente, é o que estará mais bem preparado para lidar com o inusitado, mesmo que isso signifique confrontar-se com situações incômodas.

Todo professor que reflete, exercita tomadas de consciência, insere-se numa busca por alunos reflexivos, sejam eles quem forem. Martins (2004) argumenta que quando um aluno se confronta com uma situação de aprendizagem, esse processo não deve ser mera prática, mera repetição, para ganhar desenvoltura no uso de mecanismos, nem deve apenas reunir informações sobre o que é preciso aprender, mas sim deve ele próprio responder ou reagir, sair do *script*. É esse "reagir" do aluno para o qual os professores nem sempre estão preparados, principalmente, nós, docentes de LE, que, salvo exceções, acostumamo-nos a transformar nossas salas de aula em verdadeiras "ilhas da fantasia", onde a língua-alvo parece operar em um vácuo social, imune às disparidades, desigualdades, discrepâncias e assimetrias socioculturais, econômicas, éticas, dentre outras, que habitam o mundo real.

Sendo assim, contrapondo-se a posturas de apatia ou aversão a temas polêmicos, acredito que nessa e em situações semelhantes, o professor deva se comportar como um sujeito crítico, firme nas suas concepções, aberto, flexível e atento à compreensão dos textos que emergem na sala de aula, uma vez que, como defende Giroux (1995, 97), esses textos "não podem ser compreendidos fora do contexto de sua produção histórica e social". Encampada tal postura, enfim, está aberto o caminho para a discussão ampla, democrática, para a reflexão e, em última instância, para a produção dos contradiscursos de que tanto nos falam Pennycook (1994), Phillipson (1992), entre outros, assumindo-se, de uma vez por todas, o caráter político inerente ao ato de educar, normalmente invisibilizado ou relegado a papel secundário nas aulas de LE.

(3) **Mostrar claramente o ponto de vista do professor, mesmo se sua opinião é contrária à do aluno?** Sem dúvida. Uma pedagogia crítica de ensino e aprendizagem de qualquer disciplina desafia o professor a levar seus alunos a exercitarem o pensamento crítico sobre polêmicas e controvérsias que fazem parte do nosso dia a dia (Brown, 2002). Entretanto, isso não significa que, uma vez instalada a discussão, um ponto de vista específico, especialmente o do professor, seja imposto ou tomado como o único, o correto ou o mais legítimo. No caso da sugestão

de explodir as favelas, independente de como e por que a afirmação emergiu, o professor precisa se posicionar, munindo-se de argumentos, no sentido não apenas de rebater seu aprendiz, mas de mostrar para os alunos que aquele é um tema que merece um tratamento mais adequado, que pode ser apreciado de uma forma mais cuidadosa para que as mais diversas opiniões sejam devidamente apresentadas e analisadas. Agindo assim, criam-se oportunidades para que o(a) próprio(a) autor(a) possa refletir, assumir ou rever suas posições ideológicas, (re)elaborar melhor seus conceitos e, democraticamente, explicar por que ele/ela pensa dessa forma.

Inadmissível seria uma postura de neutralidade ou algum tipo de reação ambígua por parte do professor, que refletisse certa aquiescência diante da situação. Embora chocante, essa é a mais pura tradução da nossa realidade, já que, no mundo em que vivemos, um grande número de pessoas têm opinião semelhante à do(a) aluno(a). Não é então essa realidade que queremos trazer para a sala de aula de LE e debatê-la, questioná-la? Não é o mundo branco, capitalista, perfeito, sem mazelas e conflitos de toda ordem que estamos tentando desconstruir com o objetivo de educar nossos alunos para a cidadania? Seja qual for a nossa opinião, mesmo desagradando, indo de encontro à dos nossos aprendizes, o importante é que a tenhamos e a expressemos, ou seja, que não fiquemos "em cima do muro". Logicamente que, dependendo do nível de proficiência do grupo, a discussão pode ser conduzida na língua-alvo ou na língua materna.

(4) **Pedir ao aluno que explique melhor seus argumentos e, em seguida, apresentar alguns contra-argumentos?** Com certeza. Mas esse pedido de explicação deveria ocorrer de uma forma educativa, imparcial, não discriminatória, evitando a criação de estigmas, estabelecendo-se regras para que fossem mantidos o direito e o respeito às opiniões de cada aprendiz. Desagrada-me menos ter um aluno reacionário, com valores elitistas, que acha que a solução para a pobreza, violência e criminalidade no Brasil é explodir as favelas, que outro que não

tem opinião alguma ou que vive mudando de opinião ao sabor dos ventos e de sua conveniência. Do primeiro, pelo menos, eu saberia o que esperar e, logicamente, usaria as armas adequadas, se não para provocar uma mudança, pelo menos para mostrar-lhe que há pessoas que pensam diferente dele. O segundo seria sempre uma incógnita, com ele estaria sempre tateando no escuro.

Moita Lopes (1996, 182) afirma que "ensinar uma língua é ensinar a se engajar na construção social do significado e, portanto, na construção de identidades sociais dos alunos". Os livros didáticos de LE, hoje ditadores supremos do que deve ser ensinado e discutido nas nossas salas de aula, pouco levam essa questão em consideração. Situações que tragam à tona temas de cunho político, ideológico, ético, social, étnico, entre outros, ou seja, que contribuam para o desenvolvimento da identidade do aprendiz, praticamente inexistem no escopo desses materiais. Portanto, é a partir dessas oportunidades, nem sempre simpáticas, que os próprios alunos nos proporcionam que teremos condições de realmente trabalhar na construção social do significado a que se refere Moita Lopes. E é preciso que estejamos conscientes dessa missão e para ela devidamente preparados.

No caso específico de que estamos tratando, ainda no calor do momento, o professor poderia pedir que o aluno explicasse melhor sua afirmação, assim como ele, discordando (ou não, nunca se sabe) do aprendiz, apresentaria seus contra-argumentos e o assunto, provavelmente, encerrar-se-ia ali. Contudo, como nossa atividade vai muito além de levar nossos alunos a tornarem-se proficientes em uma LE, o professor poderia "pedagogizar" criticamente o tema, traçando algumas estratégias para que não apenas esse, mas outros assuntos polêmicos, corriqueiramente, entrassem na pauta do programa de aulas, principalmente nos momentos de livre produção oral. Quanto mais cedo os professores de LE, em especial os de inglês, entenderem que a tarefa para a qual estão habilitados é plena de implicações políticas e ideológicas, mais significativos serão os desdobramentos para todos os atores envolvidos no processo (Rajagopalan, 2005).

(5) Promover um debate amplo e aberto com todo o grupo na próxima aula? O tópico é instigante e pode ser explorado de diversas maneiras. Sem criar uma esfera de estigmatização ao redor do autor da afirmação, o professor poderia propor inicialmente que os alunos conversassem com seus pais, avós, parentes, professores de outras disciplinas, amigos da mesma idade ou mais velhos, coletando o máximo de opiniões sobre o tema. Além disso, eles poderiam pesquisar em bibliotecas ou na internet os principais elementos norteadores da discussão, como pobreza, violência e criminalidade no Brasil, assim como estudar temas convergentes no âmbito de ciências como economia, sociologia, história, geografia, estudos culturais, estabelecendo-se aí um caráter transdisciplinar à tarefa e, com certeza, edificando um sólido suporte para os argumentos a serem apresentados e discutidos por todos.

Além do debate, o professor poderia propor um trabalho de redação em que, na língua-alvo, os alunos pudessem, da mesma maneira, expor suas opiniões, confrontar pontos de vista, levantar estatísticas, comparar as diferentes realidades, exercitar seu potencial argumentativo e/ou persuasivo. Todas essas atividades, certamente, poderiam ser ilustradas e enriquecidas a partir de inúmeros e diferentes tipos de materiais como textos de livros, revistas e jornais, segmentos de filmes, seriados, novelas, videoclipes, canções, só para citar alguns. Os alunos poderiam assistir a filmes (ou a cenas) como *A Cor Púrpura* (1985), *Cidade de Deus* (2002), *Homeless to Harvard* (2003), *À Procura da Felicidade* (2006), *Antonia, o Filme* (2006), por exemplo, assim como a clipes musicais como *Another Day in Paradise* (1997), de Phil Collins, ou explorar as letras de canções nacionais e internacionais como *Fast Car, Talking 'bout a Revolution* e *Behind the Wall*, de Tracy Chapman, todas de 1988, *Retrato 3 X 4* (1976), de Belchior, *Maria, Maria* (1978), de Milton Nascimento, *Admirável Gado Novo* (1979), de Zé Ramalho, *Problema Social* (2006), de Seu Jorge, entre tantas outras, onde pobreza, violência de diversos tipos e criminalidade, em conjunto ou isoladamente, aparecem como temas centrais dos enredos e das histórias, sem, entretanto, deixar de exaltar a dignidade das personagens retratadas.

Essas iniciativas privilegiariam praticamente todas as habilidades de aprendizagem de LE, preparando os alunos não apenas para os debates, mas principalmente para a vida, tarefa que, raramente, nós, professores de LE, tomamos como a mais importante no nosso ofício, ou quando o fazemos, na melhor das hipóteses, é quase sempre de maneira intuitiva e descontinuada.

(6) **Trazer um artigo em** LE **que trate do assunto e propor uma discussão independentemente da faixa etária desses alunos?** Essa seria uma ótima ideia, principalmente porque estaria cumprindo a função pedagógica de expor o aluno à língua-alvo e, politicamente, estaria municiando esses garotos e garotas com informação e conhecimento. É lógico que a escolha do texto deve ser cuidadosa e o grau de dificuldade adequado ao nível de proficiência dos aprendizes na LE.

Para níveis mais elementares, textos em português são mais apropriados, mesmo que alguns deles achem estranho receber um artigo na língua nativa como parte de sua aula de LE. Na realidade, não vejo problema algum em usar materiais autênticos escritos na língua materna para servirem de fonte inicial para qualquer atividade na língua-alvo. Partir do conhecido para o desconhecido nunca deixará de ser uma estratégia eficiente e segura para quem ensina e aprende línguas estrangeiras. No bojo dessa discussão, é bom não esquecermos que a seleção de materiais, a opção por determinado artigo, certo autor ou um gênero textual, é, acima de tudo, uma escolha política por parte do professor. E deve-se seguir tal orientação.

Já em relação à faixa etária, como enfatizei anteriormente, não trato e jamais tratarei adolescentes como pessoas absolutamente imaturas e que pouco teriam a dizer em relação a determinado assunto. No mundo em que vivemos, onde o acesso à informação é praticamente instantâneo e onde as gerações mais jovens estão cada vez mais perspicazes, tratá-los como incapazes de emitir opiniões ou elaborar pensamentos mais sofisticados é, no mínimo, um contrassenso. Na verdade, os nossos adolescentes das novas gerações estão sempre dispostos a serem desafiados, pois, como diriam Rubem Alves e Gilberto Dimenstein (2004, 8), a escola está cada vez mais chata e "os alunos são obrigados a pensar o que não querem pensar". Por mais que achemos que não, esses jovens têm opiniões, têm algo a dizer, desde que o assunto lhes interesse e seja bem conduzido por um professor que os inspire, que os leve a pensar criticamente, sem preconceitos ou prejulgamentos.

Assim, nem mesmo uma faixa etária mais baixa seria um impedimento. Na realidade, acho que quanto mais jovens nossos alunos, melhor para trazermos a vida real para a sala de aula de LE, pois então estaremos dando uma boa contribuição para a formação desses aprendizes, usando a LE não apenas como fim, mas principalmente como meio para desenvolver suas qualidades de futuros cidadãos engajados e pensantes. Tudo, logicamente, obedecendo a uma pedagogia apropriada e inclusiva, por meio da qual professor e alunos tornem-se capazes de, ao mesmo tempo, ensinar e aprender juntos, numa relação dialógica, respeitosa e solidária.

Considerações finais

Intencionalmente, deixei para o final do artigo a pergunta sobre qual abordagem seria mais adequada e/ou mais eficiente para promover a discussão de questões ideológicas na sala de aula de LE.

Prefiro não usar a palavra *abordagem*, uma vez que este e outros termos do jargão usual me remetem sempre à questão da metodologização do ensino, do empacotamento de estratégias, do "faça você mesmo". Isso cria na cabeça das pessoas uma falsa expectativa de, como especialistas em determinado assunto, podermos oferecer uma série de receitas prontas para serem usadas pelo professor comum ao se deparar com os mais variados problemas na sua sala de aula. Opto por falar de *atitude* ou *postura* que, para mim, encontra respaldo na pedagogia crítica aplicada ao ensino de LE.

Não importando certas restrições por parte de alguns autores que afirmam que a pedagogia crítica ancora-se em premissas pouco práticas, abstratas em excesso, inacessíveis ao docente comum e até utópicas (Ellsworth, 1989; Bowers, 1991, entre outros), defendo que apenas uma pedagogia de LE que suporte e privilegie a diferença, a inquietação, o diálogo, a esperança, o empoderamento e a ação, que conceba o professor como um intelectual transformador, um agente político e cultural, capaz de conduzir seus alunos ao desenvolvimento de uma consciência crítica e, em última instância, de formar cidadãos interculturais críticos (Guilherme, 2002), tem condições de resgatar a educação de língua e cultura estrangeiras do tecnicismo e da dimensão despolitizada em que se encontra atualmente, recolocando e priorizando a natureza sociopolítica da educação como um todo.

Como nos diz Fairclough (1989), as ideologias estão intimamente ligadas à linguagem porque o uso da linguagem é a forma mais comum de comportamento social. Portanto, queiramos ou não, não há como deixar o componente ideológico fora das nossas salas de aula de língua estrangeira. Ele vai estar lá sempre, o tempo inteiro.

Se assumirmos de maneira permanente o caráter político da nossa prática, adotando uma pedagogia de LE que entenda a educação como um processo imerso em relações de poder, negociação e contestação, que promova o questionamento dos silenciamentos e das tensões que ainda permeiam as narrativas e os discursos hegemônicos, transformaremos nossas salas de aula de LE em arenas de discussão dos mais variados temas, dos mais simples aos mais polêmicos. Além disso, poderemos contribuir decisivamente para a formação contínua dos nossos aprendizes numa perspectiva crítica, sejam eles oriundos de quaisquer classes sociais. Sem discriminação, sem patrulhamento. Afinal, como nos lembra Paulo Freire, somos (e sempre seremos), por natureza, seres incompletos. Nosso processo de crescimento e de aprendizagem vida afora não cessa jamais.

Alunos à margem das aulas de inglês: por uma prática inclusiva

LILIANA FERRAZ DOS SANTOS
pergunta

ANA ANTONIA DE ASSIS-PETERSON E ELADYR MARIA NOBERTO DA SILVA
respondem

LILIANA FERRAZ DOS SANTOS: Entre os pilares da educação moderna, está o aprender a ser e o aprender a conviver. Busco então uma ponte entre esses saberes e o aprendizado de línguas estrangeiras.

Segundo os PCNs, sente-se na escola a necessidade de uma pedagogia voltada para o reconhecimento e reafirmação das identidades dos sujeitos na sala de aula. Sabendo-se que a aprendizagem e o uso de uma língua estão diretamente implicados com a constituição das identidades culturais, entram em jogo, nesse processo, relações de poder, contexto histórico, negociações de sentido, intenções e expectativas envolvidas nas práticas da linguagem.

Na formação dos professores de inglês, de que maneira os estudos relacionados à sociolinguística e à psicolinguística têm se focado naqueles alunos que ficam à margem de tudo o que acontece na sala de aula? Quais metodologias ajudam a promover a inclusão e interação desses alunos? Quais abordagens podem auxiliar o professor de inglês a promover a inclusão de alunos com dificuldades de interação?

**ANA ANTONIA DE ASSIS-PETERSON E
ELADYR MARIA NOBERTO DA SILVA:** Temos excelente oportunidade
para dialogar sobre uma questão onipresente nas aulas de língua
estrangeira: como promover a inclusão de alunos com dificuldade de
interação? Não que o silêncio do aluno não seja também onipresente
em aulas de outras disciplinas, mas sendo a língua estrangeira du-
plamente meio e fim, falar/interagir é demonstração de dupla competência: de que o aluno está adquirindo/construindo conhecimento de
língua e de conteúdo. O que é mais problemático é que, na perspectiva
tradicional de transmissão de conhecimento, em que a linguagem é
vista como um veículo que contém e transfere conhecimento de uma
pessoa (que possui) para outra (que não tem), reticências na comuni-
cação/interação podem ser entendidas como evidência de incompetên-
cia do transmissor (professor) ou do receptor (aluno) ou de ambos.

O caso de "alunos que ficam à margem de tudo o que acontece na sala de aula"

Recentemente, uma de nós [Eladyr Silva] recebeu, via *e-mail*, "um
pedido de socorro" de uma aluna do curso de letras/língua inglesa,
Luísa (nome fictício), relatando o problema que estava vivenciando
nas aulas de inglês. Transcrevemos aqui essa mensagem por achar-
mos que retrata vividamente o caso dos alunos que têm dificuldade
de interação em sala de aula de língua estrangeira.

> **From:** Luísa Salles
> **To:** emndasilva@yahoo.com.br
> **Sent:** Thursday, August 09, 2007 2:40 PM
> **Subject:** I have a problem
>
> Hello teacher.
> I'd like to talk about it personally, but there wasn't oportunite.
> I have a problem with speaking in English.
> When I am lonely, I can organize the sentences in English, perfectly.
> But, when I am in classroom, I can't speaking nothing in this language.

I have shame and fear to wrong. Specially when the teacher ask me
something...
I can't organize the things in my mind. I am extremely nervous.
I think my problem is in my past. Something happen in my past that
got me so afraid to speak in this language.
What can I do to solve this?
Can you help me?
Thank you.
I hope you understand what I wanted to talk.
See you,
Luísa

Apesar de sabermos que a dificuldade de interagir em língua estrangeira em sala de aula é bastante comum no mundo inteiro, sentimo-
nos tocadas pelo tom sincero, intenso, da mensagem de Luísa. De
imediato, vimo-nos na pele de sua professora. São muitas as Luísas
presentes nas nossas aulas que têm brancos, lapsos de memória e
experimentam uma sensação de desorganização mental quando so-
licitadas a falar, explícita ou implicitamente. Rememoremos aqui
a declaração dramática ouvida da boca de outra de nossas alunas:
"Professora, eu dou aula de português diariamente para cem alunos
e suei frio para ler esta única frase do diálogo aqui na sala".

Como entender essa situação? "De que maneira os estudos relacionados à psicolinguística e à sociolinguística têm se focado naqueles alunos que ficam à margem de tudo o que acontece na sala de aula?".

É possível articular uma visão interdisciplinar, com base nos conhecimentos advindos de pesquisas na área de ensino e aprendizagem de
línguas, com o propósito de explicar ou servir de referência a eventos
que comumente ocorrem na prática pedagógica. Confiamos em que
pesquisadores tenham algo a dizer à realidade da sala de aula.

Assim, investidas do olhar psicolinguístico que "busca usar o processamento cognitivo de dados linguísticos como uma janela para a
natureza e estrutura da mente humana" (Scovel, 2001, 80), detemo-
nos na figura do aprendiz. Se no behaviorismo, o aluno fora concebido como imitador das palavras dos outros (professor ou gravador),

no mentalismo, torna-se aprendiz cognitivo ativo, capaz de criar e testar hipóteses internas sobre a L2. Além de mente, o aprendiz é também coração, além de razão, é também emoção. Assim, à dimensão cognitiva somam-se aspectos como personalidade, motivação, ansiedade, empatia etc. E, sob a égide desse sujeito ativo, dotado de mente (cognição) e emoção (afeto), forja-se a imagem contundente do "bom aprendiz de língua", aquele que, de posse de determinadas habilidades e estratégias cognitivas, metacognitivas, afetivas e sociais, cria oportunidades de interação e sabe aproveitá-las para desenvolver a língua de modo eficiente.

Em razão do seu interesse em descrever e explicar o processo interno de aquisição de língua e por que alguns aprendizes obtêm mais sucesso na aprendizagem do que outros (Ellis, 1997), diríamos que a psicolinguística parece ter pouco a dizer diretamente sobre o aluno que tem dificuldade de falar e interagir. Interessam-lhe os dados linguísticos produzidos por aprendizes falantes e sua relação com os processos cognitivos, algo que o nosso aluno silencioso não deixa observar. Mesmo quando os estudos iniciais voltados para a interação aparecem, à maneira de Long (1983) e seus parceiros, o foco concentra-se nas variáveis externas a influenciar a interação, como tipos de tarefas, de perguntas, de *feedback*, tomadas de turno, seleção de tópicos. Esses resultados não têm relevância direta para o aluno silencioso (porque ele não tem o comportamento verbal desejável) a não ser por inferência, sempre com base no que se revelou acerca daqueles que participam, daqueles que são bem-sucedidos. Dessa forma, um dos resultados demonstrados, por exemplo, é o de que se o professor proporcionasse mais tempo ao aluno para responder as suas perguntas, poderia haver a participação. Outro é o de que certas perguntas (perguntas abertas) são mais propícias a promover participação e negociação de sentido do que outras (perguntas didáticas).

Assim, Luísa, mediante uma explicação psicolinguística, teria dificuldade em participar das atividades da sala de aula por seu perfil psicológico apresentar traços internos (ansiedade, inibição, insegurança, medo de se arriscar, introversão, receio de críticas, baixo grau de autoestima, falta de interesse/motivação, tédio, irrelevância do tópico etc.) que a impediriam de falar. Tais traços estariam associados a fatores externos como ambiente de sala de aula, método ou abordagem de professor, relação com colegas que elevariam seu filtro afetivo – uma metáfora criada por Krashen (1982) para representar barreiras de ordem emocional e psicológica que interferem negativamente no processo de aquisição. Embora Krashen não tenha se referido à interação, o filtro afetivo pode ser útil para compreender a não participação do aluno em sala causada por estados de tensão, ansiedade e/ou desinteresse.

Podemos também dizer que seu estilo de aprendizagem não estaria em sintonia com as atividades em sala ou ainda que Luísa não estivesse valendo-se de estratégias atentar para o eficientes de aprendizagem. Desse modo, caberia ao professor atentar para o impacto das atividades e procedimentos em sala de aula sobre o lado afetivo de Luísa e seus estilos de aprendizagem. Além disso, o professor poderia oferecer um programa de conscientização e treinamento de estratégias consideradas produtivas para a sua participação na interação. A Luísa caberia, por sua vez, controlar/mudar seu estado emocional, descobrir seus estilos de aprendizagem e dedicar-se diligentemente a desenvolver as estratégias adequadas. Sob o olhar psicolinguístico, delineia-se uma tentativa de transformar aprendizes em "bons aprendizes", forjados a ferro e fogo, de acordo com o molde ideal.

Do ponto de vista sociolinguístico, a fala não é o resultado de meras escolhas individuais ou da manifestação dos estados psicológicos de uma pessoa, mas reflete padrões variados de um sistema compartilhado de relações sociais. Como pontua Silberstein (2001, 100), a sociolinguística "investiga a relação entre o uso da linguagem e o mundo social, particularmente, como a linguagem cria e opera nas estruturas sociais".

O vetor sociolinguístico tira de cena o falante ideal e põe em cena o falante real, um falante usuário da língua com variadas tonalidades em contextos diversos. Um falante dotado não mais somente de uma competência linguística ou gramatical, mas também de uma competência comunicativa. Essa concepção de linguagem associada à realidade social e cultural leva a uma ressignificação da aprendizagem e ensino de língua estrangeira. Passamos a conceber o aluno/aprendiz como um ser que tem desejos, crenças, atitudes e que constrói identidades e (inter)subjetividades; como um ator social moldado por seu gênero, etnia, classe social, e, por processos sócio-históricos e sociopolíticos. Alunos e professores, assim vistos, agem com propósito social abalizados por relações de poder dentro e fora da sala de aula.

Segundo essa visão, sai de cena a figura do falante nativo ideal ou do inglês perfeito. Alunos que cometem erros, falam com sotaque, são interpretados como falando de outro lugar que não do lugar do falante nativo. Explora-se a natureza social da linguagem em que o erro torna-se marca de identidade. Igualmente, a concepção de que o erro pode arranhar a face ou a imagem pública de uma pessoa na interação com o outro é aventada, pois a relação entre uma primeira língua e uma segunda é sempre uma relação de poder e de exposição do *self* perante o Outro.

Perspectivas sociolinguísticas, em contraposição às psicolinguísticas, têm mais a dizer acerca do aluno silencioso. A sala de aula passa a ser vista como socialmente situada e a aprendizagem, "entendida como participação, como relacional e interativa demarcada por relações desiguais de poder" (Zuengler; Miller, 2006, 51). A sala de aula transforma-se em uma comunidade onde os alunos/aprendizes são chamados a se tornar "membros" e a compartilhar e produzir conhecimento conjuntamente. Alunos não são meros repositórios de conhecimento ou de habilidades cognitivas, mas pessoas que constroem conhecimento mediante colaboração e participação.

Nessa linha, a perspectiva sociocultural de aprendizagem também é particularmente relevante ao apresentar ideias e conceitos que dizem respeito à colaboração no processo de aprendizagem como os conceitos de zona de desenvolvimento proximal (ZDP), andaime e intersubjetividade, essenciais na busca de uma prática de sala de aula voltada a alunos com dificuldade de interação. A ZDP é um termo cunhado por Vygotsky (1978) para descrever a relação entre aprendiz e um parceiro mais experiente, em que o mais experiente interage com o menos experiente para auxiliá-lo a realizar mais do que poderia fazer sozinho. O andaime é uma estratégia usada pelo parceiro mais experiente que, a partir do *feedback* do aprendiz iniciante, busca expandir as habilidades deste durante a execução de uma atividade (Bruner, 1996). O entendimento mútuo alcançado entre esses dois parceiros durante a comunicação, denominado "intersubjetividade", aplica-se igualmente à comunicação parceiro mais experiente e o menos experiente.

Se tomarmos a concepção de comunidade de prática[1] de Lave & Wenger (1991) e Wenger (1998), entendida como modelo social de aprendizagem em que indivíduos e coletividades criam e desempenham suas identidades por meio de aprendizagem, para nos reportar à sala de aula de L2, vislumbraremos um lugar para o aluno que fica à margem de tudo o que acontece na sala. Por exemplo, a pouca ou quase não participação desse aluno pode ser contemplada no construto *participação periférica legítima* (Lave; Wenger, 1991). Nesse processo, "participantes iniciantes" gradualmente se tornam "participantes plenos", ao observarem ações e interagirem com membros mais experientes em atividades de uma dada comunidade. Dessa forma, alunos com dificuldade de interação podem ser inicialmente vistos como participantes periféricos que, se acolhidos e tratados como membros potenciais pelo professor e/ou colegas, podem se tornar cada vez mais competentes nas formas de falar e escrever, na medida em que participam periférica e legitimamente da prática social em sala.

---

[1]   Inicialmente, Lave e Wenger (1991) definiram *comunidade de prática* (CoP) como um conjunto de relações entre pessoas, atividade, e mundo, ao longo do tempo e em relação com outras comunidades de prática tangenciais e sobrepostas. Mais tarde, Wenger (1998, p. 98) aponta 4 traços que definem CoPs como uma tessitura social de aprendizagem: negociar sentido; preservar e criar conhecimento; divulgar informação; ser um lar de/para identidades. Wenger (1998, p. 86) defende que o desenvolvimento da prática demanda tempo, mas o que realmente define uma CoP é o fato dela sustentar engajamento mútuo suficiente na busca conjunta para compartilhar alguma aprendizagem significativa. Assim, CoPs podem ser concebidas como histórias de aprendizagem compartilhadas.

É principalmente via legitimação garantida pelos membros experientes e pela forma como essa comunidade organiza as suas relações sociais que identidades são construídas na prática de sala de aula. Nas palavras de Hawkins (2005, 61), "a formação de identidades pode ser entendida como uma constante negociação entre o individual e o contexto social, com particular atenção voltada para as relações culturais e de poder operantes". Na sala de aula, portanto, como em qualquer outro contexto social, as identidades são continuamente negociadas por meio da interação social.

Retornemos à aluna Luísa e à sua dificuldade em participar das aulas de língua inglesa. Vimos anteriormente que, sob as lentes da psicolinguística, traços de sua personalidade e/ou seu estado psicológico/emocional pudessem estar dificultando sua participação efetiva em sala de aula ou que talvez ela não estivesse usando estratégias de aprendizagem adequadas para interagir com a professora e seus pares. Essa perspectiva, de caráter essencialmente individualista, revelou-se limitada ao desconsiderar o contexto sócio-histórico e as relações sociais que aí se estabelecem.

Outra leitura de seu enunciado nos mostra alguns aspectos que são importantes para entender a sua situação. Primeiro, ela reconhece que tem uma história de aprendizagem de língua e que as raízes do problema podem estar no passado. Segundo, situa claramente seu problema no contexto da sala de aula: quando é chamada a participar oralmente, sente-se impotente e ansiosa. Ela também indica que desenvolveu duas identidades opostas, acionadas conforme momentos e contextos: quando está sozinha, consegue organizar as sentenças em inglês perfeitamente; quando está em sala de aula, nada consegue dizer.

Para melhor apreciar a sua situação, não bastaria identificar os seus traços cognitivos e/ou afetivos e suas estratégias de aprendizagem; necessitaríamos de mais informações. Que fatos e fatores marcaram sua experiência prévia em sala de aula? Como a prática social é construída em sala de aula por professor e alunos? Que tipos de papéis de aluno são negociados em sala de aula? Que relações ali se estabelecem entre os diferentes tipos de participação dos alunos e do professor e as identidades por eles assumidas em diferentes momentos da prática de sala de aula? Enfim, que histórias estão por trás do silêncio de alunos como Luísa?

Precisaríamos lançar mão de outros tipos de informação ligados a redes sociais, identidades e (não)participação. Há aspectos que, embora não tenham sido explicitados por ela em sua mensagem, estão presentes em outros momentos da sua vida universitária e que podem ser potencialmente significativos. Luísa é uma pessoa naturalmente expansiva, aberta, articulada, exercendo liderança sobre os estudantes em sala e na política estudantil, ou seja, assume identidades muito diferentes daquela que apresenta nas aulas de inglês. Ademais, para melhor caracterizar sua situação, precisaríamos levar em conta um traço do contexto acadêmico do nosso curso de letras/inglês composto normalmente de alunos advindos de escola pública e de escolas de idiomas em que ficam evidentes as diferenças de nível de proficiência na língua inglesa. Por fim, outro aspecto a observar é que Luísa é aluna recém-chegada a essa sala, já que esse grupo de alunos já trabalhava há um ano com a mesma professora. É, portanto, nos termos de Lave e Wenger (1991), aluna noviça nessa comunidade.

A perspectiva sociolinguística, em suas variadas vertentes e métodos de investigação de cunho qualitativo, ajuda-nos a compreender o problema de Luísa de maneira mais abrangente, fazendo justiça à riqueza de aspectos nele envolvidos. É importante ressaltar, contudo, que uma visão não necessariamente exclui a outra. Entendemos que ambos os olhares – psicolinguístico e sociolinguístico – são janelas que nos proporcionam diferentes paisagens que, juntas, podem nos dar uma perspectiva mais completa do todo, com dimensões, desenhos e matizes variados.

Para falar da prática inclusiva

Que metodologias e abordagens ajudam a promover a inclusão e interação de alunos que não participam em sala de aula?

Não pretendemos oferecer fórmulas ou receitas com passos predefinidos por compartilharmos da ideia de que é preciso levar em conta o contexto para poder entender as ações dos indivíduos. Qualquer atitude a ser tomada em sala de aula está inerentemente vinculada a um contexto imediato e mediato. Assim, fica cada vez mais difícil falar de metodologias e abordagens de forma generalizada. Preferimos, então, enfatizar como fundamental para a inclusão e a participação de todos os alunos no processo de participação-aprendizagem a mudança de paradigma de professor-oferece-respostas-prontas ou de professor-condutor-da-aula para a prática de professor-mediador-parceiro. O papel do professor-mediador-parceiro nos desloca da visão de escola como doadora de conhecimento, tal um pacote moralmente neutro e asséptico, para uma visão de escola como socialmente negociada e pessoalmente significante em que todos os alunos possam contribuir com a construção e produção de conhecimento na língua 2. Interessam-nos, pois, as posturas e ações que o professor materializa nas suas práticas para incluir o aluno com dificuldade de interação.

Como sabemos, há vários tipos de não participação em sala de aula e vários podem ser os seus motivos. Há alunos que faltam às aulas ou chegam constantemente atrasados; há aqueles que são bastante loquazes quando se trata de tópicos não relevantes ao ponto em questão; há aqueles que têm dificuldade de interação por timidez, ansiedade, medo de errar, nível de proficiência de língua limitado, entre outros; há os que são silenciados por fatores sociais, culturais e/ou políticos, tais como raça, classe social, gênero, religião, ideologia, etnia etc. Quer dizer, a não participação pode ser vista como fonte de resistência a situações ancestrais de dominação, em especial, na aula de língua estrangeira em que há confronto de culturas.

Aqui, falamos do aluno, seja ele silencioso ou silenciado, que não se posiciona para falar e interagir com o professor ou colegas em sala de aula quer nas atividades centradas no professor, quer nas atividades de trabalho em par ou em grupo, por razões diversas. De que mecanismos deve, então, o professor lançar mão para envolvê-lo em atividades de aprendizagem?

Adeptas do modelo de educação multicultural de Banks e Banks (1993), em comum acordo com Mota (2004, 19), defendemos "a garantia de equidade em educação, a busca de inclusão de diferenças individuais e grupais, rompendo com modelos pedagógicos que exercem a homogeneização, que buscam formas pasteurizadas, que impõem formas rígidas de aprender e de ensinar". De tal modo, concebemos aprendizes de língua 2 como fontes culturais e intelectuais legítimas e acreditamos nas possibilidades de "transformação nas interações comunicativas [entre professores e alunos] e na arquitetura [ecologia] do espaço escolar para promover integração cooperativa do grupo e adoção de práticas pedagógicas que atendam aos diversos estilos e ritmos de aprendizagem dos alunos" (Mota, 2004, 21). Nessa visão inclusiva de educação, idealmente todos os alunos de uma sala de aula, independentemente de suas qualidades ou dificuldades, tornam-se parte e se sentem pertencentes àquela comunidade. Dessa forma, o grande desafio para o professor de alunos com dificuldade de participação em aulas de língua estrangeira é fornecer condições e oportunidades que lhes permitam a participação efetiva, legitimada nas práticas interativas em sala de aula e, quiçá, em contextos fora dela.

Alguns alunos, sem dúvida, demandam mais tempo para uma participação mais central na interação da sala de aula. Participar de uma interação pressupõe constantes (re)alinhamentos, a depender dos interlocutores, do tópico, da atividade em andamento, de se o trabalho é em dupla ou no grande grupo com participação do professor e, até mesmo, do modo de arranjar o espaço físico. A arte de interagir não é uma atividade trivial. Assim, é comum que alguns alunos apresentem pouca familiaridade com os modos de participação privilegiados por determinado grupo. Legitimá-los perifericamente como interlocutores em potencial já é um bom começo. Não podemos nos esquecer de que, ao longo dos anos e de muitas aulas, alunos têm ocupado o lugar da escuta ou do repetidor/imitador na interlocução escolar.

Quando o aluno é convidado a participar, a se pronunciar em sala de aula, ele se movimenta num espaço movediço em que estão em jogo relações de poder entre professor e alunos e a manutenção da face de cada um na construção e negociação contínua de identidades, muito mais do que a mera transmissão de informação. As identidades em sala, dependendo do tipo de atividade escolhida, dos interlocutores e da organização em par ou em grande grupo, requerem papéis diversificados de cada aluno, seja como iniciante de interação, respondente, colaborador, ouvinte, entre outros. Isso não significa, no entanto, dizer que os alunos já não tenham desenvolvido algumas habilidades conversacionais em interações em casa ou mesmo nas comunidades discursivas escolares de que já participaram/participam.

De qualquer modo, o primeiro passo, por parte do professor, para promover a interação é entender a sala de aula como uma comunidade de aprendizagem em que todos os alunos têm algo a contribuir para a construção de conhecimento, isto é, legitimar todo aluno como interlocutor potencial. Há várias maneiras de promover a inclusão do aluno não-participativo mediante a utilização de microestratégias para promover a participação (cf. Skidmore, 2000; Morita, 2004; Hawkins, 2005; Tsui, 2001; Canagarajah, 2001). Cabe ao professor se apropriar delas e experimentá-las em seus contextos de atuação para observar os resultados.

Fundamentando-nos na perspectiva professor-mediador-parceiro, valorizamos, por exemplo, o trabalho em par mediante o uso de atividades que permitem aos alunos recorrer a conhecimentos prévios, basear-se em suas experiências pessoais para que possam vivenciar o desafio de formular e defender seus pontos de vista porque o conhecimento é produto de um empreendimento coletivo. No caso do trabalho em grande grupo, sob agenciamento do professor, buscamos também realçar o aspecto coletivo mediante a prática de distribuição igualitária de turnos, utilização de andaimes por meio de perguntas abertas[2], de legitimação de tópicos introduzidos pelos alunos, do emprego do pronome inclusivo "nós"/"we" para indicar

---

[2]   Vale lembrar que, dependendo do contexto, perguntas abertas envolvendo respostas na língua-alvo, embora consideradas profícuas para dar voz ao aluno, podem "não funcionar" para aqueles que têm nível de proficiência limitado.

coesão na produção do conhecimento. Destacamos, ainda, a prática do *revozeamento,* nomeada por O'Connor e Michaels (1996 apud Garcez, 2006), em que o professor retoma um dizer de um turno anterior produzido por um aluno dando-lhe crédito pela formulação e relançando-o ao produtor para reavaliação.

A figura do professor é, pois, crucial no sentido de oferecer andaimes que permitam ao aluno com dificuldade de interação se engajar no processo dialógico da sala de aula. É ele quem decide que tipos de perguntas podem, por exemplo, promover e manter estrategicamente o aluno na interação. Em certos casos, perguntas mais direcionadas, perguntas didáticas podem funcionar estrategicamente como andaimes, auxiliando o aluno que ainda não está em condições de se fazer ouvir de uma forma mais livre ou fluente na língua. O uso estratégico da língua materna em sala de aula é também um recurso a assegurar um ambiente de aproximação social e consequente aprendizagem.

Sem dúvida, é importante também que o professor esclareça, a todo momento, que formas de participação espera do aluno nas atividades em andamento, bem como retome sempre o que está discutindo para esclarecer possíveis sentidos e reinterpretações. Essa preocupação permite ao professor estabelecer expectativas diversificadas entre alunos mais experientes e alunos menos experientes e assim vislumbrar estratégias mais adequadas para cada um. No trabalho em dupla, é importante que os alunos selecionem seus parceiros inicialmente para, mais tarde, o professor poder indicar possibilidades de variação na formação de duplas, a fim de que cada um possa alternar papéis maximizando seu potencial em ajudar uns aos outros a aprender, cada um de acordo com suas habilidades. Notamos também que a solicitação de apresentações orais em sala de aula em dupla ou individual, com o devido planejamento anterior, e trabalhos com projetos legitimam alunos mais silenciosos para assumir papel mais ativo e mostrar seu conhecimento e competência.

Levando em conta a perspectiva da sala de aula como uma comunidade de prática, onde práticas interativas forjam identidades, concordamos, por conseguinte, com a proposição de Hawkins (2005), de que o papel do professor é desenhar ecologias e não aulas. Ecologias que possibilitem a manifestação de uma diversidade de identidades e de participações em diferentes níveis. Ecologias que permitam interações com participantes mais experientes em atividades colaborativas mediante a disponibilidade de instrumentos (estratégias de aprendizagem, estratégias de comunicação, atividades diferenciadas em sintonia com as potencialidades do aluno) que o auxiliem a participar em sala de aula de forma mais ativa e confiante. Ecologias que apresentem oportunidades de uma aprendizagem situada (aprendizagem pela prática) onde participantes menos experientes possam observar a prática de participantes mais experientes e, gradualmente, delas se apropriar negociando e assumindo papéis/identidades cada vez mais centrais em sala de aula. Finalmente, ecologias que promovam oportunidades de construção das suas identidades como aprendizes participantes e membros efetivos daquela comunidade de aprendizagem.

É importante frisar ainda que, na perspectiva do professor-mediador-parceiro, buscamos a flexibilização de currículo e de papéis em que as regras de convivência são partilhadas e as responsabilidades são assumidas e cobradas por todos. Dessa forma, a contribuição de cada um é fator decisivo para a produção de bem comum – o conhecimento coletivo.

Outra prática que auxilia a ouvir a voz de alunos silenciosos é a utilização de narrativas em formato de diários e histórias sobre a aprendizagem de língua (autobiografias). Diários podem desvelar ansiedade, resistência, receptividade, estilo de aprendizagem de alunos, sensibilidade cultural, entre outros aspectos. Histórias de aprendizagem de língua trazem à tona eventos passados da vida do aprendiz via autorreflexão. Essas histórias podem auxiliar a compreensão do professor não só em relação a crenças, estilos e estratégias de aprendizagem do aluno de língua, como também evidenciar questões de identidades, resistências e investimentos na complexa tarefa de aprender uma língua estrangeira.

Ensinar a aprender ou ensinar o que aprendeu?

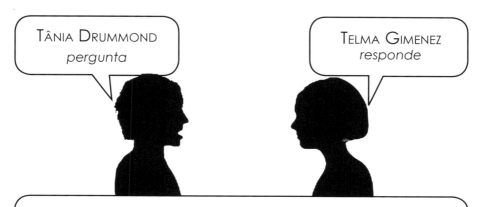

TÂNIA DRUMMOND
pergunta

TELMA GIMENEZ
responde

TÂNIA DRUMMOND: A dificuldade de aprendizagem dos alunos deve-se muito ao despreparo dos professores de LE. Tenho dúvidas sobre a realidade da autonomia e do suporte existente para que esse tipo de aprendizado seja viável e se torne cada vez mais comum e ao alcance de tantos quantos não podem ou não querem estar em uma sala de aula, embora gostem e desejem aprender uma LE.

Freire (1997) entende autonomia como a capacidade do aprendiz e sua liberdade de construir e reconstruir o ensino como importante, porém sem negar o papel fundamental do professor, que não é apenas o de transmitir conhecimento, mas de criar possibilidades para a autoprodução ou construção do conhecimento.

Vejo o professor exercendo o papel de orientador de um método mais liberal, sem que as aulas sejam centralizadas nele, sem que ele seja um escravo do método e livro utilizados. No Brasil, há alguns poucos cursos de idiomas gratuitos oferecidos por ONGs ou mesmo pelo governo (cursos preparatórios para o vestibular-cursinho), porém essa é uma realidade de grandes capitais, e nosso maior problema encontra-se exatamente nas cidades do interior, onde até a disponibilidade para ir à escola depende da situação financeira familiar.

Há a possibilidade, mesmo nas escolas públicas e/ou privadas, de utilização da autonomia com adaptações dos PCNs, de adoção de estratégias e recursos pedagógicos adequados para que alunos e professores tornem-se parceiros na dinâmica ensino x aprendizagem de língua estrangeira?

TELMA GIMENEZ: A autonomia não tem sido objeto de minhas investigações, mas gostaria de apresentar dois objetivos diferenciados para o ensino da língua: *ensinar a aprender* se vincula a uma visão em sintonia com o discurso educacional contemporâneo, no qual se propõe a autonomia e o uso de estratégias como objeto principal do ensino. Nessa proposta, o aprendiz assumiria um papel de destaque no próprio aprendizado. Por outro lado, *ensinar o que aprendeu* se atrela a uma visão voltada para o conteúdo, em uma perspectiva de transmissão, na qual o professor exerceria papel principal.

O difícil contexto de escola pública autoriza-nos a atribuir uma possível causa para a não aprendizagem: *o despreparo dos professores*. Aqui caberia uma ressalva importante: embora os professores possam ter uma grande parcela de responsabilidade pelas oportunidades de aprendizagem dadas a seus alunos (cf., no entanto, Allwright, 1984), a situação precária das escolas públicas brasileiras e da educação, de modo geral, contribui para esse estado de coisas. Por outro lado, é preciso reconhecer que a formação dos profissionais que atuam nesse contexto tem sido insatisfatória. É comum, não só em nosso país, mas também em outros da América Latina, constatar-se que os professores de inglês demonstram níveis insatisfatórios de proficiência linguística e de preparo profissional para lidar com as situações adversas da maioria das salas de aulas. Essa situação é fruto de políticas educacionais que ainda não conseguiram produzir efeitos para as camadas mais pobres da população. São inúmeros os fatores que concorrem para esse quadro, desde a desvalorização da profissão de professor até a ausência de uma política de incentivo ao aprendizado de línguas estrangeiras.

Ao singularizar o despreparo dos professores, surgem questionamentos sobre como tem acontecido essa formação. De fato, essa é uma área que tem recebido cada vez mais atenção. O I Congresso Latino-Americano de Formação de Professores de Línguas (www.cce.ufsc.br/~clafpl) demonstra que há um vigoroso programa de pesquisas nessa área. Dos 385 trabalhos, conforme Ortenzi (2007), 200 eram sobre formação de professores de inglês, com os seguintes temas mais pesquisados: currículos dos cursos de formação, crenças/representações de futuros professores e professores já atuantes, linguagem na formação, pesquisa-ação como forma de desenvolvimento profissional, formação do formador, identidade do professor e reflexão colaborativa.

Dizer que as dificuldades de aprendizagem se devem *ao despreparo dos professores de* LE sugere que se a reflexão tem sido norteadora dessa formação, ela também não tem produzido resultados satisfatórios. Poder-se-ia hipotetizar que isso resulta do fato de que a reflexão se baseia fundamentalmente na figura do formador como responsável pela aprendizagem, assim como na sala de aula a aprendizagem está centrada na figura do professor.

Desse modo, um profissional formado de modo não autônomo dificilmente poderia promover aprendizado autônomo. Isso coloca uma responsabilidade enorme sobre os programas de formação de professores, que precisariam criar condições para que aquilo que se deseja ver acontecendo nas escolas também seja vivenciado durante esse processo de formação.

Propor a autonomia como modo de superação do problema de despreparo do professor, uma vez que a autonomia liberaria o aluno para dedicar-se a seu próprio aprendizado, gera um impasse: a autonomia que poderia levar o aluno a resultados mais satisfatórios de aprendizagem também depende de um professor que a encoraje. Na ausência de preparação para isso, não há possibilidade de resolução do problema. Estaríamos em um beco sem saída, a menos que a formação tivesse outro direcionamento.

A palavra "autonomia" parece oscilar entre um sentido de "autoestudo" (*não querem mais estar em sala de aula*) e de construção ativa do conhecimento em sala de aula.

Fica, assim, mais claro que o que se deve defender não é um estudo independente do professor, mas de uma sala de aula onde o professor organize as oportunidades de aprendizagem e na qual o aluno tenha um papel ativo.

De fato, no livro *Pedagogia da autonomia*, Freire (1997, 33) trata do que considera saberes necessários à prática docente de "educadoras ou educadores críticos e progressistas". Dentre eles, figura o de que "ensinar exige respeito aos saberes dos educandos". Para ele, é preciso respeitar o que o aluno traz para a escola e ir além, discutindo com eles o porquê de esses saberes serem encarados como conteúdos. No caso da língua inglesa, uma pedagogia que reconheça a experiência do aluno, a realidade em que ele vive.

No capítulo em que discute que ensinar exige respeito à autonomia do ser do educando, Freire (1997, 66) nos coloca como esse respeito é um dever ético e não um favor a ser concedido:

> O professor que desrespeita a curiosidade do educando, seu gosto estético, a sua inquietude, a sua linguagem, mais precisamente, a sua sintaxe e a sua prosódia; o professor que ironiza o aluno, que o minimiza, que manda que "ele se ponha em seu lugar" ao mais tênue sinal de sua rebeldia legítima, tanto quanto o professor que se exime do cumprimento de seu dever de propor limites à liberdade do aluno, que se furta ao dever de ensinar, de estar respeitosamente presente à experiência formadora do educando, transgride os princípios fundamentalmente éticos de nossa existência.

No sentido mobilizado pelas palavras do grande educador brasileiro, portanto, autonomia não significa abdicação do papel de professor, ao contrário. Quem aprende precisa de quem ensina e vice-versa. Dessa forma, autonomia no sentido freiriano não é o mesmo que estudo individualizado: é, sobretudo, uma reação à educação bancária. O educador que promove a autonomia é, essencialmente, um educador democrático. Nesse caso, a formação de professores precisaria salientar seu caráter ético e crítico.

Se adotarmos os princípios elencados por Freire, não há razão para que a autonomia não aconteça, pois ela se centra principalmente na atitude do educador diante do educando. Se, no entanto, o sentido que se quer dar é o do estudo individualizado, então é possível que sejam encorajadas estratégias para que os alunos procurem compensar as deficiências de um sistema que tem apresentado poucos resultados satisfatórios.

Talvez ainda tenhamos pouco trabalho sobre o desenvolvimento de estratégias de aprendizagem em escolas públicas, centrados que estamos no estudo das formas gramaticais. Em um projeto sobre classes numerosas, elaboramos um questionário para avaliar as estratégias compensatórias adotadas por alunos em salas com grande número de estudantes. Nosso pressuposto era que, em situações adversas, os alunos desenvolveriam alternativas para atingir seus objetivos. Pressupúnhamos também, naturalmente, que eles estariam interessados e motivados. Naquele estudo, com respostas de alunos em classes numerosas no Brasil, Japão, Malásia e Síria, os respondentes consideraram as aulas regulares pouco úteis em relação a alternativas, como contato informal com a língua, grupo de estudos sem professor e estudos individuais (Allwright; Frahm; Gimenez, 1993).

Se isto significar a formação de uma nova cultura onde não se espera que apenas a aula tradicional seja responsável pelo aprendizado, mas que o estudante procure também engajar-se ativamente na busca de outros recursos para complementar sua formação, os professores precisariam adotar isso como um dos objetivos para seu ensino. Se a autonomia do aprendiz for compreendida como aquela preconizada por Freire, então ele precisará ter clareza de que um ensino que não leva em consideração que educar se faz por sujeitos, nos quais o professor também está incluído, é um ensino dogmático, autoritário, incompatível com o desenvolvimento crítico dos educandos.

Seria ainda necessário fazer uma discussão mais ampla sobre os resultados que temos alcançado com o ensino de língua inglesa em nossas escolas no contexto de questionamentos sobre a própria viabilidade de sua aprendizagem. Não existe ensino sem aprendizagem. Professores e alunos são parceiros nesse processo e talvez o que falte seja essa consciência por parte de ambos. Um primeiro passo precisa ser dado no sentido de explicitar papéis esperados em uma sala de aula, papéis que dependem fundamentalmente de uma postura como educador, que não abandona seus educandos, nem os ignora.

Mudanças no *status quo* poderão advir de programas de formação de professores que contemplem questões como as apontadas por Freire quando explicita quais saberes considera necessários aos profissionais da educação. Em uma perspectiva questionadora da realidade, seria necessário levar em conta os saberes construídos pelos próprios professores e suas interpretações.

Por um ensino de idiomas mais includente no contexto social atual

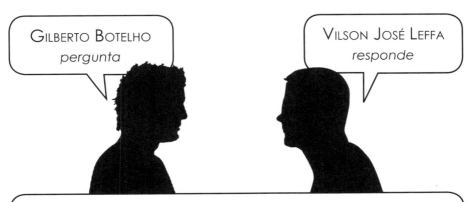

GILBERTO BOTELHO
pergunta

VILSON JOSÉ LEFFA
responde

GILBERTO BOTELHO: Tenho vários questionamentos sobre problemas de ensino e aprendizagem de língua inglesa, mas ultimamente tenho voltado meus olhos para problemas que tematizam prioritariamente a dimensão social e política em detrimento de questões relacionadas às técnicas e abordagens de ensino.

A língua estrangeira consta como disciplina obrigatória na LDB. No artigo 26, está previsto o ensino de uma língua estrangeira a partir da 5ª série do ensino fundamental. Já no artigo 36, prevê-se uma língua estrangeira em caráter obrigatório e uma outra em caráter optativo para o ensino médio. Por um lado, essas conquistas asseguradas por lei são cumpridas em grande parte do território nacional, mas, por outro, a inclusão de disciplinas no currículo, por si só, não é garantia do ensino/aprendizado de uma língua estrangeira de forma eficiente.

No nosso país, o domínio de línguas estrangeiras é cada vez mais fator de prestígio social e cada vez menos direito do cidadão. Enquanto o direito iguala as pessoas, os privilégios as separam. Num mundo cada vez mais globalizado, onde todos têm que interagir com diferentes culturas, negar o acesso ao ensino de língua estrangeira de qualidade é fechar uma porta que deveria estar aberta a todos, é negar oportunidades, man-tendo-se os privilégios de sempre.

Na cultura competitiva e excludente do capitalismo ocidental, onde a globalização, ou o globalitarismo (uma nova fase de to-talitarismo) como é definido esse fenômeno por Santos (2000), dita modelos, editados pelos grandes atores detentores do ca-pital e tecnologia, a serem seguidos pelos países em desenvol-vimento, como pensar um ensino de idiomas verdadeiramente mais includente para o Brasil? Qual deveria ser o agir que ca-racterizaria um professor verdadeiramente includente, em con-traste com uma sociedade que tem na exclusão um fator de seleção natural?

VILSON JOSÉ LEFFA: O professor de língua estrangeira, para ser includente, precisa levar em conta três aspectos que considero es-senciais ao fazer pedagógico: o saber, o desejo e a ação. Estou me embasando aqui numa ideia original de Goethe, segundo a qual não basta saber, pois é preciso também desejar, e não basta apenas sa-ber e desejar, porque é também preciso fazer. Vou tentar mostrar qual é o saber que o professor deve possuir, o que ele deve desejar para seu aluno e finalmente o que ele precisa fazer para incluir esse aluno na comunidade dos falantes da língua estrangeira.

Este texto também acaba sendo escrito para responder a outra per-gunta que muitos alunos me fizeram ao longo dos anos em que lecio-nei a língua: "Professor, pra que estudar inglês?" Teoricamente, an-coro-me em alguns autores que são normalmente citados quando se aborda o problema da exclusão (Apple, 1989; Baudelot, 1991; Bour-dieu, 1974; Bourdieu & Passeron, 1992; Freire, 1996; Giroux, 1986) e um trabalho meu nessa área (Leffa, no prelo), mas a motivação maior para escrever o texto está na minha prática como professor de inglês. Tentarei mostrar como a pergunta dos alunos sobre a neces-sidade ou não de se estudar uma língua estrangeira e a pergunta so-bre o professor includente tratam exatamente do mesmo problema.

Minha resposta está, assim, dividida em três partes, respectivamen-te, sobre o saber, o desejo e a ação do professor. O saber refere-se ao que está por trás da pergunta do aluno, aparentemente desmotivado para aprender a língua; o desejo trata da paixão do professor como força capaz de movê-lo à ação; e finalmente o fazer, em que se contextualiza a atividade do professor de língua estrangeira como agente da inserção do aluno numa comunidade maior.

O que é preciso saber para ser um professor includente?

Parto do pressuposto de que o ser humano é naturalmente curioso; nasce para descobrir o mundo e desvendar seus segredos, agindo incansavelmente sobre ele. Basta observar o comportamento de uma criança sadia quando entra em um ambiente desconhecido: mexe em tudo o que está a seu redor e experimenta cada uma das novidades encontradas. Ao ver uma televisão, vai diretamente aos botões ou tenta localizar o controle remoto; se um gato passa pela sua frente, sai correndo atrás dele; se vê uma caixa fechada, tenta abrir a tampa e revistá-la imediatamente. Não sossega enquanto não tiver descoberto e experimentado tudo o que estiver a seu alcance.

Assim que adquire os primeiros movimentos, começa a rejeitar a ajuda dos outros e passa a querer comer sozinha à mesa ou calçar os próprios sapatos. Tão logo desenvolve a capacidade de pronunciar sons, começa a pedir o que deseja ou a produzir narrativas. Tem um desejo insaciável de ser compreendida e de se comunicar, o que a leva constantemente a retomar e reformular o que diz, até que sua linguagem seja ininteligível a todos. É incansável e persistente no seu empenho de aprender seja o que for, do gesto à linguagem.

Antes de ir para a escola, qualquer criança quer aprender tudo, inclusive a ler, escrever e a falar uma língua estrangeira. Em pesquisas informais que fiz durante muitos anos, ao perguntar para as crianças, em sua primeira aula de inglês, se queriam aprender a língua, a quase totalidade respondia afirmativamente. A pergunta "professor, pra que aprender inglês?" só vem mais tarde. Por que será que isso acontece? É exatamente isso que o professor precisa saber e que eu vou tentar responder nesta seção.

O conhecimento está se tornando um valor cada vez mais precioso e, por isso, mais procurado. O problema, principalmente numa sociedade competitiva, é que não há interesse em distribuí-lo. Acredita-se que quanto menos pessoas detiverem determinado conhecimento, maior será seu valor para aqueles que o possuam. Como não fica politicamente correto afirmar que nem todos nasceram para estudar, afirma-se, no discurso, que todos devem ter acesso ao conhecimento. Na prática, porém, o que se cria é o ritual externo do ensino, com a liturgia da sala de aula, a seriação do currículo, o cerimonial das formaturas. Por baixo desse ritual, criam-se todas as barreiras possíveis para que a aprendizagem não ocorra, impondo-se o mundo do faz de conta. O professor é incentivado a fazer de conta que ensina e os alunos a fazer de conta que aprendem. O que interessa, do ponto de vista político, é afirmar a inserção; não realizá-la.

O exemplo mais contundente do abismo entre o discurso e a prática da inserção ocorreu nas décadas de 1960 e 1970, com a chamada universalização do ensino fundamental e médio: todos os brasileiros em idade escolar não apenas tinham direito à escola, mas também a oportunidade de frequentá-la, pela sua gratuidade. Na medida, porém, em que essa gratuidade ameaçava levar o conhecimento a todos, criou-se a separação entre a escola de rico, onde se aprenderia mais, e a escola de pobre, onde se aprenderia menos. A escola pública, que era de qualidade, transformou-se em escola de segunda categoria, mantendo apenas o ritual, com as raras exceções que confirmam a regra. Atualmente, no Brasil, a universidade pública é gratuita e de qualidade porque poucos têm acesso a ela. Se fosse universal, já teria perdido sua qualidade e uma outra universidade, cara e para poucos, teria sido criada. Não se mexe impunemente no arranjo do saber, por mais iníquo que ele seja. Numa sociedade competitiva, não solidária, os donos do saber sempre acharão um jeito de restringir o acesso ao conhecimento, para que eles possam manter o prestígio e o poder que esse conhecimento lhes confere.

O domínio de uma língua estrangeira é um desses saberes que deve ser sonegado à maioria da população, o que obviamente é feito de modo sutil sob a fachada de aparente inclusão. A LDB, por exemplo, afirma explicitamente que a língua estrangeira deve ser ensinada a partir da 5ª série. Ainda que esse início antecipado possa parecer um avanço educacional em relação à LDB anterior, o impacto é nulo na aprendizagem dos alunos; a lei garante a liturgia do ensino, não a aprendizagem efetiva. Não dá as garantias mínimas de tempo e de infraestrutura básica para que o aluno aprenda. É incapaz de romper o cerco que a própria sociedade, extremamente competente na criação de mecanismos de exclusão, monta para impedir o acesso do aluno pobre ao clube fechado dos falantes de uma língua estrangeira. Entre esses mecanismos, destacam-se:

- a difusão da ideia de que o pobre não precisa aprender uma língua estrangeira porque ele nunca vai ter oportunidade de usar esse conhecimento. Para que uma empregada doméstica, no interior de Pernambuco, precisa aprender inglês se nunca vai viajar para os Estados Unidos? Seria mais útil que ela aprendesse normas de higiene, separação de lixo ou limpeza de tapetes;
- a argumentação de que a escola não tem condições de ensinar uma língua estrangeira, quer pela falta de conhecimento dos professores, quer pela ausência de recursos;
- a argumentação de que se o aluno não aprendeu nem português, que é sua língua materna, não tem motivo para estudar uma língua estrangeira e submeter-se a uma cultura que não é a sua. Uma faceta mais perversa dessa argumentação é o descrédito na capacidade do aluno em aprender;
- a ideia de que o aluno não quer e nem deseja aprender a língua estrangeira. Ele mesmo se autoexclui, quer questionando a necessidade de aprender ("Para que estudar inglês?") ou afirmando explicitamente o desejo de não querer estudar.

Esse último mecanismo, o da autoexclusão, é o mais sutil de todos. Dá a impressão de que parte do próprio aluno, quando é a própria sociedade, geralmente por meio da escola, que incute nele o desejo de exclusão. A maioria dos alunos vem à escola com o desejo inato de aprender; é na sala de aula, por meio do currículo oculto (Silva,

1999), que o aluno é levado a se autoexcluir. A armadilha da autoexclusão é ainda mais eficiente no caso da língua estrangeira, muitas vezes apresentada como uma ameaça à língua materna, à cultura nacional e até ao patriotismo. "Para que aprender inglês, professor? Eu sou mais Brasil." A frase é de um aluno meu, dita há muito tempo, e obviamente não é dele. Essa autoexclusão, que aparentemente parte do aluno, de dentro para fora, na verdade parte da sociedade, de fora para dentro, como um cavalo de Tróia, colocado no aluno para destruir de dentro seu desejo de aprender.

O que o professor de língua estrangeira precisa saber é que a sociedade não só implementa esses mecanismos de autoexclusão na mente do aluno, mas é muito eficiente ao fazê-lo, a ponto de dar a ele a ilusão de que o dizer é seu, quando na realidade é do outro.

Mas não basta ao professor apenas saber; é preciso também desejar. É o que veremos a seguir.

O que é preciso desejar para ser um professor includente?

Falar de desejo em educação é certamente uma questão polêmica, já que o desejo não é comandado pela lógica do consciente, em que impera a razão, mas pelo inconsciente, com o predomínio da contradição. O único objetivo do desejo é satisfazer-se. Esse comprometimento exclusivo com a satisfação e o predomínio do inconsciente sobre o consciente não são aspectos que se inserem normalmente nos ideais da educação, embasados nos princípios da disciplina, da ordem e da racionalidade. Quando algum desejo se manifesta claramente, além de seus disfarces, "seu portador é logo classificado como doente" (Marinho, 2007, 1). O desejo, no entanto, tanto do lado do professor como do aluno, é a força que move o ensino e a aprendizagem e, por isso, precisa ser investigado.

Um ponto importante a destacar é a relação que se estabelece entre o professor, o aluno e o conteúdo a ser aprendido; o professor, no seu desejo de ser amado, deseja fundamentalmente que o aluno deseje aprender a língua estrangeira. Segundo o psicólogo André Marinho (2007, 1):

> Quem ocupa a cadeira de um docente, inicialmente, deseja ser desejado. O professor é, antes de tudo, um sedutor. Ele deseja o amor de seus discípulos e quando o obtém sente-se valorizado, preenchido de coisas boas. Ele quer que seus alunos desejem e amem seu conhecimento. [...] Quando o professor sente que seu conhecimento é rejeitado pelos alunos, ele sente-se igualmente rejeitado.

Sendo o desejo uma força inconsciente, não é fácil controlá-lo; pelos disfarces que ele apresenta, às vezes podemos pensar que estamos desejando uma coisa, quando na realidade desejamos outra. O desejo é o não sabido, resultado de uma pulsão que habita no esquecimento, em algum desvão perdido de nossa memória, lembrado apenas pelo inconsciente. Mas o desejo humano não é apenas instinto, de ordem natural ou biológica; ele é também desnaturalizado, levado para além da necessidade biológica. Por isso, podemos desejar objetos culturalmente construídos como a contemplação de uma obra de arte ou a leitura de um livro.

No caso da língua estrangeira, minha sugestão é de que o professor não ponha seu desejo em primeiro lugar, mas procure considerar o desejo do outro, na tentativa de desejar mais do que ser amado e respeitado pelos alunos. Ele pode ampliar o desejo para não ficar apenas em si mesmo, e incluir no seu desejo pessoal o desejo do aluno, atrelando um ao outro. Ele pode desejar, por exemplo, que os alunos tenham objetivos profissionais em suas vidas e que lutem por esses objetivos, tentando alcançá-los. Considerando o professor de línguas estrangeiras como includente, o objeto principal de seu desejo deveria ser a inclusão do aluno, que pressupõe basicamente a ideia de pertencimento a algum grupo. Trata-se aqui de um grupo fechado, de acesso restrito, que é a comunidade dos falantes da língua estrangeira. Defendo então a ideia de que o desejo fundamental do professor é incluir o aluno nessa comunidade.

A necessidade do desejo na ação pedagógica está na sua força, na tentativa de satisfazê-lo, não necessariamente na sua satisfação. O desejo humano é provavelmente insaciável. Isso, no entanto, é irrelevante para o professor. O elemento fundamental do desejo não é sua satisfação, mas o caminho percorrido para tentar alcançá-la.

O trabalho do professor é sempre cercado de obstáculos, desde a falta de recursos materiais até uma possível resistência dos alunos. Para vencer esses obstáculos, é preciso contaminar os outros com o nosso entusiasmo. Trata-se essencialmente de processo de sedução, movido pelo desejo.

Mas não basta ao professor apenas saber e desejar; é preciso também fazer. É o que veremos a seguir.

O que é preciso fazer para ser um professor includente?

Sabendo que a autoexclusão é incutida no aluno pela sociedade e tendo a força do desejo para incluir o aluno, resta ao professor fazer a inclusão. Para isso, existem, a meu ver, três aspectos a serem considerados e sobre os quais o professor deve agir:

(1) o objeto de estudo, envolvendo o conteúdo a ser trabalhado com o aluno;

(2) os processos de mediação, com ênfase nos procedimentos que o professor deve usar para fazer o conteúdo chegar até o aluno;

(3) o perfil desejado do professor, visto idealmente como um sedutor, capaz de despertar no aluno o desejo de aprender a língua.

A subjetividade do aluno é a constante que está presente em cada um desses aspectos: o conteúdo, a mediação e o professor voltam-se obviamente para ele.

Uma língua é uma maneira de apreender o mundo, envolvendo aspectos linguísticos e culturais. Uma língua internacional, como é o caso do inglês, justamente por ser multicultural, envolve a apreensão de vários mundos, não só o mundo anglo-saxônico e de seus descendentes, mas também outros mundos, incluindo vários países de todos os continentes (Finlândia, África do Sul, Nigéria, Índia etc.). Nomes importantes como Paulo Freire, Vygotsky ou Khaled Hosseini (autor do livro *O caçador de pipas*) tornaram-se mais conhecidos porque tiveram seus livros traduzidos para ou escritos em inglês. Há, portanto, dentro da língua inglesa, um leque muito grande de opções que podem ser oferecidas ao aluno, atendendo aos mais diferentes gostos e necessidades. O conteúdo a ser trabalhado com os alunos não precisa ficar preso às regras da gramática, a listas de palavras ou mesmo a determinada habilidade, como a ênfase na leitura, proposta pelos PCNs. Pode ir além de tudo isso. Pode ser mais panorâmico ou mais específico. Pode trabalhar com poesia ou prosa, com esporte ou música, clássica ou popular, *heavy metal* ou *hip-hop*.

A multiculturalidade da língua inglesa permite que se parta de qualquer realidade, incluindo a realidade do aluno brasileiro, de qualquer idade e de qualquer parte do Brasil, desde o Rio de Janeiro (Moita Lopes, 1998) até o Amazonas (Silvers, 2001). É impossível não achar dentro da língua inglesa algo que não seja do gosto do aluno e que não sirva para seduzi-lo e incluí-lo numa determinada comunidade, profissional ou de lazer, de fonoaudiólogos ou de apreciadores de *jazz*.

Depois de selecionado o conteúdo, precisamos selecionar os meios para levar esse conteúdo até o aluno. É óbvio que devemos tentar ir além do quadro usado na sala de aula (lousa, quadro-negro, quadro de giz, pedra; não sei bem que nome dar). Mais ainda: acho que devemos ir também além do material impresso em papel, seja o livro didático ou material preparado pelo próprio professor. Vivemos num mundo dinâmico e multimidiático, muito além da bidimensionalidade estática do papel e do quadro-negro; é um mundo em movimento, visual e sonoro, todo ele perpassado pela língua que falamos e que ensinamos. Ignorar esse mundo é reduzir e empobrecer a língua que ensinamos. Já há muito evoluímos do disco de vinil para a fita cassete, transportando a música da sala para o carro. Atualmente ainda usamos o CD e o DVD, mas já estamos passando para o mp3 e iPods, levando a imagem, o som, e consequentemente a língua, mais junto a nosso corpo. Sem descartar o papel impresso, e mesmo o quadro, acho que cabe ao professor considerar esses novos instrumentos de mediação que estão sendo postos entre o aluno e o conteúdo a ser aprendido.

O acesso a esses suportes linguísticos multimidiáticos, incluindo a internet, está se popularizando cada vez mais, chegando à periferia, em que já é comum ver o aluno pobre carregando orgulhosamente um mp3 ou postando mensagens para seus amigos no Orkut. Ainda que a exclusão digital seja uma realidade, ela é certamente menor do que a exclusão linguística; há muito mais gente sem acesso a uma língua estrangeira do que à internet. Usar os recursos digitais para ensinar a língua é uma maneira de diminuir a exclusão tanto de um lado como do outro. O acesso à língua estrangeira pode aumentar o acesso à rede, que, por sua vez, pode facilitar a aprendizagem da língua. Se for verdade que cada vez que se introduz uma nova tecnologia cria-se uma nova legião de excluídos, também é verdade que com as novas tecnologias criam-se novas possibilidades de inclusão.

Finalmente, para a inclusão do aluno na comunidade dos falantes da língua estrangeira é necessário que o professor esteja incluído nessa comunidade, o que não pode ser automaticamente presumido. Há muitos professores de língua estrangeira, cujo domínio da língua deixa muito a desejar. Quem é excluído não pode incluir. Mais ainda: não basta estar incluído; é preciso gostar, ter paixão pelo que faz. Se não for assim, como seduzir o aluno? Para amar é preciso conhecer, como já dizia Olavo Bilac, falando das estrelas. O professor que não conhece a língua que ensina não pode amar o que faz e, consequentemente, não pode seduzir o aluno.

Sou adepto da pedagogia do prazer. Parto do princípio de que o trabalho do professor não deve ser feito por obrigação, mas por prazer; que o professor seja divertido, tenha senso de humor e consiga deixar bem claro para o aluno que adora ensinar. O aluno vai adorar aprender com prazer, o que não significa necessariamente sem esforço. A escola deve preparar não só para o trabalho, mas também para o lazer (Masi, 2000). Os alunos pobres em sua maioria vão sempre dizer que estudam a língua estrangeira para conseguir um emprego melhor, ao contrário, talvez, dos alunos ricos, que estudam a língua para o lazer. Acho que é mais uma diferença que deve ser banida. O aluno pobre também tem o direito de estudar para o lazer.

Conclusão

Em nenhuma outra disciplina do currículo escolar talvez seja tão fácil excluir o aluno como no caso da língua estrangeira. Há inúmeros mecanismos para isso, desde as insinuações ideológicas à falta de patriotismo, de ameaça à cultura nacional e à própria língua, até a autoexclusão, sutilmente incutida no aluno pela sociedade. Não conhecer uma língua estrangeira no mundo atual é como desconhecer a escrita numa sociedade letrada, ou não ter acesso à informação numa economia baseada no conhecimento; apenas mais uma garantia de ser excluído dos bens que a sociedade tenta preservar para o usufruto de seus eleitos, tanto em termos de trabalho como de lazer.

A exclusão é uma ameaça não só para o aluno, mas também para o próprio professor, principalmente quando oriundo das classes populares. Quem é pobre vai encontrar mais obstáculos para sua formação profissional e mais dificuldade para adquirir proficiência no uso e ensino da língua. A comunidade dos falantes de uma língua estrangeira é de acesso restrito e o professor pobre, pela escassez de oportunidades, precisa muitas vezes se superar para pertencer a ela. A falta de domínio da língua que ensina é uma realidade para muitos professores de línguas estrangeiras no Brasil, de modo que ele próprio acaba ficando um excluído e, como tal, sem condições de incluir o aluno.

O caminho da superação é o professor ter consciência dos mecanismos que a sociedade cria para a exclusão, tanto dele como do aluno, fortalecer o desejo de inclusão, também de ambos, e trabalhar esse desejo, desenvolvendo o conhecimento, usando os meios adequados e conquistar seu espaço como membro permanente do grupo dos falantes da língua. O professor precisa naturalizar o sentimento de que pertence a esse grupo, sentindo-se plenamente à vontade dentro dele, não só usufruindo as vantagens que ele oferece, mas também contribuindo para sua manutenção. Só assim ele terá condições de iniciar no aluno o processo de pertencimento a essa comunidade.

Ensinar língua estrangeira em escolas públicas noturnas

NEIVANDE DIAS DA SILVA
pergunta

DENISE SCHEYERL
responde

NEIVANDE DIAS DA SILVA: A tarefa de ensinar LE no noturno não é nada fácil. Frequentemente, deparamo-nos com um problema: mais de 50% dos alunos do 1º ano do ensino médio nunca estudaram uma LE. Eles são oriundos de classes de aceleração ou estágios (5ª/6ª e 7ª/8ª séries simultaneamente). O objetivo institucional é supostamente corrigir a defasagem idade/série. Mas o espantoso é que a disciplina língua inglesa não consta na grade curricular desse sistema de aprendizagem.

Entendemos que o aluno nessa fase escolar já deveria ter certa competência linguística, mas não a tem. Ainda há outros pontos agravantes: são alunos que estão no mercado de trabalho, assim têm a "desculpa" de chegar constantemente atrasados e não fazer trabalhos de pesquisa ou extraclasse.

O professor, nesse caso, vive um dilema: não pode cumprir o plano de curso da disciplina, uma vez que, por falta de pré-requisito, a maioria dos alunos não consegue acompanhar as aulas; também não podem retroceder, pois há na mesma classe alunos regulares, que possuem certo conhecimento, e, portanto podem e devem avançar na aprendizagem. O que fazer?

DENISE SCHEYERL:

> *Tell me and I forget*
> *Teach me and I remember*
> *Involve me and I learn*
> **[Benjamin Franklin]**

O contexto

O relato do qual partimos retrata o ensino de língua inglesa no âmbito da escola pública como deficiente e precário, apontando não só a falta de compromisso de grande parte do alunado, mas também o fato de não se exigir na disciplina língua inglesa o mesmo rigor que nas outras. Temos ainda a cobrança do cumprimento do plano de curso por parte da escola e, finalmente, o desnível linguístico dentro das turmas, causado pela mistura de alunos regulares e aqueles oriundos das chamadas "classes de aceleração ou estágios".

O retrato negativo no uso e na aprendizagem da língua inglesa na sala de aula, em especial da escola pública, pode ser confirmado por inúmeros depoimentos, como o de Perin (2005, 150):

> Apesar de reconhecerem a importância de se saber inglês, os alunos tratam o ensino de língua inglesa na escola pública ora com desprezo, ora com indiferença, o que causa na maioria das vezes a indisciplina nas salas de aula [...]. O professor trabalha com a sensação de que o aluno não crê no que aprende, demonstrando [...] menosprezo pelo que o professor se propõe a fazer durante a aula.

Por outro lado, os alunos mostram-se cientes de que o professor, por não desenvolver um programa global, contínuo e progressivo [...], não se sente à vontade para "cobrar" dos alunos os conteúdos de forma mais efetiva, por estar consciente do provável fracasso dos mesmos.

Examinemos as crenças relativas ao aprendizado do inglês na escola pública e a abordagem humanista no ensino de línguas, concluindo com algumas afirmações sobre a pedagogia que me parece ser, no momento, a mais adequada para lidar com a diversidade cultural e com situações de conflito – a pedagogia crítica.

O objetivo é apenas "recolocar as perguntas, reencontrar as dúvidas e mobilizar as inquietudes" da professora (Larrosa, 2000, 8).

"Eles não aprendem português, quanto mais inglês"

Ao expor o problema (alunos que chegam atrasados e não acompanham as aulas, desencontrando-se de outros, compromisso com o plano de curso), Neivande Dias da Silva faz uma citação de Wyatt (1997, 65) que define "humanismo" como uma "filosofia de compaixão". Essa visão, no entanto, além de apresentar uma forte conotação religiosa, perpetua a crença da impossibilidade do aluno de camadas populares para a aprendizagem de um modo geral e mascara, com sentimentos como "condescendência" ou "compaixão", o fracasso da escola em lidar com questões pontuais que envolvem a prática da solidariedade e da democracia no decorrer do processo do ensino-aprendizagem. Como bem salienta Leffa (2006, p. 24),

> a essência do ser humano está além de qualquer religião – cristã, budista, muçulmana ou qualquer outra – e além de qualquer nacionalidade – brasileira, hindu, norte-americana, ou qualquer outra [...] O essencial é que somos seres humanos. Entendendo isso, não há como não ser solidário.

Moita Lopes (1996, 65), ao observar que o campo de ensino de línguas estrangeiras no Brasil tem sido vítima de uma série de mitos, decorrentes da desinformação sobre a pesquisa em ensino de LE, incentiva os profissionais da área a desenvolver uma postura crítica frente ao processo do ensino e da aprendizagem para que afirmações como as seguintes sejam, no mínimo, questionadas: para se ensinar uma LE tem-se que, necessariamente, ensinar as quatro habilidades linguísticas; o apelo à língua nativa (LN), como um artifício para pensar a LE, é nocivo por causa do fenômeno da interferência da LN na LE; o aluno tem que aprender a pensar na LE; algumas LE requerem um nível de inteligência maior do aluno para serem aprendidas; as regras que definem a competência comunicativa são mais relevantes na aprendizagem do que as regras que caracterizam a competência linguística; o conteúdo linguístico do programa de ensino é o que caracteriza seu enfoque comunicativo; quem não "sabe" a LN não pode aprender uma LE dentre outras. Cada um desses mitos já foi rebatido por linguistas aplicados, inclusive pelo próprio

Moita Lopes (1996), que se deteve mais profundamente na questão da aptidão para se aprender uma LE.

Autores como Soares (1986, 20) têm descrito a educação da escola pública como uma "escola contra o povo ao invés de uma escola para o povo", mostrando como determinadas filosofias educacionais têm sido implantadas por meio de programas de educação compensatória, com o objetivo de suprir o aluno, considerado em estado permanente de carência, daquilo que lhe falta. Assim, a imagem do fracasso da escola como fruto do fracasso do aluno perpassa todo o sistema educacional público. Além disso, como bem observa Gasparini (2005, 173), também é comum delegarem-se superpoderes ao professor, "como se fosse possível ao mestre fazer até mesmo o impossível" para encontrar soluções para os problemas de aprendizagem da LE na escola.

Justamente por não haver evidência empírica de que a falta de recursos financeiros leva o indivíduo a dificuldades linguísticas ou cognitivas, torna-se imperativo reconhecer que a "pobreza cultural" das classes subalternas é apenas de ordem socioeconômica (Patto, 1984). Consequentemente, espera-se que a escola, como instituição, forneça não só os instrumentos adequados ao contexto dos alunos de LE, como também os meios de instrução que reflitam habilidades em LE socialmente justificáveis e estimulem a consciência crítica dos aprendizes.

Nesse ponto, torna-se necessário ampliar o conceito de "humanismo", para além de uma "filosofia de compaixão", que contribua para que possamos atuar criticamente na reflexão sobre o ensinar e aprender línguas na escola, isto é, para podermos proceder a uma reconceitualização dessa prática em termos humanizadores. Dessa forma, devem ser revistos a rigidez pré-fixada dos roteiros didáticos (planos de cursos) em sala de aula e os padrões pedagógicos autoritários que silenciam professor e aluno, para que uma política promotora da cidadania seja construída dialogicamente.

Segundo Stevick (1990, 23-24), o conceito "humanismo" agrega vários componentes como sentimentos, relações sociais, responsabilidade, intelecto e autorrealização, detalhados como se seguem:

Feelings, including both personal emotions and esthetic appreciation. This aspect of humanism tends to reject whatever makes people feel bad, or whatever destroys or forbids esthetic enjoyment.

Social relations. The side of humanism encourages friendship and cooperation, and opposes whatever tends to reduce them.

Responsibility. This aspect accepts the need for public scrutiny, criticism, and correction, and disapproves of whoever or whatever denies their importance.

Intellect, including knowledge, reason, and understanding. This aspect fights against whatever interferes with the free exercise of the mind, and is suspicious of anything that cannot be tested intellectually.

Self-actualization, the quest for full realization of one's own deepest true qualities. This aspect believes that since conformity leads to enslavement, the pursuit of uniqueness brings about liberation (Stevick, 1990, 23-24).

Moskowitz (1978, 11-12) enfatiza o primeiro e o último aspectos quando observa que "a educação humanista [...] leva em consideração que o aprendizado é influenciado por aquilo que os estudantes sentem de si próprios", completando que se trata de educar o indivíduo em sua totalidade, isto é, intelectual e emocionalmente.

Já para se autorrealizar, o indivíduo deve manifestar a sua singularidade e agir com sua total capacidade. Acrescenta, então, uma lista de características de indivíduos que se autorrealizam como pessoas que:

experience pleasurable, awesome feelings related to everyday life;
are creative in their approach to things;
are natural and spontaneous rather than conforming;
accept themselves and others;
have great empathy and affection for humanity;
are not prejudiced;
have a strong sense of responsibility;
are independent and look to themselves for their own growth;
have a mission in life (Moskowitz, 1978, 12).

"Os alunos atrasados" lembram bastante o que Shor (1986, 183) escreveu acerca da resistência de alunos a determinadas atividades a que estão expostos na aula de inglês:

Students will resist any process that disempowers them... Familiar school routines produce this alienation: teacher-talk, passive instruction in pre-set materials... mechanical drills ... the denial of subjects important to them, the exclusion of student co-participation in curriculum design and governance, and the outlawing of popular idioms in favor of correct usage.

Dessa forma, quaisquer recursos que levem o aprendiz a se lançar com mais comprometimento e motivação em sua aprendizagem parecem apostar na necessidade de se investir na sua autoestima, para que ele passe a acreditar no próprio valor (Scheyerl et al., 1999). Para tal, é necessário que o professor não seja um mero reprodutor das lições ditadas por materiais didáticos elaborados por editoras que ignoram o contexto real de ensino, nem seja apenas um cumpridor de programas ou currículos, mas contribua para a transformação do mundo social dos seus alunos[1]. Outra contribuição relevante diz respeito, a meu ver, a um tema recorrente em Bourdieu (1991), o de conduzir o "capital cultural" (quer dizer o uso da lingua[gem]) de suas habilidades, orientações, disposições, atitudes e esquemas de percepção e hábitos dos indivíduos para o sucesso escolar.

Concordamos com Dias & Assis Peterson (2000, 126) na afirmação de que "certas práticas sociais e culturais [...], ao invés de conduzirem ao empoderamento de grupos socioeconomicamente desfavorecidos, contribuem para deixá-los à margem". A ótica da negatividade em escolas públicas seria uma dessas práticas e se materializaria em um dos conceitos mais importantes para explicar o baixo rendimento dos alunos das classes populares. As autoras, então, assim como Moita Lopes (1996) e Scheyerl et al. (1999), retomam a chamada "profecia autorrealizável" (*self-fulfilling prophecy*), desenvolvida pelos pesquisadores Rosenthal & Jacobson (1968). Partindo do pressuposto de que é inevitável esperarem-se resultados mais positivos

---

[1]   Angel M. Y. Lin em seu artigo Doing-English-Lessons in the Reproduction or Transformation of Social Worlds?, *Tesol Quarterly,* v. 33, no 3, Autumm 1999, mostra-nos o cenário de quatro classes de inglês como LE, que configuram o universo de adolescentes e jovens adultos aprendendo a conviver com professores reprodutores de um lado e, por outro lado, transformadores.

de alguns alunos que de outros, ocorre que, muitas vezes, criam-se expectativas equivocadas antes mesmo de se conhecerem os aprendizes por meio do processo avaliatório. O professor começa, então, rotulando previamente o desempenho desses estudantes, o que desencadeia aquilo que os investigadores identificaram como "efeito pigmaleão" ou *"self-fulfilling prophecy"*. Assim, no caso da pesquisa de Rosenthal & Jacobson, os alunos de uma escola pública americana, que antes de se submeterem à avaliação foram arbitrariamente escolhidos para serem bem-sucedidos, obtiveram melhores resultados. Evidente que as expectativas com relação ao esperado sucesso ajudaram a confirmar seu desempenho. O contrário também seria verdadeiro: os alunos determinados pelos professores para fracassarem terão seu insucesso confirmado[2].

A eficácia de toda prática pedagógica dependerá principalmente da filosofia de ação desenvolvida em sala com os alunos, pois o professor é quem tem a posição privilegiada de negociar, sugerir, incentivar e orientar as mudanças necessárias para que o processo de aprendizagem, como um todo, funcione de modo harmônico e produtivo (Mendes, 2007, 130). As ideias expostas por Gomes de Matos (1996) vêm reforçar a atitude positiva não só dos professores, mas também dos aprendizes, ao sugerir uma nova categoria dos direitos humanos – os direitos linguísticos – marcados pela preocupação com o próximo linguístico e com a comunicação para o bem. Tal atitude implica, assim, a necessidade de interagir com os aprendizes, conhecê-los melhor, ajudá-los a superar as suas dificuldades.

Para finalizar esta seção, gostaria de explorar melhor o problema do atraso dos alunos. Trata-se mesmo de atraso causado por motivos de trabalho ou é "aquele atraso tácito" para não serem confrontados com "aquela aula de inglês" no contexto de negatividade a que nos referimos no início? Gardner (1995) insiste em dizer, por um lado, que "ninguém motiva ninguém", observando que aulas muito bem

---

[2] É muito comum, de um ano escolar para outro, ouvirmos de colegas: "Cuidado com 'fulano', ele não gosta de estudar, ele é um zero à esquerda", o que conduziria, segundo Rosenthal & Jacobson (1968), à "profecia autorrealizável".

preparadas não garantem que os alunos sejam estimulados como gostaríamos. Segundo ele, deve haver um grande investimento no esforço pessoal. Por outro lado, também é um fato que "ninguém se motiva sozinho". Desse modo, mesmo os alunos mais entusiasmados em aprender uma LE podem se "atrasar" já na primeira ou segunda aula "chata", começam a resistir com bocejos e indisciplina na terceira aula e, com certeza, já terão desistido (mesmo frequentando) antes do final do ano letivo.

Para que o aluno absorva o conceito de humanismo como defendido por Stevick (1990) e Moskowitz (1978) e desenvolva, principalmente, o senso de responsabilidade, ele deve ter "aqueles direitos" que lhe são negados pelos programas alienados de ensino de LE que não contextualizam a língua socioculturalmente; nem consideram os seus componentes identitários em conflito com aqueles outros expostos pelos materiais didáticos e pela fala geralmente monocultural de professores e livros didáticos. Com relação a esse último aspecto, o problema dos livros didáticos é com o que eles omitem, é com a história que deixam de contar. Há muitos acontecimentos da história das classes oprimidas que não são contados pela crônica oficial e que poderiam expor a natureza social do conhecimento e incentivar nos alunos a coragem cívica e o senso de justiça social.

Trata-se da história de negros, homoeróticos, mulheres, povos das florestas, camponeses e outros segmentos minoritizados da sociedade que nunca são tematizados em materiais didáticos de um modo geral. Tudo isso deveria ser recriado em aula de LE por meio de atividades como dramas, *role plays*, simulações, leituras, projetos especiais (Peterson, 1991, 170) para que conteúdos linguísticos possam estar vinculados a cenários multiculturais, multiétnicos, "multigeneri", mediadores da conscientização crítica no contexto da aula.

Autores como Cortez (2003, 230-231) sugerem a aplicação de um questionário para que o professor possa sondar o histórico de seus alunos conhecendo os seus interesses antes de fixar seu plano de aula. Para Rajagopalan (2003, 65), a questão que deveria nortear a elaboração dos conteúdos programáticos e currículos é "por que é que os alunos querem aprender uma LE?". Uma resposta como "o acesso a um mundo melhor" demonstraria uma forte dimensão colonialista, visto que a língua e a cultura estrangeiras sempre foram apresentadas como superiores às dos aprendizes. Daí a importância de se entender o "ensino-aprendizagem de LE como parte integrante de um amplo processo de redefinição de identidades" (p. 69). Mas "é preciso dominar a língua estrangeira, fazer com que ela se torne parte da nossa própria personalidade; e jamais permitir que ela nos domine" (p. 70).

Já outros pesquisadores como Izarra (2002), Amorim & Magalhães (1998), Mota & Scheyerl (2004) e Peterson (1991) fornecem sugestões não só dinâmicas e lúdicas mas, principalmente, que motivam os professores a avaliarem seu próprio contexto de sala e criarem atividades que permitam aos estudantes refletirem sobre seu papel social, desenvolverem as suas próprias histórias ou narrativas[3] e, ao analisarem as suas próprias experiências, construírem conhecimento crítico e a lingua[gem] adequada para expressá-lo (Graman, 1998). Para Moita Lopes (2003, 53) são exatamente "os alunos pobres e os marginalizados que precisam como nunca de práticas discursivas na escola que sejam situadas, que tornem significativo para eles o que está sendo dito e o que são". Dias & Assis-Peterson (2006, 107) observam com muita propriedade que:

> se quisermos colaborar no processo de uma educação libertadora e emancipatória, almejando uma sociedade economicamente viável e democraticamente contextualizada, precisamos viabilizar uma escola que acolha a participação ativa de seus membros e aceite habilidades de pensamento crítico que vão além do que a escola tem oferecido até agora.

---

[3]   Scheyerl (2004, 65-72), in Mota, Scheyerl (2004a), orienta o educador a estimular o aprendiz a buscar a autenticidade entre os significantes em LE e os significados desejados, estabelecendo uma vinculação entre a produção de narrativas pessoais e o "estranhamento" com a cultura do outro. Através desses exercícios narrativos, o *self* se revela, então, ocupando seu espaço de autoria no texto. A escuta dessas formas discursivas de autoexpressão (basicamente histórias de vida ou narrativas pessoais dos alunos) relaciona a aprendizagem com a própria experiência do aluno, além de estimular algum tipo de reflexão crítica que modifica a imagem que os participantes têm de si mesmos e de suas relações com o mundo (M. Foucault, 1990, 48).

A ideia de aprendizado de línguas além de formas e estruturas está muito bem demonstrada no trabalho de Kramsch (1993, 13), que valoriza a relação intrínseca entre língua e cultura, mas mostra, sobretudo, como os aprendizes possam se beneficiar desse diálogo para "criar uma cultura de terceiro tipo na qual eles podem expressar seus próprios significados sem serem hospedados pelos significados de outros ou da comunidade de fala da língua-alvo". Segundo a autora, "mais do que perguntar ao final do ano escolar 'o que meus alunos lembram de tudo que eu ensinei a eles?'", a pergunta adequada é "o que terá mais valor de ser lembrado dentre as muitas coisas que os meus alunos aprenderam?" (p. 247)

Recomendo, ainda, as sugestões de Alvarenga & Bacellar (2007), as quais, mesmo direcionadas para o trabalho com alunos do curso de letras, podem, perfeitamente, constituir-se em uma excelente fonte de insumo para o desenvolvimento de interações interessantes em sala de aula que remetam sistematicamente à reflexão e à construção do pensamento crítico, tais como: escritura de diários, produção de histórias, leituras de *short stories* e apresentação oral, seleção de músicas, coral, dramatizações a partir de um tema, trechos de filmes (como, por exemplo, *Sociedade dos Poetas Mortos, Escola da Vida, Sorriso da Monalisa, O Clube do Imperador, Casamento Grego*), projetos de vida (os alunos colocam em um quadro dados sobre o momento atual, suas metas e ações para consegui-los, o que pode ser complementado também com desenhos; ao final do período letivo, eles apresentam um relato e organizam um texto produzido sob a orientação do professor quanto ao uso de determinados itens gramaticais, adequação de tempos verbais etc.) e intercâmbio com outras classes e com outras disciplinas. Muito bem-vindos também são projetos em parcerias com universidades, destinados a fomentar a colaboração entre a escola e a academia.

Mota (2004, 50-54) apresenta diversas propostas que vêm atender ao desenvolvimento da conscientização crítica. Seus exemplos vão de confrontações intertextuais, por exemplo, sobre o tema "violência" na literatura (conto *Venha ver o pôr do sol*), na telenovela (*Mulheres apaixonadas*) e na música (*Behind the Wall,* de Tracy Chapman), análise crítica do livro didático (organização de um banco de fotos – que nunca constam das ilustrações das lições – de grupos socialmente marginalizados, que possam causar no aluno determinado impacto e gerar a curiosidade para uma pesquisa que vise ampliar sua consciência multicultural), comemoração do *Halloween* confrontando-se elementos dessa tradição celta com os rituais do candomblé e com a linguagem musical, por meio da qual são selecionadas várias canções em inglês com a intenção de se enfocarem preconceitos, estereótipos, conflitos sociais[4].

A consciência crítica dos alunos começa, então, quando se dá conta do fato de que eles deixam de ser agentes passivos. É desse conhecimento crítico que falaremos na próxima seção.

Ensinar aprendendo e aprender ensinando: do humanismo à pedagogia crítica

Uma pedagogia humanizadora enfatiza a linguagem do aprendiz. Como dizem Freire & Macedo (1990, 92), "o uso bem-sucedido do universo cultural do estudante requer respeito e legitimação dos discursos dos estudantes, isto é, de seus próprios códigos linguísticos, que são diferentes, mas nunca inferiores".

---

[4] Forneço, a seguir, uma lista de universais das experiências de vida como parte do planejamento de temas interculturais na aula de LE, a qual não pretende ser exaustiva. Ela representa apenas uma enumeração inicial das categorias que devem desempenhar um papel importante na escolha de temas do nosso mundo real e que podem ser compartilhados por todos os seres humanos, independentemente de sua origem ou cultura: experiências existenciais básicas: nascimento, morte, o ser e o estar no mundo; a identidade pessoal (experiência com o próprio eu, características pessoais); a identidade social no âmbito privado (a comunidade privada, por ex. a família, a experiência com o "nós"); a identidade social no âmbito público (por ex. vizinhança, paróquia, a experiência com "eles"); relacionamentos: o amor, a amizade (a experiência com "você"); a habitação / moradia (a casa, o lar); o meio ambiente, a natureza, a civilização; o trabalho, a sobrevivência; educação; meios de subsistência (alimentação, vestuário); mobilidade (experiência com lugares, o trânsito); o lazer / as artes; meios de comunicação (utilização de códigos, a mídia); Saúde, doenças, higiene; orientação de valores e normas (princípios éticos e religiosos); experiência histórica (o passado, o presente, o futuro); dimensões espirituais (autorreflexões, fantasias, lembranças, emoções).

Assim, Graman (1998, 438) enfatiza que o aprendizado da LE deve ter como foco o conteúdo em vez de aulas explícitas sobre gramática, vocabulário ou pronúncia. Aplicando no aprendizado a denominada "pedagogia da libertação", como concebida por Freire, estudantes e professores têm a oportunidade e o meio de fazer mais do que aprender língua: eles podem ganhar a liberdade para pensar e agir como seres criticamente conscientes. Esse é o propósito humanizador da educação.

Abraçar a ideologia freiriana no aprendizado de uma LE é especialmente desafiador com grupos menos conscientes criticamente. Isso porque o que parece ser mais difícil nessa ideologia não é a discordância ou o debate, que são altamente desejáveis. Pelo contrário, é a recusa das pessoas em pensar por conta própria. Assim, torna-se um grande desafio ajudar os alunos a começarem a buscar e examinar criticamente as bases para suas visões. Nas palavras de Freire (1979, 35):

> os oprimidos, que introjetam a "Sombra" dos opressores e seguem suas pautas, temem a liberdade, na medida em que esta, implicando na expulsão desta sombra, exigiria deles que "apreendessem" o "vazio" deixado pela expulsão, com outro "conteúdo" de sua autonomia. O de sua responsabilidade, sem o que não seriam livres. A liberdade, que é uma conquista, e não uma doação, exige uma permanente busca.

A ausência de consciência crítica em nossas salas de aula deve-se, segundo Freire, aos seguintes "pecados" do nosso sistema educacional: o professor é o "sabe-tudo" e o educando pouco ou nada sabe; o professor emite comunicados em vez de se comunicar; a escola é quem determina planos de curso e programas e cabe aos alunos se adequarem aos mesmos.

No conceito da pedagogia da libertação, Freire, então, formula duas concepções de educação que se opõem. A primeira é a "concepção bancária", por meio da qual o saber seria concebido como uma doação dos que se julgam sábios aos que nada sabem. Nesse contexto, a aprendizagem se torna uma espécie de "depósito", como ocorre nos bancos, o que é comparável à distinção feita por Canagarajah (1999) entre teorias de reprodução e teorias de resistência. De acordo com as teorias de reprodução, a orientação é transmitir a língua, a cultura e os valores associados a ela de forma imediatista, ignorando-se o custo social a ser pago. Segundo essa visão, os aprendizes seriam "moldados" convenientemente pelos educadores. Já a perspectiva de resistência busca o potencial de questionamento e autoafirmação dos alunos, procurando neutralizar a influência estrangeira por meio do diálogo entre as culturas em conflito.

A outra concepção é a educação problematizadora, em que educador e educando aprendem juntos e estabelecem uma relação dialógico-dialética. Ambos fazem interagir saberes e produzem conhecimento. Independentemente de etnia, idade e sexo, Freire pensou em uma educação na qual existiriam o sonho e a responsabilidade de todos aqueles envolvidos no processo educativo, como alunos, pais de alunos e a própria voz da escola, para construírem juntos um currículo alternativo que represente a natureza do conhecimento como socialmente negociado e pessoalmente relevante para professores e alunos. Trata-se, assim, de um movimento incessante de reflexão e ação e, como bem pontua Graman (1998, 441), é na sala de aula, como um recorte, e não uma simulação do mundo real, onde alunos e professores analisam criticamente problemas reais e agem para resolvê-los.

É preciso que os professores aprendam a levar os alunos a aprenderem tanto o que dizer em inglês como, principalmente, como pensar por si próprios e expressarem esses pensamentos na nova língua. Por outro lado, também é preciso que saibam defender junto à coordenação a necessidade da construção conjunta de programas e currículos, tornando a escola um ambiente favorável para a consolidação da autoestima do aluno e da autonomia profissional dos docentes. Essa é exatamente a perspectiva que defendemos – aquela em que a escola se compromete a exercer seu papel transformador, de que nos fala Freire, que, ultimamente, costuma-se rotular de "pedagogia crítica". Fazemos nossas as palavras de Guilherme (2002, 17):

> [...] Critical Pedagogy supplies us with some pedagogical perspectives and processes, [...], namely reflection, dissent, difference, dialogue, empowerment, action and hope, that are to be considered tools for a critical approach to foreign languages/cultures.

O papel transformador perpassa quatro frentes de ação, que seguem exatamente os princípios que norteiam a pedagogia crítica: o dissenso (que conduz à reflexão crítica), o diálogo, a ação, o empoderamento e a esperança (Guilherme, 2000, 40-57). São elas:

Primeira: Considerar a importância da cultura de aprender, que segundo Almeida Filho (1993) é uma das forças atuantes na aprendizagem de LE e que incorpora as crenças, os mitos, os pressupostos culturais dos aprendizes durante seu aprendizado. Para esse autor, a falta de convergência entre a cultura de aprender e a cultura de ensinar do professor pode resultar em resistência na aprendizagem por parte dos alunos. Uma boa conversa sobre como se aprende a aprender, sobre crenças e sobre a criação de motivações e expectativas entre os atores sociais do processo identificará melhor as fontes de tensão que interferem no aprendizado da LE[5]. Vejo essa frente como uma etapa de "preparação do agir do professor".

Segunda: Estimular a implantação de materiais didáticos que integrem conteúdos pautados na diversidade cultural, modificando os padrões vigentes de ensinos e padrões avaliatórios que oportunizem a inclusão de alunos de classes populares.

Terceira: Empoderar a cultura escolar, como concebido por Mota (2004, 44), "promovendo a equidade educacional, redimensionando a distribuição do poder na estrutura organizacional da escola e incluindo a participação efetiva de todos os membros da comunidade escolar". Considero a 2ª e a 3ª frentes uma "resistência às práticas opressivas" (Rodrigues, 2006).

Quarta: Construir, finalmente, o conhecimento em parceria com o aluno, ajudando-o a percorrer reflexivamente todos os esquemas re-

---

[5]   Segundo Leffa (2006, 15), uma maneira de se reduzir o "filtro afetivo" (conceito desenvolvido por Krashen) – aquela barreira emocional que pode ameaçar a aprendizagem da LE – seria a de tentar manter nos alunos uma integração, por meio da qual aprendem-se todas as habilidades da língua, associada aos aspectos e questões culturais, em oposição a uma motivação instrumental, em que o aluno só visa à sua necessidade imediatista de aprender a língua estrangeira, e não porque a aprecie ou porque queira exercer um direito de cidadania.

ferenciais que conduzem ao entendimento desse conhecimento. Inspirada novamente em Rodrigues (2006, 137), denomino essa última frente de "transgressão das práticas opressivas", considerando que alcançar o conhecimento defendido aqui significa romper com todos os opressores do sujeito da educação. Nesse sentido, aprender uma língua estrangeira significa subverter e transgredir padrões.

Finalizo com o seguinte poema de Miroslav Holub (1967):

THE DOOR

Go and open the door.
Maybe outside there's
a tree, or a wood,
a garden,
or a magic city.

Go and open the door.
Maybe a dog's rummaging.
Maybe you'll see a face,
or an eye,
or the picture
of a picture.

Go and open the door.
If there's a fog
it will clear.

Go and open the door.
Even if there's only
the darkness ticking,
even if there's only
the hollow wind,
even if nothing is there,
go and open the door.
At least there will be a draught.

Abordagens alternativas no ensino de inglês

ARISVALDO BENEDITO DA SILVA *pergunta*

ADELAIDE P. DE OLIVEIRA *responde*

ARISVALDO BENEDITO DA SILVA: Embora o objetivo dos PCNs de língua inglesa seja o ensino da leitura e da escrita, resolvi trabalhar em minhas salas, também, a fala e a audição. Pelo fato de eu não saber o que os meus novos alunos haviam trabalhado no ano letivo anterior, resolvi agir como se todos tivessem um parco conhecimento da língua. A gramática, deixei em segundo plano e passei a trabalhar com *show and tell*, TPR, o *audiolingualism* e conto uma piada no meio ou no final da aula para descontrair, quando os alunos ficam irrequietos, o que tem dado certo. Eles não estão esquecendo o que estão aprendendo e ainda estão motivados a estudar sozinhos: tenho relatos de estudantes que estão buscando livros e dicionários para estudos extraclasse.

Como trabalho sob contrato, meu medo é o de que o meu método dê realmente certo, meus alunos fiquem prontos para dar um segundo passo no próximo ano letivo, mas voltem a cair nas "mãos" de professores que os façam regredir e desgostar da matéria.

O que fazer para a educação pública de língua inglesa dar certo, sendo que, cada professor, a cada ano, monta seu próprio currículo, à revelia?

Adelaide P. de Oliveira: O dilema apresentado por Arisvaldo Benedito da Silva pode ser dividido em quatro subdilemas:

1. Fazer diferente.
2. Criar seu próprio "método".
3. Ter medo de que seu "método" dê certo.
4. Permitir que os alunos caiam nas "mãos" de professores inexperientes.

Isso me faz lembrar o título de um livro que me guia até hoje – *The Courage to Teach*, de Parker (1998). Para ensinar é preciso ter coragem. O professor sempre se pergunta o que ensinar, como ensinar o assunto, algumas vezes por que ensinar o assunto, mas raramente o professor se pergunta "quem ensina". E essa pergunta leva a duas outras: "Como a qualidade do meu ser forma – ou deforma – a maneira como me relaciono com os alunos, minha matéria, meus colegas, meu mundo? Como as instituições sustentam e aprofundam o estado de ser do qual o bom ensino emerge?" (Palmer, 1998, 4).

Ensinar é uma atividade solitária. O professor é um dos poucos profissionais que, apesar de estar sempre rodeado por pessoas, trabalha em um ambiente a portas fechadas, e sempre só. As pessoas que o rodeiam, os alunos, desconhecem seu ofício. Enquanto advogados argumentam seus casos frente a outros advogados e médicos operam sob o olhar de outros médicos, "o professor pode perder o apagador ou amputar um membro errado e não haverá testemunhas, a não ser as vítimas" (Palmer, 1998, 142). O professor, mesmo em um contexto onde há outros que ensinam a mesma disciplina, raramente discute suas crenças e os princípios que regem seu ensino. No máximo, troca ideias, na sala dos professores, sobre atividades que deram certo na sala de aula. A discussão entre professores está sempre voltada para o quê, como, por quê, mas raramente o professor discute quem ele é e no que ele acredita.

1. Fazer diferente

Seria mais cômodo seguir superficialmente os objetivos do ensino de inglês segundo os PCNs e enfocar somente a leitura e a escrita.

Mas esse objetivo não traz a satisfação pessoal de que o professor necessita para continuar a fazer seu trabalho.

Fazer diferente não significa que o professor vai virar a sala de cabeça para baixo e pedir aos alunos que façam coisas do outro mundo. Fazer diferente é trabalhar, também, com as habilidades de ouvir e falar. É ter a consciência de que se o aluno precisa aprender a língua inglesa e o mundo globalizado requer certa fluência na língua, isso significa ser capaz de ler, escrever, ouvir e falar. É, também, ter a coragem de tentar pôr em prática os objetivos que estão dispostos nos próprios PCNs do ensino fundamental da 5ª à 8ª série (1998, 66-67, grifo meu):

Ao longo dos quatro anos do ensino fundamental, espera-se com o ensino de língua estrangeira que o aluno seja capaz de:

- Identificar no universo que o cerca as línguas estrangeiras que cooperam nos sistemas de comunicação, percebendo-se como parte integrante de um mundo plurilíngue e compreendendo o papel hegemônico que algumas línguas desempenham em determinado momento histórico;
- **Vivenciar uma experiência de comunicação humana**, pelo uso de uma língua estrangeira, no que se refere a novas maneiras de se expressar e de ver o mundo, refletindo sobre os costumes ou maneiras de agir e interagir e as visões de seu próprio mundo, **possibilitando maior entendimento de um mundo plural e de seu próprio papel como cidadão de seu país e do mundo**;
- Reconhecer que o aprendizado de uma ou mais línguas lhe possibilita o acesso a bens culturais da humanidade construídos em outras partes do mundo;
- Construir conhecimento sistêmico, sobre a organização textual e sobre **como e quando utilizar a linguagem nas situações de comunicação**, tendo como base os conhecimentos da língua materna;
- Construir **consciência linguística e consciência crítica dos usos que se fazem da língua estrangeira** que está aprendendo;
- Ler e valorizar a leitura como fonte de informação e prazer, utilizando-a como meio de acesso ao mundo do trabalho e dos estudos avançados;

- **Utilizar outras habilidades comunicativas, de modo a poder atuar em situações diversas.**

Ou seguir os PCNs para o ensino médio:

> Assim, além da competência gramatical, o estudante precisa possuir **um bom domínio da competência sociolinguística, da competência discursiva e da competência estratégica.** Esses constituem, no nosso entender, **os propósitos maiores** do ensino de língua estrangeira no ensino médio. [...] Afinal, para poder **comunicar-se numa língua qualquer** não basta, unicamente, ser capaz de compreender e produzir enunciados gramaticalmente corretos. É preciso, também, conhecer e empregar as formas de combinar esses enunciados num contexto específico de maneira a que se produza **comunicação** (PCN, 2000, 29, grifo meu).

Os objetivos são bastante abrangentes e requerem que o professor tenha uma formação acadêmica que lhe permita atingi-los. O professor precisa ter não só o domínio da língua, mas também a consciência do significado de ensinar uma língua estrangeira.

Quando alguém afirma que "o objetivo dos PCNs de língua inglesa [é] o ensino da leitura e da escrita", resta-nos perguntar se ele, de fato, discutiu os PCNs para o ensino fundamental e médio no seu curso de formação de professor, ou se essa é mais uma outra crença que se espalha entre os professores de escolas públicas como forma de justificar o trabalho que fazem. Qualquer que seja a resposta, o professor se propõe a atingir os objetivos traçados por ele próprio, infringindo o que ele crê serem as normas ditadas pelo Estado para o ensino de língua inglesa. Dessa forma, ele demonstra não só uma atitude reflexiva como também corajosa.

2. Criar seu próprio "método"

Os métodos prescritivos são apresentados em cursos de formação de professores como a solução para todos os problemas. O método comunicativo, por exemplo, é considerado o melhor método para levar o aluno a falar a língua estrangeira, ou pelo menos assim sugerem aqueles que escrevem livros de metodologia (Richards; Rodgers, 1994; Larssen-Freeman, 1986; Celce-Murcia, 2001). Entretanto, a partir do fim da década de 1990, o conceito de método tem sido debatido e chegamos ao século XXI no que é chamado de "era pós-método" (Kumaradivelu, 2003).

Ao criar seu próprio "método", o professor deixa de ser um "técnico passivo" e passa a ser um "praticante reflexivo", como discutem Zeichner & Liston (1996). Esse professor reflexivo faz uma distinção entre a ação que é rotina e a ação reflexiva (Dewey, 1997). Na visão deweyiana, ensinar não é seguir de forma automática uma série de técnicas predeterminadas e pré-sequenciadas, mas sim uma ação que é sensível ao contexto e embasada no pensamento intelectual. O professor procura solucionar os problemas, uma vez que é visto como possuindo a "[...] habilidade de olhar o que passou de forma crítica e imaginativa, pensar sobre as causas e efeitos, derivar princípios explicativos, analisar a tarefa, e ao mesmo tempo, olhar para a frente e fazer planos antecipados" (Dewey, 1997, 13). Ou seja, o professor ao se deparar com a sua realidade de sala de aula, observou o que havia acontecido, "não foi seguido nenhum currículo pelos professores anteriores", e ao refletir sobre o contexto, planejou seu próprio método partindo do princípio que "todos tivessem um parco conhecimento da língua". O resultado, segundo o professor, foi positivo.

De acordo com Kumaradivelu (2003), a pedagogia pós-método possibilita ir além das limitações da pedagogia baseada no método. Ele propõe um sistema tridimensional de parâmetros que são:

a) particularidade;
b) praticalidade;
c) possibilidade.

O parâmetro da particularidade determina: para ser relevante, todo ensino de língua deve ser sensível a um grupo específico de professores que ensinam a um grupo particular de alunos que tem como objetivo atingir a mesma meta dentro de um contexto institucional e social específicos. O parâmetro da praticalidade, por sua vez, diz respeito à relação entre a teoria e a prática. "Este parâmetro reconhece que nenhuma teoria da prática pode ser completamente útil e utilizável, a não ser que seja gerada através da prática" (Kumaradivelu, 2003, 35). O parâmetro da possibilidade, por sua vez, está ligado à pedagogia crítica freiriana. As relações de poder e dominação devem ser levadas em consideração e é necessário o entendimento de que qualquer tipo de ensino pode criar e sustentar desigualdades sociais. Há uma preocupação com a identidade e com a posição de sujeito do aluno e do professor.

Os cursos de formação de professores poderiam dar as ferramentas necessárias para que os alunos-professores pudessem refletir sobre as suas crenças e, dentro dos três parâmetros descritos acima, chegar a seu próprio "método", como fez o professor Arisvaldo. Ao deixar a "gramática para o segundo plano", por exemplo, o professor conseguiu quebrar a barreira do que é previsto nos PCNs (2000, 26):

> Assim, as línguas estrangeiras na escola regular passaram a pautar-se, quase sempre, apenas pelo estudo de formas gramaticais, pela memorização de regras e pela prioridade da língua escrita, e, em geral, tudo isso de forma descontextualizada e desvinculada da realidade.

3. Ter medo de que seu "método" dê certo

É interessante como o medo nos acompanha desde o tempo do jardim de infância. Lembro-me bem do medo que tinha da professora sempre que ela gritava com os meus colegas. Depois, no primário, como tinha medo de ficar de castigo se não tivesse feito o dever de casa. Além disso, há todos os outros medos que nos perseguem durante a vida escolar: o medo de perder o ano, o medo de não entender a aula, o medo de perguntar. Ou seja, medo e educação, paradoxalmente, andam de mãos dadas.

Não é a toa que o professor tem medo de que seu método dê certo. Ele, também, deve ter sido educado no sistema do medo. Contudo, o medo que ele demonstra é o contrário do esperado. Ou seja, seria esperado que ele tivesse medo de seu "método" dar errado. Mas não, o medo vem justamente porque seu "método" está dando certo.

O professor diz que "trabalha sob contrato", o que me leva a crer que ele não deve ser parte efetiva do corpo docente da escola. Pode-se entender nas entrelinhas que se o "método" der certo, ele poderá ser despedido. Tal entendimento revela a crueldade do sistema público de educação em que vivemos. Alguns dos meus alunos-professores também já foram vítimas desse sistema durante o estágio do curso de letras. Os professores regentes sentem-se ameaçados com as "técnicas revolucionárias" de ensino e, muitas vezes, obrigam os alunos-professores a mudarem seus planos de aula para não "acostumarem mal os alunos". Entretanto, se não enfrentarmos esse medo, continuando a fazer o que acreditamos, de que adianta o curso de formação de professor tornar os futuros professores profissionais reflexivos? O que estamos fazendo nós, formadores de professores, nas nossas aulas?

Celani (2006, 39) afirma que a "[...] prática reflexiva isolada não basta. É necessário que inclua [...] uma participação crítica, que inclua a responsabilidade com cidadania" Entretanto, se o Estado, apesar de propor, dentre os objetivos da educação,

- compreender a cidadania como participação social e política, assim como exercício de direitos e deveres políticos, civis e sociais, adotando, no dia a dia, atitudes de solidariedade, cooperação e repúdio às injustiças, respeitando o outro e exigindo para si o mesmo respeito;
- posicionar-se de maneira crítica, responsável e construtiva nas diferentes situações sociais, utilizando o diálogo como forma de mediar conflitos e de tomar decisões coletivas (PCN, 1998, 7)

não apoiar as iniciativas de professores que querem cumprir os objetivos oficialmente determinados, então, a solução para a qualidade da educação nas escolas públicas ficará cada vez mais difícil.

Ter medo é humano, mas é preciso combater o medo e levar adiante as crenças e valores que valem a pena.

4. Permitir que os alunos caiam nas "mãos" de professores inexperientes

Esse é um subdilema que não temos o poder de controlar. Infelizmente, não somos nós, professores, que decidimos sobre a contratação dos nossos pares. Entretanto, acredito que há uma solução se procurarmos trabalhar em comunidade. O professor é um profissional solitário. Ao sair da sala de aula, temos pouco o que dizer uns aos outros, uma vez que temos poucas experiências compartilhadas em relação às nossas crenças sobre ensino-aprendizagem. Cada um de nós é dono do seu próprio reino e não permite a entrada de outros nesse terreno. Compartilhamos lamentos e queixas: salários baixos, indisciplina, carga horária alta. Mas, raramente, sentamo-nos para discutir aquilo que de fato nos traz à escola: ensinar. Segundo Palmer (1998, 142):

> Resources that could help us teach better are available from each other – if we could access them. But there, of course is the rub. Academic culture builds barriers between colleagues even higher and wider than those between us and our students.

É preciso, então, tentar quebrar essas barreiras, sem medo, e pensar uma forma de diálogo entre os professores que ensinam a mesma disciplina, de modo que as aulas não sejam tão diferentes. Promover grupos de estudo, momentos de reflexão, ou simplesmente sentar e pensar sobre o que acontece na sala de aula e por quê. Claro está que todos têm o direito de pensar diferente e ter as suas crenças respeitadas, mas há alguém mais importante nesse jogo e que merece ser considerado: o aluno. Afinal de contas, sem o aluno, qual o papel do professor? Assim como Celani (2006), posso soar utópica, irreal e sonhadora. Mas por que não? Se citamos tanto Paulo Freire nas nossas aulas e artigos, temos que de alguma forma tentar colocar o que pregamos em prática.

5. Conclusão

A resposta à pergunta aqui feita não é simples, uma vez que envolve mais do que a vontade do professor. Pensar em como a educação pública pode ser diferente, seja em relação à estruturação do currículo, seja em relação a qualquer outro aspecto que precisa de mudança, requer de todos os envolvidos – professor, Estado, sociedade, aluno – o desejo de que essa mudança se realize. Como diz Freire (1997, 84, grifo do autor), "[...] A educação autêntica, repitamos, não se faz de A para B ou de A sobre B mas de A *com* B, mediatizados pelo mundo".

Unir as pessoas que se interessam em realizar a mudança pode ser um passo decisivo para que essa mudança se torne realidade. Enquanto cada professor lamentar os seus problemas e admitir para si e para os outros que nada há a fazer porque a instituição é mais forte, então nada será feito. Mas, se por outro lado, mais e mais professores interessados nessa mudança se unirem para buscar uma saída, talvez, tenhamos uma educação pública diferente num futuro próximo. É preciso deixar de lado o discurso da derrota e adotar ações que levem à vitória.

Aprendizagem/ensino de segunda língua e fossilização

ZELINDA ALMEIDA SOUZA CAIRES E CLÁUDIO MOISÉS LIMA CAIRES *perguntam*

RICARDO AUGUSTO DE SOUZA *responde*

ZELINDA ALMEIDA SOUZA CAIRES E CLÁUDIO MOISÉS LIMA CAIRES: Muitas dúvidas têm surgido em relação à aprendizagem dos alunos. A interrogação mais importante para nós é a que se refere ao processo de fossilização ao qual muitos alunos sucumbem no decorrer do estudo de um idioma estrangeiro.

Segundo Selinker, a fossilização acontece quando o aluno insiste em usar a interlíngua que criou em sua própria mente para ajudá-lo no processo de aprendizagem da língua-alvo.

Alguns alunos, por mais que se esforcem, não conseguem obter sucesso pleno na aquisição da língua que estão estudando. Muitos acabam desistindo do curso por esse motivo.

Muitas vezes nos sentimos até temerosos ou incapazes de lidar com determinados casos que sugerem fossilização. Temos tido acesso a uma vasta literatura que lida com o problema, mas ainda não logramos traçar um plano de ação que possa nos orientar na luta contra o problema em questão.

Que atividades metodológicas eficazes podem ser utilizadas em sala de aula de ensino de língua estrangeira para que se evite ou pelo menos se amenize o processo de fossilização?

Ricardo Augusto de Souza: A aparente parada de desenvolvimento na aprendizagem não raramente demonstrada por aprendizes de línguas estrangeiras recebe na literatura especializada a denominação de "fossilização".

O termo "fossilização" parece surgir pela primeira vez como uma hipótese teórica relevante no estudo da aquisição de línguas estrangeiras em um artigo escrito por um importante linguista aplicado chamado Larry Selinker, publicado no periódico *International Review of Applied Linguistics* em 1972. O artigo de Selinker apresentava sistematicamente uma hipótese sobre a representação da língua-alvo que o aprendiz de uma língua estrangeira obtém como resultado do processo de aprendizagem. Para definir essa representação mental e estudá-la, Selinker propôs a noção de interlíngua.

Por interlíngua, entende-se o sistema linguístico aproximativo da língua-alvo que o aprendiz internaliza. Ou seja, em uma situação de aprendizagem de uma segunda língua, a hipótese de Selinker é que esteja em jogo o contato entre dois sistemas linguísticos já razoavelmente estabelecidos e um terceiro sistema linguístico que vai emergindo gradativamente, como fruto do próprio processo de aprendizagem. Os dois sistemas estabelecidos são a língua materna do aprendiz e os dados da língua estrangeira que refletem a maneira como um falante nativo daquela língua a usa e conhece. O sistema que emerge gradativamente é constituído pelos diversos momentos e estágios pelos quais o aprendiz passa, em cada um dos quais ele parece possuir um sistema internalizado que se aproxima muito em vários aspectos do sistema da língua estrangeira, mas que em outros tantos aspectos é bastante diferente.

Assim, a interlíngua não é apenas um sistema linguístico deficiente e responsável somente por erros e desvios na produção linguística do aprendiz de L2 em relação à "norma" ou ao que é mais comum ou aceitável entre os falantes nativos da língua estrangeira. O que Selinker propôs ao trazer a hipótese da interlíngua para a discussão sobre a aprendizagem de L2 foi, em essência, que o produto dessa aprendizagem é, afinal, sempre um sistema linguístico que não é idêntico ao internalizado por falantes nativos da L2, nem tampouco um sistema idêntico ao da língua materna do aprendiz, mas sim um terceiro sistema razoavelmente independente dos outros dois. Tal terceiro sistema do aprendiz de L2, ou seja, a interlíngua, pode tanto se aproximar bastante do que é posto em uso por nativos quando eles se comunicam, sendo na verdade praticamente idêntico, quanto pode ser razoavelmente idiossincrático. A ideia da interlíngua como produto da aprendizagem de uma língua estrangeira está já no texto de Selinker de 1972, mas também aparece com muita clareza em outros trabalhos que ele escreveu sobre o tema ao longo dos anos, como um livro publicado em 1992 e um outro artigo publicado em 2001, em coautoria com Usha Lakshmanan, professora de psicologia e linguística na Southern Illinois University, nos EUA, que faz pesquisas em aquisição de L2.

Pois bem, a questão da fossilização apareceu no artigo de Selinker em 1972 para definir conceitualmente um fato que parece ser bem familiar aos professores de inglês ou de outras línguas estrangeiras em geral: o fato de que no processo de aprendizagem de uma língua haverá aspectos do que é aprendido que ficarão bastante afastados daquilo que vemos os falantes da língua-alvo produzirem. Mesmo entre pessoas que aprendem a usar uma língua estrangeira para se comunicar com bastante proficiência, parece ser possível identificarmos elementos ou traços do sistema linguístico que elas internalizaram tais como pronúncia de fonemas, padrões entonacionais, morfossintaxe, aspectos semânticos, aspectos pragmáticos etc., que são claramente diferentes dos elementos ou traços equivalentes que compõem o sistema que vemos os nativos usarem. A aprendizagem de uma língua estrangeira parece encontrar aí sua principal diferença em relação à aprendizagem da língua materna: enquanto é certo que o recém-nascido, salvo casos de patologias severas, ao término de alguns anos será indiscutivelmente um pequeno falante nativo da língua de seus pais, talvez a esmagadora maioria dos aprendizes de L2 jamais será plenamente confundida com um falante nativo daquele idioma. Para denominar o fato de que aspectos do sistema linguístico ativo, quando o aprendiz usa a língua estrangeira, parecem ter "parado" de se desenvolver na direção de uma equivalência plena com o sistema posto em uso por falantes nativos linguisticamente maduros daquela língua, Selinker propôs a noção de fossilização.

Todo professor com alguma experiência profissional — assim como muitos aprendizes de inglês ou de outras línguas estrangeiras — aceita a noção de fossilização como algo quase intuitivo. Ainda que uma outra história bem diferente seja compreender as razões do produto da aprendizagem de uma língua estrangeira não ser comparável ao produto da aprendizagem da língua materna por parte de um bebê, acho que todos os que se envolvem com a aprendizagem de línguas estrangeiras acabam não demorando muito a perceber que a meta de obtenção de um nível elevado de proficiência na L2 não pode ser confundida com a meta de ser absolutamente igual, em todos os aspectos da língua-alvo, a um nativo da língua. Acredito que se em alguns casos as pessoas têm essa segunda meta quando buscam aprender ou ensinar uma língua estrangeira, elas logo descobrem o quanto ela tem de irreal.

Entretanto, um dos grandes problemas para os professores de línguas estrangeiras é trazer a questão da fossilização para nosso cotidiano da sala de aula e encarar os sérios cuidados que devemos tomar antes de afirmar que a interlíngua de nossos alunos ou alguma parte dela se encontra fossilizada.

Na verdade, as dificuldades de definir que nossos estudantes se encontram fossilizados começam pela forte variabilidade das interlínguas. Vemos situações em que, relativamente a aspectos como a produção de certos fonemas, de certas estruturas sintáticas, de certas flexões etc., aprendizes de L2 parecem ora produzir formas semelhantes ao que verificaríamos em enunciados de nativos daquela língua, ora formas claramente divergentes.

Rod Ellis, por exemplo, é um linguista aplicado que comentou e estudou bastante a variabilidade das interlínguas. Em artigo de 1999, ele explora a possibilidade de construção de um modelo das representações mentais que o aprendiz possui acerca da língua-alvo que explique a alta volatilidade da interlíngua, e para fazê-lo resenha outros estudos que investigaram essa variabilidade. A leitura desse texto de Ellis nos leva à seguinte síntese das situações nas quais a variação nas interlínguas se faz perceber:

- As interlínguas podem conter elementos que variam de acordo com a situação comunicativa.
- As interlínguas podem conter elementos que variam em função do contexto linguístico (estruturas gramaticais nas quais tais elementos podem ocorrer, por exemplo) e do contexto discursivo (produção escrita *versus* produção oral, gênero textual etc.).
- As interlínguas podem conter elementos que variam em função de condições de planejamento do evento comunicativo (maior ou menor disponibilidade de tempo para planejar os enunciados).

O que essas constatações nos dizem sobre afirmar com plena certeza que a interlíngua de um aprendiz está fossilizada? Às vezes, o que parece um elemento fossilizado, por ser discrepante do que veríamos um nativo usar, pode ser na verdade um elemento internalizado pelo aprendiz como equivalente às formas alvo (ou seja, a forma "correta") e que, para ele, "compete" com as formas alvo e "ganha" nessa competição em situações nas quais associações com variáveis como as enumeradas acima induzam o aprendiz a produzir a variação. Isso tudo, talvez, sem que nem o aprendiz e nem tampouco o professor possam perceber conscientemente.

Em um artigo de 2004, ZhaoHong Han, professora do Teachers College da Columbia University, em Nova York, aponta o fato de que, muitas vezes, ao lermos a literatura especializada, podemos nos deparar com hipóteses sobre a fossilização que a tomam como um fenômeno *global*. Ou seja, a fossilização é vista como uma situação que descreve o sistema de interlíngua do aprendiz como um todo. Isso implicaria a compreensão de que se trata de uma parada geral de desenvolvimento. Entretanto, Han (2004) nos chama a atenção para o fato de que ao separarmos, na literatura especializada, os estudos que traçam conjeturas acerca da fossilização daqueles que se baseiam em estudos empíricos, que empregaram metodologias específicas para a coleta, análise e avaliação de fatos, verifica-se que a maior parte desses últimos tipos de estudos apontam para a fossilização como um fenômeno *local*, ou seja, descrevem o estado de domínios específicos da interlíngua do aprendiz (ex. estruturação sintática, pronúncia de fonemas, produção de morfologia de flexão ou de derivação etc.), ou até mesmo aspectos ainda mais pontuais e específicos dos possíveis domínios que compõem a interlíngua. Isso, somado à questão da variabilidade intrínseca da interlíngua, faz-me acreditar que devemos procurar ser parcimoniosos com a conclusão de que alunos com quem trabalhamos têm interlínguas fossilizadas.

As interlínguas parecem ser sistemas linguísticos com forte tendência à estabilização prematura, o que quer dizer que as interlínguas tendem a adotar como formas estáveis construções e padrões que ainda não se acomodaram plenamente às formas que são empregadas por nativos na comunicação. Uma das razões prováveis para isso talvez seja o fato de que grande parte dos aprendizes de L2 são indivíduos cognitivamente maduros, o que os leva a sentir grande pressão para comunicar seus pensamentos e sentimentos. Possivelmente, tais pressões internas para ser capaz de comunicar-se fazem com que aprendizes de L2 se amparem em formas linguísticas internalizadas apenas suficientemente boas para a comunicação de noções e ideias, ainda que tais formas sejam discrepantes do sistema linguístico alvo em sua apresentação madura. Entretanto, a estabilização prematura não implica necessariamente que novas reestruturações da interlíngua jamais possam voltar a se dar em função de exposição prolongada à língua-alvo e de experiências com seu uso.

Em última análise, tanto a interlíngua como a fossilização são fenômenos mentais complexos, nos quais influem um número grande de variáveis cognitivas, além de variáveis ambientais, sociais e até mesmo de ordem emocional. Muitas vezes, essas variáveis atuam fora do âmbito de representação mental ao qual o próprio aprendiz tem acesso consciente, o que faz com que se nós, professores, assumíssemos a responsabilidade de controlá-las, muito possivelmente estaríamos diante de tarefa inviável.

Não obstante, ainda que inexistam estratégias pedagógicas para o ensino de línguas estrangeiras capazes de evitar a fossilização, há escolhas didáticas que podem ser tomadas e posturas que, se adotadas por professores, podem fornecer aos alunos maiores chances de desenvolvimento interlingual.

Todos já ouvimos falar do "task-based language teaching". Um ótimo livro que apresenta os princípios da proposta e a exemplifica bem foi escrito pelo já citado Rod Ellis e publicado em 2003. Ellis nos mostra como a noção de tarefa na literatura em aquisição de L2 e ensino de línguas recebe definições variadas, porém sempre convergindo para um mesmo ponto em comum: as tarefas diferem dos tradicionais exercícios por permitirem que o aprendiz atue primariamente como um usuário da língua-alvo, ainda que permitindo que seu foco de atenção mova-se, se necessário, para aspectos das formas linguísticas escolhidas e da adequação dos significados por elas engendrados. As tarefas são também diferentes dos exercícios por terem por produtos almejados não apenas objetos tais como uma resposta certa ou errada, mas sim objetos socioculturais mais amplos, tais como, por exemplo uma carta para uma empresa, instruções para que algo seja feito, a apresentação de uma localidade, um página para a internet.

O ensino baseado em tarefas é muito compatível com a proposta de intervenção pedagógica denominada foco na forma. Os proponentes do foco na forma o diferenciam dos currículos de ensino de línguas com foco na formas, onde o que orienta o professor é uma sequência de pontos linguísticos do tipo "nessa lição ensinarei tal ou qual construção gramatical, esse ou aquele som etc.". De maneira bastante geral, podemos dizer que com o foco na forma o professor intervém em situações comunicativamente significativas de acordo com a necessidade que o aprendiz apresenta para poder comunicar-se com sucesso. Assim, por exemplo, em uma tarefa cujo bom desempenho exija que os aprendizes façam uso de determinada construção linguística que claramente não faz parte de sua interlíngua de maneira completa, o professor teria a oportunidade de ajudá-los a perceber sua ocorrência em modelos apresentados, assim como induzi-los a usá-la naquele contexto ou perceber e corrigir usos inapropriados anteriormente feitos.

O ensino baseado em tarefas aliado ao foco na forma é uma proposta extremamente interessante, se bem implementada na sala de aula, do ponto de vista do que se sabe atualmente sobre a interlíngua, a fossilização e a aquisição de L2 como um todo em função de algumas características que vale a pena enfatizar.

Em primeiro lugar, trata-se de uma proposta que engaja o aprendiz com experiências ricas e significativas de uso da língua-alvo. Esse engajamento é crucial para obtermos o máximo do foco atencional do aprendiz, sendo que a atenção é uma condição absolutamente necessária para que o aprendiz processe os dados da língua-alvo aos quais será exposto. A execução de tarefas, por sua vez, oferece contextos apropriados para que uma multiplicidade de textos orais e escritos na língua-alvo (ou seja, contendo os dados que poderão mobilizar a reestruturação da interlíngua do aprendiz) sejam apresentados e absorvidos em abundância, estabelecendo-se potencialmente um ciclo virtuoso de uso e exposição à língua-alvo.

Em segundo lugar, o ensino baseado em tarefas e a intervenção do professor orientada pelos princípios de foco na forma poderão fornecer aos aprendizes amplas chances de deparar-se com oportunidades de notar lacunas em sua interlíngua e, portanto, de reestruturá-las, assim como fornecer ao professor muitas oportunidades de introduzir elementos do sistema linguístico e fornecer *feedback* corretivo[1] ao aprendiz, se necessário. Isso com a vantagem de que será a situação

---

[1]   Há bastante discussão e pesquisa, já feita e em andamento, sobre o impacto do *feedback* corretivo sobre a aprendizagem de L2. Há quem aponte evidências de que esse tipo de *feedback* é inócuo, mas há quem aponte evidências contrárias, examinando o impacto diferenciado de diversas estratégias de *feedback*. Para o professor, acredito que a mensagem importante é que se o *feedback* corretivo pode ser um instrumento com o qual ele dá oportunidades ao aprendiz de desenvolver sua interlíngua, então ele é útil. Entretanto, é necessário ter bom-senso para não abusar de correções e escolher as maneiras de corrigir, é claro.

comunicativa que levará ao foco nos elementos linguísticos, sejam eles quais forem. Trata-se de uma vantagem imensa sobre os currículos tradicionais, fechados em sequências de formas e estruturas linguísticas, que muitas vezes chegam à tolice de especificar que as lições x e y serão o momento do aprendiz aprender, por exemplo, a formação do tempo passado em inglês. Ora, diante da complexidade cognitiva da aquisição de línguas, é possível concluirmos que nada mais falso do que a crença em que a semana de nossa lição sobre a formação do passado foi a semana na qual esse elemento linguístico foi, ou deveria ter sido, plenamente internalizado na representação mental de interlíngua do aprendiz. Uma abordagem didática que faça com que qualquer elemento, ou traço, possa ser enfocado conforme sua necessidade na situação comunicativa soa como bastante superior a um ensino baseado em sequências pré-fabricadas.

O ensino baseado em tarefas, se contar com o máximo da criatividade e da inventividade que costuma ser uma marca típica do trabalho do bom professor de línguas estrangeiras, realizará a exposição à língua-alvo e oferecerá ao aprendiz oportunidades de uso da mesma em situações e contextos muito diversificados, tanto do ponto de vista comunicativo quanto do ponto de vista das exigências cognitivas. Se retomarmos a síntese das contingências de variabilidade das interlínguas, a partir do artigo de Ellis (1999), podemos no mínimo formular a hipótese de que essa proposta didática poderá oferecer ao professor e ao próprio aluno oportunidades de defrontar-se com formas variantes da interlíngua e trabalhá-las no contexto didático da sala de aula.

Por fim, gostaria de mencionar que, para lidar com a interlíngua e a fossilização, devemos ser sempre muito sensíveis aos objetivos e necessidades de nossos alunos no aprendizado de uma língua estrangeira. A medida do sucesso ou do insucesso na aprendizagem só pode ser estabelecida em função desses objetivos. Se um aprendiz apresenta como necessidade primária ser bastante funcional com leitura e escrita na l2, será que a ocorrência de aparente fossilização de aspectos da dimensão fonológica deveria ser tomada como extremamente grave? Será que o nível de habilidade linguística que se espera de alguém que queira travar negociações em inglês é o mesmo que se espera de alguém que queira ser capaz de obter informações ao viajar? Ou ainda, será que o nível de habilidade em L2 do aprendiz que vai travar negociações tem que ser o mesmo tanto nas negociações quanto em situações em que se discutem outros assuntos pelos quais ele ou ela não tem interesse tão grande?

A maior lição dos meus muitos anos de pesquisa em aquisição de segunda língua e de conceitos como interlíngua e fossilização é aprender a ver e admirar a complexidade do fenômeno mental que é aprender a funcionar em duas ou mais línguas. Se soubermos olhar essa intricada capacidade humana com olhos realistas e também transmitir a nossos alunos metas igualmente realistas, provavelmente poderemos dirimir um pouco o problema da desmotivação dos alunos.

Preconceito contra o ensino de língua estrangeira na rede pública

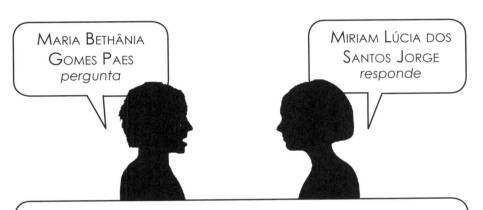

Maria Bethânia Gomes Paes *pergunta*

Miriam Lúcia dos Santos Jorge *responde*

MARIA BETHÂNIA GOMES PAES: Minha preocupação é a resistência dos alunos em se dedicarem à disciplina de língua inglesa. Por mais que a aula seja prazerosa, que os alunos percebam e entendam a utilidade de conhecer uma segunda língua, ao fim das aulas, é comum algum deles dizer:

"Professora, o problema não está em sua aula ou em aprender um pouco de inglês. O problema é: para que aprender inglês se não sabemos falar corretamente o português, nossa língua nativa?"

Os alunos entendem que como não falam sua língua materna segundo o que prevê a gramática tradicional, é preciso primeiro "falar bem" a língua nativa para depois se dedicarem ao estudo de uma segunda língua.

Outro fator que contribui para a discriminação em relação às aulas de língua inglesa está associado à localização dos municípios. Em experiências em sala de aula, em municípios menores, notei que o preconceito em relação às aulas de língua estrangeira é mais acentuado, pois os alunos não têm perspectivas de cursar um curso superior ou sair da cidade onde moram em busca de novas e melhores oportunidades. Os alunos de localidades menores afirmam estudar apenas para concluir o ensino médio, mas não percebem o conhecimento adquirido na escola, principalmente o de língua estrangeira, como um facilitador no mercado de trabalho, já que tal conhecimento não é fator valorizado nas atividades exercidas nas comunidades onde vivem.

A desvalorização da língua inglesa no ambiente escolar também é percebida em docentes de outras disciplinas. A propagação de ideias por parte de alguns profissionais da educação de que a disciplina A ou B são mais importantes que o inglês, pois aquelas reprovam e esta não, também contribui para o descaso de alguns alunos em relação à aprendizagem de língua estrangeira.

Em cidades um pouco maiores e mais desenvolvidas, percebi que o descaso em relação à língua inglesa não é tão acentuado, dado que a maior parte de docentes e discentes reconhece a importância do conhecimento de uma língua estrangeira, visando, principalmente, a melhores oportunidades de trabalho oferecidas àqueles que conhecem uma segunda língua.

As diferenças culturais existentes entre os habitantes de municípios com diferentes graus de desenvolvimento influenciam no preconceito em relação ao ensino de língua inglesa?

Miriam Lúcia dos Santos Jorge:

1. Língua estrangeira na escola: por quê?

Um dos pilares da elaboração de qualquer proposta de ensino de inglês em escolas está na compreensão dos objetivos de seu ensino. A língua estrangeira é um componente essencial para a educação básica dos brasileiros e precisa ser considerada como uma área de conhecimento tão importante quanto outra qualquer. Obviamente, sendo eu professora de inglês, tendo a perceber a língua estrangeira como um espaço privilegiado em relação aos contextos culturais, políticos e sociais na contemporaneidade. No entanto, mais que uma parcialidade estimulada pela minha profissão, justifico meu ponto de vista por considerar que a principal razão para perceber esse privilégio vem de minha percepção do papel **educativo** da língua estrangeira.

Professores e alunos de inglês tendem a perceber o lugar da língua estrangeira no currículo principalmente a partir das possibilidades de seu uso prático: obtenção de emprego, viagem internacional, aprovação no vestibular etc., que realmente são justificativas importantes para a inclusão das LE no currículo da educação básica. Gostaria de questionar, no entanto, se seriam essas as principais razões para o ensino de LE na escola. Minhas reflexões levaramme a observar a importância da LE para muito além de seus usos práticos. Gosto de ressaltar as possibilidades da educação plena do indivíduo, que podem ser propiciadas e potencializadas pelo contato com a LE. Assim, defendo a priorização do ensino da língua por seu caráter educativo.

O caráter educativo do ensino de uma LE está nas possibilidades que o aluno pode ter de se tornar mais consciente da diversidade que constitui o mundo. As múltiplas possibilidades de ser diferente, seja pela cultura, seja pelas identidades individuais, podem fazer com que o indivíduo se torne mais consciente de si próprio, em relação a seu contexto local e ao contexto global.

A língua inglesa tem sido considerada como uma língua internacional que pode facilitar a comunicação no mundo globalizado, sendo o chamado *inglês internacional* tratado como uma língua neutra, que pode ser ensinada a todos. No entanto, muitos estudiosos da área de **linguística aplicada crítica** têm questionado o *status* dessa língua como língua internacional, pois não existem línguas neutras: todas as línguas estão vinculadas a uma cultura e todo ensino tem implicações ideológicas.

Quando ensinamos inglês, por exemplo, usamos materiais que ensinam uma variante dessa língua, a língua falada por falantes brancos, de classe média, moradores de grandes centros urbanos e com alto grau de escolaridade. Normalmente, quem estuda inglês refere-se ao inglês britânico ou ao inglês americano. E o que acontece com o inglês falado na Austrália? Na Índia? Na África? E o inglês falado pelas comunidades de imigrantes que vivem nos Estados Unidos e Inglaterra? E o *ebonics*, inglês falado pelos afro-americanos? Por que esses diferentes "ingleses" não são ensinados? A resposta para esse questionamento é bem complexa. Podemos afirmar, no entanto, que os pesquisadores que discordam da neutralidade do inglês como língua internacional defendem que o ensino de inglês – como de toda e qualquer língua estrangeira – deve ser feito levando em conta as necessidades *do local* onde essa língua é ensinada, ressaltando que o objetivo maior do ensino de inglês no mundo globalizado é criar oportunidades para o aprendiz participar da globalização de maneira emancipada. Aprender inglês deve empoderar os aprendizes, e não torná-los submissos a determinada forma de *imperialismo linguístico*. É por isso que não podemos deixar de considerar o **valor educativo** de uma língua.

Muitos professores (de LE ou não) pensam que ensinar uma língua significa apenas ensinar sua gramática e seu vocabulário. A aprendizagem na escola frequentemente é voltada para tradução e memorização, para o desenvolvimento da competência linguística. Raramente existe a preocupação com a comunicação (apesar de o cenário atual estar muito mais interessante do que era há uns anos atrás). Ensinar uma língua é muito mais complexo que isso. Saber a gramática e vocabulário é muito importante para aprender a se comunicar na língua estrangeira. No entanto, precisamos pensar que, mesmo sem perceber, quando ensinamos uma língua estrangeira estamos ensinando muitos outros aspectos relacionados a ela, tal como a cultura de um país, maneiras de representar um povo etc. O valor educativo de uma língua é importante por poder criar oportunidades para que os educandos e educandas possam:

— refletir sobre a língua e cultura materna;
— aprender sobre a diversidade cultural que existe no mundo e no seu próprio país;
— pensar no que significa ser jovem, criança, adulto em outras partes do mundo;

— compreender as diferenças culturais como parte da riqueza da diversidade humana;

— conhecer literatura de várias partes do mundo, assim como outras formas de expressão artística etc.

Quando as práticas escolares compreendem o ensino de gramática e vocabulário, por meio de temáticas e tarefas desvinculadas das necessidades dos alunos, podemos ter muitos problemas, como o chamado "desinteresse" dos alunos.

2. Os alunos: resistência ou desinteresse?

Muitas vezes, as escolas desconhecem a condição de ser jovem, negro, trabalhador, pai, mãe e tantas outras marcas das identidades de nossos educandos. Esse desconhecimento pode ser evidenciado na estruturação dos currículos, na escolha de materiais didáticos, nas imagens trabalhadas nas aulas, no funcionamento da escola, na seleção de temas e conteúdos etc. No caso do inglês, por exemplo, encontrei muitos professores que trabalham sempre o famoso verbo *to be*, listas de palavras que precisam ser traduzidas e memorizadas, e outras práticas distantes das realidades socioculturais dos nossos educandos. Também há professores que se preocupam em trabalhar com princípios mais comunicativos para o ensino de LE, e, mesmo bem-intencionados, trabalham com temáticas muito distantes das necessidades de seus alunos, resultando em desencontros com consequências bastante inibidoras do nosso trabalho.

O resultado desses desencontros, muitas vezes, é interpretado como simples (ou complicada!) oposição dos alunos. "Eles não querem aprender", "Eles não têm interesse", dizem os professores. No entanto, outra possibilidade de interpretação, está na compreensão de que os jovens que frequentam a escola, por sua condição juvenil, têm resistido de maneiras diferentes a qualquer proposta de educação que não lhes pareça adequada a suas realidades.

Não teriam razão esses jovens e adolescentes que resistem ao que a escola lhes propõe como educação? Com tantas vivências e culturas diferentes dos grupos sociais e etários, podem as aulas de inglês continuar favorecendo um ensino afastado dos sujeitos socioculturais aos quais se pretende ensinar inglês?

O comportamento dos alunos é muito mais uma forma de resistência a práticas pedagógicas que não lhes são significativas. Não por acaso tantos professores, no mundo inteiro, veem que seus alunos não são mais aqueles... prefiro pensar que não se trata apenas de uma forma de manifestar desinteresse, mas uma demanda por mudanças na educação e na escola.

3. O *status* da disciplina na escola

Uma reclamação constante de professores de inglês é a pouca carga horária dedicada ao ensino de inglês nas escolas. Essa carga horária é fruto de uma cultura escolar que, por anos, entendeu a língua como um conteúdo de importância marginal. Conscientes da importância da LE, podemos hoje reeducar nossos colegas de escola, criar oportunidades para que compreendam a importância da LE. Além disso, professores precisam ser mais reivindicativos, exigir boas condições para a realização de seu trabalho. Não basta, no entanto, fazer longos discursos na reunião pedagógica da escola. Esses discursos podem ser, sim, importantes. Contudo, mais importantes serão as práticas pedagógicas inovadoras, coerentes com as necessidades de nossos alunos, que possibilitem a exploração do potencial prático e educativo do ensino de LE.

4. Cidade grande, cidade pequena: quem é seu aluno?

Outro questionamento incide sobre as *diferenças culturais existentes entre os habitantes de municípios com diferentes graus de desenvolvimento*. O que significa ser criança, adolescente, jovem ou adulto em um grande centro urbano? É o mesmo que ser jovem no meio rural? E ser morador de um condomínio fechado de luxo, que tem sua própria escola? E estudar à noite? E ser chefe de família? E ser pai, mãe?...

Tantas diferenças que se perdem quando idealizamos aqueles a quem queremos ensinar... Essas diferenças precisam ser (re)conhecidas pelo professor, precisam ser aceitas e legitimadas em suas práticas.

Podemos compreender as diferenças a partir de nossas crenças, e há o perigo de sermos exclusivamente afetados por nossos preconceitos e pelos estereótipos que temos sobre o outro, seja ele quem for. O segredo para conhecer nossos alunos pode ser a escuta sensível de suas histórias, das histórias de suas comunidades e de outras histórias que possibilitem conhecer esse aluno a partir de sua própria voz e pontos de vista. A possibilidade de conhecer os educandos do ponto de vista sociocultural nos permite propor práticas pedagógicas mais coerentes com seus desejos, sonhos, e principalmente, com a possibilidade de empoderá-los para que sejam sujeitos na construção de suas próprias histórias.

Precisamos nos esforçar e tentar compreender nossas próprias histórias, descobrir de onde vêm nossas crenças, que valores estão subjacentes às nossas práticas. Conhecendo-nos a nós mesmos, temos maiores chances de conhecer o outro sob perspectivas diferentes, pontos de vista diversos etc. Assim, podemos pensar nos objetivos educativos que orientam nossas práticas.

5. Para onde você quer levar seus alunos?

Uma pergunta que sempre considero importante um professor, de qualquer nível de ensino, enfrentar é: que professor você gostaria de ser, de que professor seus alunos precisam e gostariam de ter e que pessoas vocês gostariam de formar?

A aula de língua estrangeira pode proporcionar aos aprendizes oportunidades de compreender e explorar diferentes visões de mundo e formas de expressão, cultivando as possibilidades de uma perspectiva multicultural crítica no ensino de línguas, que não nega as diferenças e que desafiem os discursos que perpetuam hierarquias linguísticas e raciais.

Uma perspectiva crítica e multicultural para o ensino de inglês encontra, no Brasil, um contexto rico para a (re)descoberta da diversidade em nosso país. Fazemos essa afirmação a partir do entendimento que a educação em língua estrangeira pode ser feita também por meio das discussões de identidade, relações língua estrangeira e língua materna, comunicação intercultural e uma oportunidade para repensarmos as identidades raciais e sociais, dentre outras que são construídas em nosso país. Todas essas possibilidades são consequências das oportunidades de pensar o próprio eu a partir do pensar no outro, no estrangeiro.

O método "soberano" para o ensino e aprendizagem de língua inglesa

MARIA JOSÉ HAGGE
pergunta

HILÁRIO INÁCIO BOHN
responde

MARIA JOSÉ HAGGE: Eu gostaria de saber qual é o melhor ou mais adequado método para lecionar, que trabalhe todas as habilidades em inglês com pleno êxito.

Qual seria o método "soberano" a ser utilizado em um curso de inglês? Os métodos eficientes para ensinar uma língua estrangeira à criança são eficientes em igual medida para os adultos?

HILÁRIO INÁCIO BOHN: A pergunta central parece referir-se à universalidade da aplicação de determinado método de ensino de línguas, resultando dessa universalidade a sua "soberania" e a qualificação de "melhor método".

A pergunta formulada está perfeitamente dentro das aspirações humanas, uma sede infinita de saber, de conhecer o mundo, mas, ao mesmo tempo, de sentir-se seguro, ancorado em princípios da racionalidade. Podemos iniciar esta discussão salientando algumas das características do *homo sapiens* e da contemporaneidade em que o ser humano está inserido. Por que Maria José Hagge indaga sobre a soberania e a universalidade de métodos de ensino?

O aparecimento do *homo sapiens* no planeta terra pode ser explicado pela busca e pelo fascínio do ser humano em conhecer, em saber. Como sugere Coracini (2007), saber vem de saborear, sentir o gosto do mundo. É também conhecer a si mesmo e buscar a perfeição, a beleza. Uma prova dessa busca são as obras de arte espalhadas pelos museus, conventos, igrejas, residências e a própria invenção da linguagem escrita, os poemas, as novelas e romances produzidos em textos, e as milhares de histórias míticas da cultura oral dos povos. Também está na plasticidade dos monumentos, das obras arquitetônicas, dos prédios públicos e privados; a beleza também está nas criações da moda, nas confecções, nas costuras, nas roupas expostas nas vitrines das avenidas e lojas das cidades. Ultimamente também se cultiva a beleza dos corpos, ostentados, cobiçados num jogo orgiástico, segundo Maffesoli (2005, 2007), que energiza e mobiliza toda a humanidade, inclusive a ciência.

Os educadores e professores, às vezes um tanto atônitos, veem-se envolvidos nesse turbilhão de realizações e aspirações humanas que, num olhar retrospectivo, parece ter sido menos avassalador em décadas passadas. A idade moderna caracterizou-se pela análise e definição da estrutura do universo e a contemporaneidade veio adicionar a fluidez identitária, a mudança, o descentramento, a descoberta da diversidade, da diferença cultural, da subjetivação. Os estudos da psicologia e psicanálise permitem propor a noção do inconsciente, aquele outro *eu* que parece nos governar, aquele *eu* que se constitui no(s) outro(s) sem podermos necessariamente fazer a identificação dessa influência, menos ainda controlá-la.

É dentro dessa complexidade, em geral caótica, inesperada, que o professor lança aos seus alunos o convite para a aprendizagem e isso é feito dentro de determinado método: [...] "caminho para chegar a um fim. Caminho pelo qual se atinge um objetivo. Programa que regula previamente uma série de operações que se devem realizar, apontando erros, evitáveis, em vista de um resultado determinado" (Ferreira, 2004).

É nessa complexidade individual e social que a pergunta pelo "método soberano" deve ser discutida e interpretada. Como usaremos a linguagem para fazer esta discussão, interpretação e tradução para os leitores, ela não pretende ser nem soberana e menos ainda universal, mas simplesmente dialética, talvez opaca, como a linguagem utilizada para fazer a expressão do conhecimento em discussão. A leitura que se faz da pergunta também vem com os significados tingidos pela(s) ideologia(s) que governa(m) aquele que interpreta.

1. A diversidade de métodos e sua vinculação com as teorias de aprendizagem

A questão do método no ensino e aprendizagem, como na pesquisa e na própria história da ciência, é central. O método nasce de um conjunto de premissas (regras) que definem uma teoria, sejam elas linguísticas, de aprendizagem ou do próprio paradigma científico em que essa teoria se define. Por outro lado, é importante frisar que a tarefa de aprender uma língua, seja ela materna (LM) ou segunda-estrangeira (LE), envolve o desenvolvimento de competências linguísticas, isto é, a capacidade de utilizar um conjunto de regras-conhecimentos fonológicos, morfológicos, sintáticos e semânticos, coordenadas com normas de uso sociolinguístico determinadas pelo contexto em que a ação linguageira se realiza. É função da sala de aula, ou do ambiente de aprendizagem, propiciar ao aprendiz uma ecologia cognitiva e afetiva em que essas habilidades possam se desenvolver. Nesse processo, entram inúmeras variáveis, já apresentadas por Naiman et al. (1978), depois retomadas por Skehan (1989).

Entre as inúmeras variáveis independentes que afetam a aprendizagem, os autores destacam quatro áreas: variáveis referentes ao ensino, ao aprendiz, ao contexto sociocultural e as referentes ao professor. É na variável independente do ensino que se inclui a discussão do método, juntamente com o currículo, os materiais didáticos, os recursos, os insumos e a avaliação das atividades do ensino e da aprendizagem. Nas variáveis do aprendiz, a literatura destaca a inteligência, a atitude, os estilos cognitivos, as crenças, a capacidade de memória e as necessidades de aprendizagem. Um outro conjunto de variáveis destacadas na literatura, mais recentemente, dizem respeito ao contexto sociocultural do aprendiz e da escola. Incluem-se aí as discussões referentes às tensões da sala de aula, da valorização do conhecimento linguístico pela escola e sociedade, os valores familiares, as oportunidades de aprendizagem, de comunicação que a sociedade oferece ao aprendiz. O método de ensino parece estar condicionado, ou ele se constitui nesse emaranhado de variáveis que podem tornar bem-sucedida a tarefa de aprender uma língua, uma empreitada prazerosa, ou pode desenvolver-se dentro de uma relação conflituosa em que aprendiz-professor-colegas-de-aprendizagem-instituição e família batalham para que o convite de aprendizagem formulado na sala de aula ou no ambiente familiar seja aceito pelo aluno-aprendiz.

Os conflitos inerentes ao processo de aquisição de uma língua estrangeira (Coracini, 2007) não têm uma explicação fácil, mas hoje há uma tendência em remeter essa discussão à própria subjetivação do aprendiz. Esta se constitui nas sutilezas do embate social e familiar. Um ambiente solidário, uma ecologia propícia para construir pertencimentos no grupo familiar, social-escolar podem minimizar e, eventualmente, mudar o quadro de resistência à aprendizagem da língua materna ou da língua estrangeira. É verdade que essa rejeição, como Maria José parece sugerir, está presente de maneira mais robusta e com mais frequência nas salas de aula de ensino e aprendizagem de línguas estrangeiras.

Os diferentes métodos de ensino de línguas vêm vinculados a um conjunto de variáveis que se tecem na interdisciplinaridade (às vezes até da transdisciplinaridade, isto é, além das disciplinas), em que teorias linguísticas, psicológicas, psicanalíticas, sociológicas, para apenas nomear algumas, marcam encontros com os estudos da linguística aplicada. Mitchel & Myles (1998) nos dão um bom exemplo dessa diversidade em suas discussões das teorias e da diversidade dos estudos da aquisição da linguagem. Os autores iniciam sua análise com as contribuições da década de 1950, possivelmente porque foi em 1957 que Chomsky publicou seu primeiro livro, *Syntac-*

tic Structures, em que apresenta seu modelo da gramática gerativa transformacional. Em 1965, os linguistas são presenteados com o segundo livro de Chomsky, *Aspects of the Theory of Syntax,* em que o conceito de gramática universal (GU) é aprofundado, conceito que continua a desafiar os linguistas e linguistas aplicados até hoje.

Os estudos linguísticos dentro do estruturalismo (anos 1930 a 1950) deixaram uma marca, herança muito forte nas metodologias de ensino de línguas. Essa herança foi, até certo modo, continuada com as contribuições teóricas de Chomsky, quando define a língua (a gramática) como um conjunto finito de regras que produzem um número infinito de sentenças. A noção da gramática universal incluía a proposta de que a mente humana era "modelada" de maneira semelhante a essa gramática universal; ela também seria constituída pelo "domínio" de um número finito de regras que capacitavam o indivíduo a produzir um número infinito de orações. Surgem dessa proposta a teoria conexionista e as teorias cognitivistas sobre a aquisição-aprendizagem de línguas. A teoria da hipótese do *input* (insumos) de Krashen (1982) também se engendra dentro e entre essas teorizações.

O embate teórico na linguística e áreas afins nunca foi um campo tranquilo; sempre esteve agitado, e assim continua. Na Europa, especialmente na Inglaterra, Reino Unido e França, assim como nos Estados Unidos, especialmente com as propostas de Hymes, surgem movimentos que entram em conflito com a definição chomskiana de língua. Hymes, em 1972, apresenta uma forte crítica à definição de competência linguística de Chomsky (a capacidade de compreender e produzir um número infinito de orações) e propõe que a competência linguística precisa incluir a competência sociointeracional do falante. A interação entre os estudos de Hymes e os estudos de Halliday (1985) na Inglaterra cria uma ecologia favorável ao aparecimento do método comunicativo e sua utilização nas salas de aula de ensino de línguas estrangeiras. Mais tarde, o método também ingressa nas salas de aula de ensino da língua materna. Linguistas aplicados e professores continuam na busca da "pedra filosofal" do melhor método, e o método comunicativo parecia responder a muitas das expectativas de ensino dos professores. No entanto, as experiências de sala de aula na aplicação do método não produziram os resultados prometidos ou esperados. Mas a busca, assim como os conflitos, continuam; a própria definição do que seja um método comunicativo alimenta o debate. Professores ao redor do mundo criam atividades, tarefas diversificadas para serem feitas nas salas de aula, sempre na esperança de que possam finalmente criar um ambiente de aprendizagem que responda às exigências de uma sala de aula comunicativa.

O debate do método certamente não se conclui com o aparecimento do método comunicativo. Há duas propostas que se intersectam no aspecto "sócio", que certamente merecem menção. A primeira está ligada ao conceito sociocultural, enquanto a segunda se vincula à sociolinguística. Nos estudos socioculturais, conceitos como mediação, zona de desenvolvimento proximal e teoria da atividade são eixos que procuram explicar como se desenvolve a capacidade linguística dos alunos. Vygotsky (2002, 2000) é o grande inspirador e teórico dessa proposta. Schumann (1978), por outro lado, propõe que o processo de aquisição de uma língua possa ser explicado pela sociolinguística, de maneira similar a como as línguas em contato podem produzir uma nova língua, um *pidgin*, desenvolvendo-se eventualmente num crioulo: "O resultado da transformação de um pidgin, ainda que no estágio de jargão, em língua que tem falantes nativos" (Ferreira, 2004). Assim, seria possível assumir que a língua estrangeira marcaria encontros com a língua materna do aprendiz, produzindo-se a *interlíngua* (Selinker, 1972), que pode aproximar-se mais da língua-alvo, língua estrangeira, ou ficar mais perto da própria língua materna do aprendiz.

A noção do método de ensino e aprendizagem de línguas está fortemente vinculada às explicações e compreensões do processo de aquisição da linguagem. Está também fortemente vinculada à própria definição de linguagem. A história nos mostra que diferentes definições de língua-linguagem produzem diferentes propostas de ensino. Nesse sentido, a noção de método soberano parece ser bastante transitória. Assim como as identidades hoje são vistas como transitórias, móveis, fluidas, tendo as carteiras de identidade uma validade bastante limitada, assim também parecem ser os métodos: furtivos, descentrados, múltiplos, porque assim são os sujeitos aos quais se aplicam.

2. Como abordar a questão do método

A discussão ainda não responde satisfatoriamente à questão formulada: o método é soberano? Um sentido, no entanto, já parece bastante transparente: se há uma soberania, ela é passageira e, como os reinos dos soberanos, ela não é universal. Restringe-se a determinados territórios; as conquistas acontecem, mas o surgimento de novas soberanias também produz a perda de territórios. Num mundo globalizado, interconectado pela internet, essas perdas podem ser cada vez mais frequentes e rápidas. Novos reinados e soberanos estão continuamente aliciando os cidadãos fiéis para habitarem além das fronteiras e construírem aí os seus novos lares de pertencimento teórico. Fica também cada vez mais difícil para o professor enquadrar os seus alunos nos direcionamentos de *como*, *quando* e do *que* aprender. Talvez uma das questões mais cruciais a serem respondidas neste debate é o que significa aprender uma língua estrangeira.

Para esta breve discussão sobre o que significa aprender uma língua estrangeira convidamos Christine Revuz (2002) e Maria J. Coracini (2007). Revuz nos sugere alguns pontos importantes:

1. A aprendizagem das línguas estrangeiras, contrariamente às línguas maternas, caracteriza-se pela alta taxa de insucesso nas aprendizagens. Selinker (1972), em seu artigo sobre *interlíngua*, afirma que somente cerca de 5% de alunos de línguas estrangeiras chegam a uma competência semelhante à de um falante nativo. Não estamos sugerindo aqui que professores ou alunos devam ter como objetivo imitar ou replicar o falante nativo na aprendizagem da língua estrangeira. Nesse sentido, a

própria noção de "aprendizagem" e "saber" talvez mereçam uma revisão (Coracini, 2007) de quem ensina e aprende.

2. A primeira língua sempre pode ser vista como a base de aprendizagem de outras línguas e não como um empecilho, como alguns especialistas em análise contrastiva propunham (Fries, 1945; Lado, 1964). Por isso, talvez não devamos nos preocupar demais quando precisamos falar em português para socorrer nossos alunos na compreensão da língua inglesa. O entrelaçamento das duas línguas na sala de aula pode evitar as rupturas mais dolorosas (Coracini, 2007) que ocorrem na aprendizagem de uma língua estrangeira. Por isso também se explica por que comunidades ou indivíduos bilíngues têm mais facilidade para aprender um novo idioma, encontros multilíngues anteriores facilitam os encontros posteriores.

3. Por outro lado, Revuz (2002) insiste em que a aprendizagem de línguas envolve uma afirmação do *eu*, um trabalho do corpo e uma dimensão cognitiva. Nesse sentido, podemos falar numa exigência de flexibilidade psíquica e corporal do aprendiz. A língua estrangeira exige, de certo modo, uma nova construção do eu, uma revisão de tudo aquilo que está inscrito no aprendiz pela língua materna; ela vem perturbar, questionar, modificar as palavras da primeira língua. Junto com essas modificações, exige-se do aprendiz um trabalho de corpo, com a produção de novos sons, novos ritmos, novas curvas entonacionais, fluxos de ar e utilização modificada dos órgãos de produção da linguagem. Isso permite afirmar que a língua estrangeira muda a relação do aprendiz com a sua língua materna, há a entrada do *outro* nessa relação. Até certo modo, aprender uma LE é fazer uma regressão, voltar ao estado do *infans*, especialmente se a metodologia adotada privilegia a fala, a oralidade, em oposição à língua escrita.

4. O aprendiz também precisa fazer um novo recorte da realidade. É um tanto "constrangedor" para o aluno de inglês confrontar-se com expressões como "eu sou frio", "eu sou 15 anos", "eu sou cansado". O aprendiz percebe o arbitrário do signo linguístico, este torna-se uma realidade tangível, esboça-se aí o deslocamento do real e da língua. Essas descobertas, esse desnudar linguístico pode

causar exultação, euforia nos aprendizes, ou desânimo, conflito, dor e ausência. Parece correto quando Revuz (2002, 225) sugere que "apreender a falar uma língua estrangeira é, efetivamente, utilizar uma língua estranha na qual as palavras são apenas muito parcialmente 'contaminadas' pelos valores da língua materna, na medida, precisamente, em que não há correspondência termo a termo". Por isso, também podemos afirmar que o eu da língua estrangeira nunca é o eu da língua materna e que "aprender uma língua é sempre, um pouco, tornar-se um outro" (p. 227).

3. Palavras de conclusão

Como pode o "método ser soberano" se o soberano da sala de aula parece ser o aluno-aprendiz? É ele efetivamente que vai guiar o processo de aprendizagem. Cabe ao professor sempre lembrar que aprender uma língua é um processo linguístico e, como tal, a linguagem deve ser o centro de atenção dele mesmo e do aluno. O papel do professor é de mediador, provedor de tarefas e criador de ambientes de trabalho em que o aluno pode se aproximar dessa maneira nova de significar, de compreensão e produção de palavras que cultivam um novo eu, expressam uma nova subjetividade, criam novos pertencimentos, sem abandonar os previamente estabelecidos. Mas estes já não são os mesmos. Fica a saudade prazerosa de momentos vividos, significados compartilhados na língua materna e descortinam-se as emoções de sentidos novos, agora vivenciados, integrados em uma euforia quase orgástica, segundo as palavras de Maffesoli (2005), da caminhada humana. Então, *soberano* deve ser o professor, a professora, juntamente com os seus alunos, na construção de ecologias propícias para o desenvolvimento de conhecimentos linguísticos que permitem a expressão desses novos "eus" que se fazem nas salas de aula de línguas estrangeiras. Talvez possamos sugerir a volta da intuição à sala de aula. Aquilo que Bachelard (1993) chama de *a intuição do instante*. Seria necessário afastar-se do *cogito* cartesiano e permitir que a intuição produza a centelha da criação, da invenção e que a língua possa marcar encontros prazerosos com o corpo dos alunos. Segundo Bachelard, uma intuição não se prova, vivencia-se. Assim talvez a gente se libere dos fantasmas do passado e das ilusões do futuro. Fica o convite para o professor viver a casa do presente, que, segundo a sugestão de Calvino (2004), deve ter, neste início de século, as qualidades da leveza, da ligeireza, da multiplicidade, da visibilidade, mas também da exatidão e da consistência.

O ensino de língua inglesa
e a questão cultural

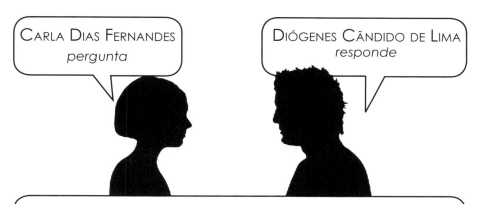

CARLA DIAS FERNANDES
pergunta

DIÓGENES CÂNDIDO DE LIMA
responde

CARLA DIAS FERNANDES: A cultura dos países de língua ingle-sa não é abordada de forma satisfatória nos livros didáticos.

Genc & Bada (2005, 75) creem que o ensino da cultura motiva o estudante de língua no processo de aprendizagem, pois aju-da o aprendiz a observar similaridades e diferenças entre vários grupos culturais e diminui as chances de haver julgamentos de valor prematuros e impróprios sobre sua cultura em detrimento da outra (ou o contrário).

Alptekin (2002) e Smith (1976 apud Genc, Bada, 2005, 75) lem-bram que a língua inglesa é a língua mais estudada do mundo inteiro, tendo recebido o *status* de língua franca. Sendo assim, para Smith (1976 apud Genc, Bada, 2005), esse *status* interna-cional do inglês atesta que a cultura não é necessitada no en-sino da língua.

Sendo assim, é possível aprender as quatro habilidades da lín-gua inglesa (oralidade, audição, leitura e escrita) sem aprender a cultura de determinados países cuja primeira língua seja o inglês? Caso a resposta seja negativa, a cultura de qual (quais) país(es) deveria ser abordada?

DIÓGENES CÂNDIDO DE LIMA: O papel da cultura no ensino e na aprendizagem de uma língua estrangeira vem sendo discutido nos meios linguísticos e tem provocado certa controvérsia entre os estudiosos do assunto. Na verdade, esse tópico tem gerado muita discussão, ultimamente, e tem deixado de ser um assunto periférico para se tornar um tema de pesquisa e investigação no campo da linguística aplicada.

Definindo cultura

É extremamente difícil definir o termo cultura. Em um mundo que vai se tornando cada vez mais internacional, a definição de cultura torna-se ainda mais complicada. Embora o termo tenha sido antropologicamente definido há mais de um século, mais precisamente em 1871, conforme afirma Hall (1961), ainda permanece um enigma. O próprio Hall entende cultura como uma forma de autoconhecimento. Segundo ele, para que um indivíduo possa conhecer a si mesmo é necessário que conheça outras culturas e que as leve a sério. Lado (1957) define cultura em termos gerais como "the ways of a people". Essa definição incorpora os aspectos material e imaterial, sendo que o primeiro é fácil de ser observado, e o segundo, mais complicado. J. A. Banks, C. A. Banks & McGee (1989) atestam que muitos cientistas entendem cultura como algo formado por aspectos simbólicos e intocáveis das sociedades humanas, o que vale dizer que a essência da cultura não são apenas os seus elementos, mas como esses elementos são entendidos e interpretados pelos membros dessa cultura. Hofstede (1984) vê cultura como uma organização mental que permite as pessoas distinguirem uma categoria social de outra. Já Damen (1987) define cultura, em forma resumida, como um mecanismo de adaptação humana.

Gorodetskaya (1996) fala de cultura, em seu sentido amplo, como sendo uma forma de vida ou um contexto dentro do qual nós existimos, sentimos e nos relacionamos uns com os outros. Para a autora, em sentido específico, cultura é um pré-projeto ou um sistema de censura social, pois ela determina certas restrições ao comportamento verbal ou não verbal do ser humano. Brown (1994) compara cultura a uma cola que une um grupo de pessoas e determina a identidade coletiva.

Adaskou, Britten & Fahsi (1990) apresentam uma definição mais específica do termo cultura, levando em consideração quatro aspectos distintos, a saber: *estético*, do qual fazem parte o cinema, a literatura, a música e a mídia; *sociológico*, que incorpora a natureza organizacional da família, as relações interpessoais, costumes, condições materiais, etc.; *semântico*, que abarca e condiciona as concepções perceptivas e os processos de pensamento e, por fim, *pragmático ou sociolinguístico*, que lida com o conhecimento e experiências práticas, e com o código linguístico necessário para uma comunicação eficiente. Cultura é definida também levando em consideração alguns contextos nos quais está inserida. Por exemplo, Kramsch (1996) fala de cultura no contexto diacrônico do tempo; no contexto sincrônico do espaço; e no contexto metafórico da imaginação.

Há quem prefira fazer distinção do termo cultura por meio de sua grafia, ou seja, cultura com **C** maiúsculo e cultura com **c** minúsculo (Tomalin, Stempleski, 1996). Cultura com **C** maiúsculo, também conhecida como feito heroico, refere-se à civilização de um povo, e inclui sua história, geografia, literatura, arte, música etc. Cultura com **c** minúsculo, comumente chamada de cultura do comportamento, tem a ver com as crenças e percepções de um povo.

Gail Robinson (1985), da área de educação intercultural, reporta que todas as vezes que perguntam aos professores de língua estrangeira o que eles entendem por cultura, suas respostas sempre se referem a três categorias, a saber: *produtos, ideias* e *comportamentos*. Para ilustrar essa situação, o autor nos apresenta um diagrama em que essas três categorias se sobrepõem. Da categoria "produtos", fazem parte a literatura, o folclore, a arte, a música e os artefatos. Crenças, valores e instituições compõem a categoria "ideias". Já a categoria "comportamentos" é formada, como o próprio nome sugere, por costumes, hábitos, maneira de se vestir, de se alimentar e de se divertir. De acordo com esse autor, cultura com **C** maiúsculo sempre fez parte do currículo de várias instituições de ensino por esse mundo afora, enquanto cultura com **c** minúsculo tem sido tratada como um assunto anedótico, periférico e complementar, quando não totalmente ignorado.

Interação entre língua e cultura

Nossa questão se encaixa no conceito de cultura com **c** minúsculo, uma vez que aborda crenças e percepções culturais expressas por meio da língua e que interferem na maneira com que as pessoas são aceitas ou não em determinada sociedade. É claro que se fala na pluralidade de culturas, em que um indivíduo pertence a várias culturas diferentes. Daí o conceito de cultura ser essencialmente plural.

O questionamento pode ser analisado, também, tomando por base a definição de cultura como padrões compartilhados de comportamentos e interações, construtos cognitivos, e compreensão afetiva que são adquiridos por meio de um processo de socialização. Esses padrões compartilhados identificam os membros de determinado grupo social enquanto, ao mesmo tempo, os distingue de outros.

Há, principalmente entre autores que atuam no campo do estudo da linguagem, os que acreditam que língua e cultura estão intrinsecamente ligados, levando em consideração o fato de que, do ponto de vista cultural, o sujeito é constituído pela linguagem. Em contrapartida, no que diz respeito ao ensino da língua atrelada à cultura, há, naturalmente, controvérsias e divergência sobre o assunto no meio linguístico e no campo do ensino e da aprendizagem de língua estrangeira (Appel & Muysken, 1987; Hyde, 1994; Scovel & Scovel, 1980). Esses e muitos outros autores acreditam que a relação entre língua e cultura não é tão forte e coesa quanto parece. Eles dizem, por exemplo, que em muitos países onde se ensina inglês como segunda língua e/ou língua estrangeira, a ênfase maior é dada a seu propósito técnico, ao invés de seus aspectos culturais. No raciocínio desses pesquisadores, a ligação entre o código linguístico e sua cultura é, de certo modo, arbitrária.

No Japão, por exemplo, a língua inglesa é ensinada, muitas vezes, como um sistema codificado, sem que haja nenhuma ênfase no aspecto intercultural. O mesmo acontece na China e na Coreia, onde a ênfase no ensino da língua inglesa é dada aos aspectos gramaticais, ao invés de suas funções culturais. Nesse caso, a língua-alvo pode ser utilizada como um veículo para transmitir tradições culturais da língua materna e não as tradições da língua dominante. Parece ser perfeitamente possível aprender as quatro habilidades da língua inglesa – ou de qualquer outra língua estrangeira – sem aprender a cultura dos países nos quais o inglês é falado como língua materna.

Considerando que o inglês é a língua materna de vários países, portanto de várias culturas diferentes, falada e estudada em diversos contextos por não nativos, surge, de fato, a pergunta: que cultura ensinar? Esse tem sido um problema para vários professores de língua inglesa. Geralmente, o professor termina passando para os seus alunos, de maneira desorganizada até, aspectos culturais das duas potências dos países que lideram o ensino de inglês como língua estrangeira e segunda língua, que são os Estados Unidos e a Inglaterra. Muitas vezes, também, se o professor teve a oportunidade de viver em algum país de fala inglesa, ele acaba abordando, em sua sala de aula, os aspectos culturais daquele país, uma vez que se sente mais à vontade para tal.

Contudo, C. Alptekin e N. Alptekin (1984) sugerem que não se deve ensinar inglês com base nas culturas dos países de fala inglesa e sim levando em consideração as atitudes do inglês como língua internacional. Na verdade, ao invés de se concentrar no ensino de fatos sobre determinado país de fala inglesa, talvez fosse aconselhável adotar uma estratégia mais interpretativa, na qual fosse dada ênfase à compreensão intercultural, por meio de comparação e contraste da cultura do aprendiz com a cultura da língua-alvo. Alguns aspectos, contudo, devem ser utilizados para que essas discussões possam suscitar comparações culturais produtivas. Dentre esses aspectos Dunnett et al. (1986) citam, como exemplos, o fato de que uma língua não pode ser ensinada com base na tradução de palavra por palavra; que cada cultura emprega gestos e movimentos corporais que exprimem um significado próprio e específico; que cada cultura utiliza elementos gramaticais diferentes para descrever partes do mundo físico; que existem tópicos que são tabus e que, geralmente, não podem ser tratados em determinada cultura; e que os termos de tratamento utilizados em relações pessoais variam de cultura para cultura.

Portanto, tomando por base que ao se aprender uma língua estrangeira não se adquire, ao mesmo tempo, o conhecimento sistêmico e esquemático daquela língua, conforme acontece na aquisição da língua materna (Widdowson, 1990), há uma grande divergência entre a língua que está sendo aprendida e os aspectos culturais da língua materna. O aprendiz de língua estrangeira acaba interpretando a língua-alvo tomando por base a cultura da língua materna. Isso pode trazer vários problemas, segundo Bennett (1997). Ele afirma que muitos estudantes e professores de língua estrangeira veem a língua apenas como um instrumento de comunicação e se esquecem de que ela é, também, um sistema de percepção e representação do pensamento. Ensinar uma língua estrangeira, portanto, não se resume em traduzir palavras e aplicar regras de uma língua para outra. Esse tipo de ensino/aprendizagem de língua leva o aluno a se tornar o que o próprio Bennett chama de *fluent fool*.

Fluent fool é uma pessoa que fala determinada língua estrangeira bem, mas desconhece os componentes sociais e filosóficos dessa língua. Esse tipo de aprendiz está sujeito a passar por situações sociais constrangedoras, bem como constranger outras pessoas. Para evitar que alguém se torne um *fluent fool* é necessário que se compreenda as dimensões culturais de determinada língua e que se tenha consciência de que, além de um instrumento para comunicação, a língua é um sistema de representação do nosso pensamento e da nossa maneira de ver o mundo. Afinal, ensinar uma língua é, sobretudo, ensinar sua realidade.

As normas internacionais sobre ensino e aprendizagem de língua estrangeira afirmam que estudantes de línguas estrangeiras não serão capazes de dominá-las sem dominar antes o contexto cultural em que essas línguas são exercidas. Por meio dos estudos culturais de determinada língua, os estudantes podem descobrir várias maneiras de ver o mundo. Assim, podem desenvolver competências interculturais fundamentais que os ajudem a participar da comunidade global. Daí a importância de desenvolver estratégias de ensino, dentro de uma perspectiva teórica e prática, a fim de inserir no currículo o ensino da cultura da língua-alvo.

As culturas dos países de língua inglesa realmente não são abordadas de forma satisfatória nos livros didáticos. Aliás, quando isso é feito percebe-se que existe certa tendência em enfatizar os aspectos culturais dos países hegemônicos, Estados Unidos e Inglaterra. Apesar de a língua inglesa ser tão importante como língua universal, o ensino dessa língua é baseado quase que exclusivamente em seus aspectos linguísticos, sem que atenção seja dada aos preceitos sociolinguísticos e culturais, quando, na verdade, o ensino de uma LE, juntamente com os seus aspectos culturais, é de fundamental importância para um melhor entendimento e aceitação de certa cultura. Na realidade, acredita-se que o professor de LE deva ser, antes de qualquer coisa, um "corretor" ou um "vendedor" de cultura (Lima & Roepcke, 2004). Precisamos ter cuidado, contudo, para não impor determinada cultura aos nossos alunos.

Já Young (1972) acredita que todo professor deva ser *intérprete* intercultural, principalmente quando trabalha em lugares em que sua clientela pertence a diferentes grupos linguísticos, muitas vezes tachados de minoria. Nesse caso, o professor tem o dever de discutir com seus alunos os diversos conceitos da experiência e hábitos culturais. É claro que o professor não necessita se tornar bicultural ou bilíngue para desempenhar essa tarefa, mas ele tem de aprender as características culturais da língua materna de seus alunos, para entender melhor sua condição de vida. É necessário que o professor amplie sua experiência e seu conhecimento, a fim de desenvolver sua capacidade de entender outras pessoas, outras sociedades e outras línguas. Entretanto, não se quer dizer com isso que o professor deva seguir uma abordagem assimilacionista. Nessa abordagem, segundo Mota (2004, 39), a identidade do aluno é excluída e suas tradições culturais são rejeitadas. A autora relata as práticas pedagógicas dos anos 1970 em que os livros de ensino de língua inglesa enfatizavam os novos valores da superioridade da cultura White Anglo Saxon Protestant (WASP).

> A sala de aula transformava-se em uma ilha cultural de imersão no mundo do estrangeiro, no sonho de "civilidade" do colonizador. Os alunos eram estimulados a substituir seus nomes por equivalentes em inglês, a imitar os discursos dos personagens dos livros ou dos filmes didáticos; enfim, a transferir-se em viagens imaginárias ou reais, para os territórios mais "abençoados" do hemisfério norte.

Embora estejamos falando da pedagogia da assimilação, em uma época da ditadura militar, infelizmente, essa imagem, ainda de acordo com Mota, continua nos dias atuais. Para ilustrar essa situação, a autora cita o trabalho de pesquisa desenvolvido por Moita Lopes (1996) em que é feito um estudo com 102 professores de inglês, no qual o pesquisador elabora um quadro comparativo sobre as opiniões dos informantes em referência às características do povo brasileiro e as do povo americano. Os resultados da pesquisa demonstraram, claramente, uma visão estereotipada a favor da suposta superioridade da cultura americana. Nesse sentido, os professores de língua estrangeira são vistos como "corretores" da ideologia cultural americana. A partir dos anos 1980, esse comportamento começou a mudar, embora de maneira incipiente, com o surgimento dos movimentos sociais minoritários e com o advento do método comunicativo, cujo enfoque em culturas marginalizadas começa a dar visibilidade às culturas menos privilegiadas. Não queremos dizer com isso que o problema cultural em sala de aula de língua estrangeira esteja resolvido. Ao contrário, os conteúdos culturais são ainda tratados muito perifericamente no ensino de língua estrangeira e compõem o que Santomé (1995) denomina "currículo turístico". Esse currículo engloba os seguintes tipos de enfoque, conforme citado em Mota (2004, 41):

a) Trivialização – os conteúdos culturais dos grupos não majoritários são abordados com superficialidade e banalidade, como sendo aspectos turísticos: costumes alimentares, folclore, formas de vestir, rituais;

b) O *souvenir* – decorar a sala com objetos multiculturais, ou apresentar uma música de alguma tradição cultural desconhecida, como atividade extra do semestre, ou planejar umas poucas tarefas escolares, lembrando a existência dessas culturas, sem qualquer preocupação em implementar condições de produção de uma leitura crítica;

c) Celebrações étnicas – quando o estudo da diversidade cultural não faz parte do cotidiano da escola, mas, de forma descontextualizada do currículo central, celebra-se, por exemplo, o dia do índio;

d) Estereotipagem – práticas discursivas que inculcam estereótipos culturais;

e) Tergiversação (ato ou efeito de tergiversar, de fazer rodeios, de usar subterfúgios, de dar respostas evasivas) – quando se encaram como naturais as situações de opressão, tipo "isso sempre houve porque faz parte da natureza humana", ou não confrontando a questão, dando respostas evasivas.

Nesse sentido, elementos culturais assim tratados na sala de aula não representam autenticidade, e podem até atrapalhar a disseminação dos princípios culturais. Para evitar esse tipo de comportamento, Motta (2004) aconselha a aplicação do modelo de educação multicultural seguindo a visão crítica/revolucionária que, de acordo com Banks & Banks (1993, 23), é composta dos seguintes campos de ação e respectivos objetivos:

a) integração de conteúdos cujo objetivo é estimular a inserção de conteúdos e materiais didáticos que utilizem discursos contextualizados na diversidade cultural;

b) construção do conhecimento voltado para ajudar o aluno a entender, investigar e analisar as formas como as disciplinas escolares têm sido orientadas dentro de pressupostos teóricos, esquemas referenciais, perspectivas e vieses que fazem parte de determinadas tradições culturais que determinam a construção do conhecimento;

c) pedagogia da equidade que tem como objetivo modificar os padrões de ensino, de observação e avaliação do processo escolar no sentido de facilitar a aprendizagem de estudantes provenientes de grupos subalternizados socialmente e, por fim

d) empoderamento da cultura escolar que visa promover a equidade educacional, redimensionando a distribuição do poder na estrutura organizacional da escola, incluindo a participação efetiva de todos os membros da comunidade escolar.

Dificuldades no ensino da cultura

De acordo com Galloway (1985), vários são os problemas encontrados por professores de língua estrangeira para ensinar a cultura da língua-alvo de maneira sistematizada. Primeiramente, porque o ensino de cultura envolve tempo para preparação, estudo e planejamento, o que se torna complicado para muitos professores que já andam assoberbados com carga horária excessiva e compromissos com várias instituições de ensino. Muitos desses professores têm um conteúdo gramatical a ser cumprido e esperam por uma oportunidade para introduzir em suas aulas aspectos culturais da língua. Só que esse momento nunca chega. Além do mais, muitos professores sentem certa resistência em lidar com problemas culturais da língua que está sendo ensinada por não se sentirem seguros para tratar de tal tópico. Isso, porque existe uma errônea concepção acerca do ensino da cultura, segundo a qual os professores têm que passar "fatos" para os seus alunos ao invés de torná-los hábeis para que possam analisar esses "fatos" e dar um verdadeiro sentido a eles.

Apesar de não se poder excluir fatos do ensino de cultura, Seelye (1984) atesta que fatos por si sós não fazem sentido. Eles precisam ser interpretados dentro de determinado contexto. Esse autor nos apresenta uma série de razões pela quais não se deve utilizar uma metodologia de ensino de cultura com base em fatos apenas. Para ele, fatos estão sempre mudando, principalmente quando se trata de estilo de vida atual. Uma metodologia para ensino de cultura, com base em informação apenas, corre o risco de estabelecer estereótipos ao invés de diminuí-los, uma vez que esse tipo de abordagem não leva em conta as variações culturais. Além do mais, o conhecimento cognitivo apenas pouco ajuda o aluno a lidar com padrões diferentes de comportamento.

Outras razões são apresentadas na literatura a respeito das dificuldades para se ensinar cultura. Por exemplo, o ensino de cultura envolve sentimentos, crenças, emoções, valores, comportamentos e atitudes que, muitas vezes, causam medo. Nem todo mundo está aberto às diferenças culturais. Quando algo difere da cultura base, as reações por parte do aluno são as mais diversas possíveis, de maneira que vários professores ficam inseguros e decidem não lidar com essa problemática.

Conclusão

Embora, historicamente, haja divergência, o ensino de uma língua estrangeira, juntamente com os seus aspectos culturais, tem sido de fundamental importância para um melhor entendimento e aceitação de certa cultura. O desenvolvimento da competência comunicativa da língua-alvo deve estar atrelado a seu desenvolvimento comunicativo intercultural.

Ensinar uma língua estrangeira, portanto, implica a inclusão de competência gramatical, competência comunicativa, proficiência na língua, além, é claro, na mudança de comportamento e de atitude com relação à própria cultura e às culturas alheias. Não se deve ensinar uma língua estrangeira sem ao menos oferecer aos aprendizes alguma visão do universo cultural no qual essa língua está inserida. Politzer (1959) já dizia que se ensinarmos uma língua sem ensinarmos, ao mesmo tempo, a cultura na qual ela opera, estaremos ensinando símbolos sem significados, ou símbolos aos quais é vinculado um significado errôneo.

Aquisição de leitura
em língua inglesa

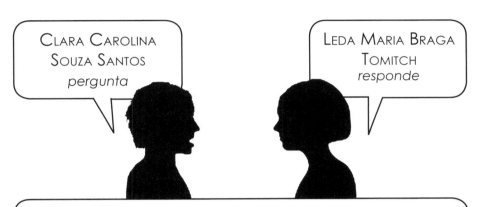

CLARA CAROLINA
SOUZA SANTOS
pergunta

LEDA MARIA BRAGA
TOMITCH
responde

CLARA CAROLINA SOUZA SANTOS: Venho observando como o aluno lida com a aquisição da linguagem, especificamente do uso da leitura, em sala de aula.

Da observação do processo de aquisição da leitura, emergem algumas dificuldades:

1) Estrutura das sentenças: os alunos não identificam quais palavras ou frases funcionam como sujeito ou verbo em uma sentença. E, em sua grande maioria, apresentam dificuldade em compreender orações coordenadas (mesmo os alunos com maior proficiência em língua inglesa), já que não conseguem identificar a oração principal da sentença.

2) "ing-words": as palavras terminadas em *–ing* apresentam diferenças de significado e sentido, o que debilita a compreensão do texto por parte do aluno.

3) Palavras com significados múltiplos: palavras que possuem diferentes significados são uma fonte de dificuldade para a compreensão do texto. A não ser que o aluno compreenda o maior número de usos, ele pode ficar confuso.

Sabemos que muitas outras dificuldades de compreensão podem surgir ao longo do processo da aquisição da leitura (como o uso da voz passiva, por exemplo), no entanto, observando alunos do I e II Ciclo e do processo final do ensino médio, estas se mostraram mais evidentes. O efeito disso em sala é que, muitas vezes, a aula se paralisa e perde-se em tradução "palavra por palavra", processo que se torna pouco produtivo e com pouco acréscimo de vocabulário e de gramática internalizada por parte dos alunos.

Como sanar as eventuais dificuldades dos alunos na aquisição da leitura com atividades que sejam produtivas e efetivas para o aprendizado real do aluno?

Não peço, no entanto, um modelo pré-produzido ou métodos que possam induzir o trabalho do professor e, sim, esclarecimentos sobre o uso de textos voltados para fins específicos em sala de aula de um modo mais contundente para o aprimoramento da língua estrangeira.

LEDA MARIA BRAGA TOMITCH: Esse é um problema familiar a toda a classe de professores de línguas estrangeiras.

"Modelos pré-produzidos" ou "métodos que possam induzir o trabalho do professor" não seriam de muita valia, uma vez que esses modelos e métodos não funcionam em todas as situações específicas de ensino. Vou refletir sobre pontos que considero importantes na preparação de um curso de leitura para fins específicos:

Mudar o foco do ensino de gramática e vocabulário para o ensino da compreensão leitora

Mostre aos alunos, por meio das atividades e textos propostos, que o foco das aulas está na compreensão leitora e não na gramática ou no vocabulário isoladamente. Não quero com isso negar a importância de ambos e apresentarei aqui como a gramática e o vocabulário entram nessa abordagem que proponho.

Proponho que a aula de leitura seja vista como um momento de busca de novos conhecimentos e de novas perspectivas culturais, por meio da língua estrangeira, nesse caso, por meio da língua inglesa. Dessa forma, tornamos a leitura uma ferramenta para que os nossos alunos possam exercer sua cidadania com mais propriedade e passamos a colocar a compreensão leitora na LE como o objetivo principal a ser atingido. A partir daí, buscamos meios para instrumentalizar o nosso aluno para compreender textos em LE. Nessa perspectiva, o ensino de estratégias de leitura, e/ou o ensino de gramática e/ou de vocabulário são vistos apenas como "ferramentas" ou como "meios" para se atingir o objetivo final e não como "fins" em si mesmos.

Essa mudança de perspectiva tem implicações tanto para o "ensino" da leitura quanto para a maneira como percebemos ou avaliamos como o nosso aluno está aprendendo (ou não). Em termos do ensino, as implicações envolvem reflexões sobre o planejamento do curso como um todo no que se refere aos objetivos a serem alcançados, e aos tipos de textos e atividades que serão incluídos, para que priorizem a compreensão leitora. Como consequência, nossa avaliação se dará no progresso que o aluno faz ao longo do curso, no que se refere à sua capacidade de efetivamente compreender o texto nos níveis literal e inferencial, e não somente sua capacidade de perceber estruturas sintáticas e gramaticais e vocabulário. Essas questões serão novamente abordadas nos itens que trago abaixo para reflexão.

Entender como funciona a compreensão leitora e dar ao aluno ferramentas para alcançá-la

Para que possamos priorizar a compreensão leitora, trazendo para a aula de leitura atividades que auxiliem o aprendiz de LE a alcançar a compreensão, precisamos entender como ela se dá na mente do leitor proficiente. Gagné et al. (1993) observam que a leitura envolve basicamente dois tipos de conhecimento: declarativo e procedural. Em termos do conhecimento declarativo, os autores incluem nosso conhecimento sobre letras, fonemas, morfemas, palavras, ideias, esquemas (conhecimento prévio) e tópico ou o assunto do texto, e no que se refere ao conhecimento procedural eles incluem os diversos processos componenciais da leitura, quais sejam, decodificação, compreensão literal, compreensão inferencial e monitoramento da compreensão. De relevância para a discussão que trago aqui são os esquemas e os processos componenciais de decodificação, compreensão literal e compreensão inferencial (cf. Tomitch, 2007, para uma discussão mais detalhada do modelo).

Vários são os estudos que mostram a importância do acionamento do esquema relevante durante a leitura na compreensão do texto. Sabendo disso, o professor pode auxiliar o aluno trazendo atividades de pré-leitura que envolvam seu conhecimento prévio em relação ao texto a ser lido, ou que construam esse conhecimento, caso o esquema requerido não seja familiar ao aluno (volto a essa discussão mais abaixo).

Os processos componenciais de decodificação, compreensão literal e compreensão inferencial são necessários para que a compreensão leitora ocorra, sendo a decodificação um processo de nível mais baixo e a compreensão inferencial, de nível mais alto. De acordo com Gagné et al., a decodificação envolve o emparelhamento da palavra escrita com seu significado armazenado na memória e pode envolver a rota alternativa de recodificação (pronúncia da palavra), no caso de o leitor não conseguir fazer o emparelhamento de forma automática. Para esses mesmos autores, a compreensão literal envolve o acesso lexical, onde o leitor seleciona o significado mais adequado para a palavra dentro daquele contexto, e o parseamento, onde o leitor utiliza regras sintáticas para perceber as palavras como interligadas e que fazem sentido como uma ideia ou proposição. A compreensão inferencial, na visão de Gagné et al., envolve os subprocessos de integração, sumarização e elaboração. Para que percebamos uma série de sentenças como "um texto" e não como "sentenças soltas, não relacionadas entre si", é necessário que sejamos capazes de prover inferências que integrem as sentenças (integração); na medida em que a leitura vai prosseguindo, precisamos ir fazendo um resumo mental do texto lido (sumarização), e fazendo conexões entre o insumo que vem do texto e o nosso conhecimento prévio (elaboração).

Tendo em vista que os processos componenciais citados acima são necessários para que a compreensão leitora ocorra, não podemos priorizar o ensino de um em detrimento de outro, isto é, gramática e vocabulário fazem parte do processo, mas não são suficientes para que o aluno alcance a compreensão do texto como um todo. Tendo a construção da compreensão como foco central das aulas, nós, professores de leitura, devemos trabalhar para dar ferramentas aos nossos alunos que os auxiliem nesse processo. Essas ferramentas incluem primordialmente o ensino de estratégias de leitura que levem o aluno a otimizar o conhecimento que ele já possui na língua materna e na língua estrangeira, seja esse conhecimento linguístico, metalinguístico ou de mundo, para ser bem-sucedido na leitura em LE. Para dar um exemplo bem prático, numa leitura estratégica o professor pede aos alunos que, numa primeira leitura, leiam o texto rapidamente e sublinhem as palavras conhecidas (e não as desconhecidas!) e os cognatos, com o objetivo de descobrir o assunto tratado no texto. Vários são os trabalhos, no Brasil e no exterior, sobre estratégias de leitura, razão pela qual não me aterei a discuti-las aqui.

Dividir a aula de leitura em três momentos: pré-leitura, leitura e pós-leitura

Essa é uma recomendação feita por vários estudiosos da área da leitura e, ao analisá-la com cuidado, vemos que ela tem fundamento, já que cada momento ou fase tem um objetivo específico. No que se refere à fase de pré-leitura, quando os alunos ainda não têm em mãos o texto a ser lido, o professor deve preparar atividades que tragam à tona o assunto do texto, com o objetivo de verificar o que eles sabem sobre o assunto, o quanto eles sabem, e assim prepará-los para a leitura subsequente do texto. Alguns exemplos de atividades de pré-leitura incluem uma discussão prévia sobre o assunto do texto a ser lido, a exploração de uma figura que represente o conteúdo do texto, a apresentação do trecho de um filme, ou música, cujo tema seja relevante ao assunto tratado no texto, ou ainda, trabalho contextualizado que envolva as palavras-chave do texto, entre várias outras possibilidades. O professor deve ter em mente que o objetivo da pré-leitura é, principalmente, motivar o aluno para a leitura do texto que virá a seguir, e acionar/construir o esquema relevante, dando-lhe assim um aporte que ele possa seguir na construção do significado do texto.

A fase da leitura propriamente dita, onde o aluno recebe e lê o texto, também precisa ser planejada com cuidado, para evitar que aconteça o que Clara descreveu tão bem: "... a aula se paralisa e perde-se em tradução 'palavra por palavra'... processo que se torna pouco produtivo...". Nessa fase, denominada de "Durante a leitura" por vários autores, o professor deve procurar incluir atividades que auxiliem e sirvam como "guia" na compreensão do texto e, dessa maneira, os enunciados e as tarefas/atividades propostos devem "preceder" o texto, isto é, o leitor aprendiz vai para o texto a cada momento, com um ou mais objetivos específicos em mente. Principalmente no caso de leitores iniciantes na LE, o professor deve evitar que o aluno vá para o texto sem um objetivo específico, já que isso fatalmente o leva a uma leitura ascendente, "palavra por palavra", e a querer traduzir o texto literalmente, perdendo, na maioria das vezes, a compreensão mais global, ou mesmo, não compreendendo o texto. As tradicionais tarefas de compreensão, tais como perguntas abertas, as de resposta sim ou não, as de múltipla escolha e os itens verdadeiro/falso, estão incluídas nessa fase. Entretanto, existem várias outras possibilidades em termos de tarefas de compreensão das quais o professor pode lançar mão para tornar suas aulas de leitura mais dinâmicas, interessantes e adequadas em termos da demanda cognitiva que é exigida dos seus alunos. Como sugerido por Davies (1995), algumas dessas tarefas, que ela denomina de "ativas", incluem completar ou construir diagramas e tabelas, relacionar figuras com o texto lido, reorganizar parágrafos para formar um texto, entre outras. A escolha das tarefas de compreensão depende de fatores, tais como: a idade dos alunos, nível linguístico em LE, estilos de aprendizagem e interesse pessoal.

A fase de pós-leitura faz a ligação entre o texto e a realidade do aluno. Se a fase de pré-leitura envolve contextualização no sentido de partirmos de algo que o aluno já sabe (seu conhecimento sobre determinado assunto) para chegarmos ao novo (o que o texto traz), isto é, partimos da realidade do aluno para apresentá-lo ao texto, na pós-leitura, há uma nova contextualização retornando à realidade do aluno. O objetivo da pós-leitura é consolidar o que foi aprendido, fazer com os alunos utilizem o que foi aprendido em situações que lhes sejam relevantes, como por exemplo, projetos, novas discussões, pesquisas sobre o assunto etc.

Planejar cada unidade de leitura com cuidado e explicitar os objetivos que você, como professora, deseja que seus alunos alcancem ao final da unidade

Sendo o foco das aulas a compreensão, o professor de leitura precisa traçar objetivos claros que auxiliem o aluno a efetivamente compreender o texto. É necessário que o professor tenha uma visão geral de todo o curso, para que possa distribuir as atividades de ensino ao longo das unidades a serem trabalhadas, seguindo os objetivos propostos para cada uma. Tanto a seleção de estratégias de leitura como de itens de vocabulário e gramática que farão parte do conteúdo a ser ensinado dependem dos objetivos traçados para o curso de leitura, baseados no nível linguístico dos alunos na LE e nos seus interesses e necessidades.

Em termos da seleção de estratégias, vale ressaltar que algumas são mais básicas e de uso em várias situações como "o uso de cognatos", "skimming" (leitura rápida buscando a ideia geral/o assunto do texto) e "scanning" (leitura rápida buscando uma informação específica), portanto devendo ser incluídas desde os níveis mais iniciais; enquanto outras estratégias são mais sofisticadas e requerem maior nível linguístico na LE e maior demanda cognitiva, como é o caso dos resumos e resenhas, sendo então estas mais apropriadas para níveis mais avançados.

O ensino da gramática e do vocabulário não são o foco do ensino/apren-
dizagem de leitura nessa perspectiva que proponho, mas ambos entram como parte integrante/inseparável da linguagem. No que se refere à seleção dos aspectos gramaticais a serem ensinados, sugiro dar
prioridade àqueles que vão efetivamente auxiliar o aluno na compreensão do texto, onde a explicação do professor faz toda a diferença. Por
exemplo, é de fundamental importância na leitura em língua inglesa
que o aprendiz seja capaz de entender como funcionam as frases nomi-
nais, uma vez que elas se apresentam de maneira diferente de como
funcionam na língua portuguesa. Dessa maneira, esse é um aspecto
gramatical que deve ser trabalhado nas aulas de leitura de LI desde os
níveis iniciais. Outro exemplo seriam os afixos (prefixos e sufixos), já
que auxiliam o aluno na dedução do significado das palavras.

No que se refere ao ensino de vocabulário na aula de leitura, como proposto por Tomitch (2007), sugiro que o mesmo seja visto como parte
dos processos de mais alto nível, isto é, capaz de alimentar os processos
de integração, sumarização e elaboração, mencionados anteriormente
(cf. Tomitch, 2007, para uma discussão mais detalhada sobre o assunto). A principal consequência para a sala de aula de leitura é que o vocabulário a ser ensinado passa a ser visto não somente como uma lista
de palavras isoladas que o aluno precisa aprender o significado, mas
como uma rede interligada de conceitos que vão auxiliar na compreensão do texto. Por exemplo, ao invés do professor apresentar uma lista
das palavras desconhecidas com suas respectivas traduções, ao final
do texto a ser lido, o professor apresenta uma atividade de pré-leitura
incluindo as palavras-chave do texto a ser lido e fazendo um trabalho
que promova a interligação das mesmas. Esse tipo de trabalho com o
vocabulário ajuda na retenção das próprias palavras trabalhadas, na
ativação do conhecimento prévio em relação ao conteúdo do texto a ser
lido, além de auxiliar na compreensão do texto e na retenção do seu
conteúdo (Tomitch, 1991; Vasconcelos, 2007).

No planejamento das atividades a serem utilizadas para o ensino, é
importante que o professor procure variar o tipo de atividade para
atender, além dos objetivos propostos, os diversos estilos de aprendizagem dos alunos. Sabemos que alguns alunos são mais globais,

outros mais detalhistas, alguns mais visuais, outros mais verbais, e podemos levar isso em conta na preparação das tarefas de leitura, com o objetivo de atingirmos nossos alunos para que eles aprendam o que estamos ensinando. Variar o tipo de atividade não só atende os diferentes estilos de aprendizagem, como funciona também como um fator motivador, e os alunos podem obter mais prazer ao fazer a atividade. Pesquisas mostram que todo conteúdo aprendido não vai simplesmente para a memória declarativa (semântica ou episódica), mas guarda também seu conteúdo emocional (Sprenger, 2005).

Finalizo esta seção sobre o planejamento falando sobre duas questões que considero de suma importância na aula de leitura. A primeira se refere à priorização da leitura silenciosa nas aulas e a segunda é sobre a utilização da tradução somente como estratégia de leitura. Como o foco das aulas é na compreensão, a leitura em voz alta perde seu significado uma vez que acrescenta um fator a mais à leitura, que é a pronúncia. Durante a leitura em voz alta, o leitor aprendiz na LE, principalmente o iniciante, tende a se preocupar demais com a pronúncia correta das palavras e, como consequência, perde-se na construção do significado, não compreendendo o texto. Caso o professor esteja trabalhando com a leitura como parte de um curso com foco nas quatro habilidades e quiser trabalhar especificamente com a pronúncia da LE, sugiro que escolha textos que se prestam para tal fim, como por exemplo, músicas, editoriais, poesias, trechos de peças teatrais, entre outros. É de fundamental importância estar claro para o aluno que os momentos de leitura em voz alta têm esse objetivo: trabalhar a pronúncia ou a linguagem como arte.

A segunda questão refere-se ao uso da tradução nas aulas de leitura. Acredito que a tradução de textos inteiros deva ser evitada, uma vez que a leitura faz parte do processo tradutório, mas a tradução de um texto demanda habilidades que vão além da compreensão leitora. A tradução pode ser utilizada como estratégia, envolvendo pequenos trechos do texto, e deve ser solicitada de forma indireta. Por exemplo, solicite a resposta em português para uma tarefa de compreensão a ser executada ou elabore atividades que são apresentadas em língua portuguesa; dessa maneira, o aluno se sente apoiado e a tradução é utilizada como estratégia para auxiliar o aluno na compreensão do texto e não como objetivo final.

Escolher com cuidado os textos a serem utilizados

A leitura deve ser um ato comunicativo e, portanto, os textos utilizados nas aulas de leitura devem de alguma maneira informar, entreter, trazer algo de novo para o aluno. Dessa maneira, acredito que trechos do tipo "Susan is seven years old. She gets up at six. She brushes her teeth... etc.", bem comuns em livros didáticos de LI, normalmente encontrados em seções denominadas de "Reading", devem ser evitados nas aulas de leitura. Note que utilizei a palavra "trechos" e não "textos" para me referir a eles, uma vez que, no meu entendimento, não cumprem o objetivo principal de um texto, que é comunicar algo ao leitor. Está claro no exemplo acima que o objetivo do trecho é ensinar a língua, mais especificamente o presente simples, terceira pessoa do singular. Entretanto, apesar de achar que esse é um objetivo nobre, acredito que possamos ensinar os itens gramaticais que queremos ensinar de uma maneira mais comunicativa, com textos autênticos (que não tenham sido escritos com o objetivo de exemplificar determinada estrutura gramatical ou sintática) e com tarefas mais motivadoras e desafiadoras para o aluno.

Além da utilização de textos autênticos, considero importante que o professor utilize critérios claros na escolha dos textos, levando em conta aspectos como o objetivo do curso, interesse e idade dos alunos, adequação ao nível linguístico dos alunos na LE, gênero discursivo, tamanho, entre outros.

Considerações finais

O papel do professor de leitura em língua estrangeira, assim como o do professor de qualquer disciplina, é fornecer andaimes. Nós, professores, assim como os andaimes, não somos permanentes, nossa existência dura enquanto formos necessários. Nosso trabalho é para que o aluno - que no início é naturalmente dependente, e aí nós o suprimos com os andaimes - vá se tornando cada vez mais independente, e aí vamos tirando os andaimes, até que ele possa seguir sozinho. O ensino, assim como o andaime, deve funcionar como um guia, e nesse sentido deve ser objetivo e bem delimitado.

Gosto de pensar que, quando ensino, forneço ferramentas para que o aluno possa seguir seu aprendizado por conta própria. No caso do ensino da leitura, como professores, fornecemos ferramentas menores (estratégias de leitura, conhecimento linguístico na LE etc.) para que o aluno possa ter acesso à ferramenta maior que é a compreensão leitora. A proficiência na compreensão leitora em LE não é um fim, mas um meio que vai então possibilitar o acesso livre do leitor aos textos escritos que ele escolher, seja para adquirir conhecimento sobre determinado assunto, para entretenimento, enfim, para seu crescimento como parte integrante e atuante da sociedade em que vive.

O ensino de língua estrangeira e a questão da diversidade

KARINE PATRÍCIA DIAS CARDOSO
pergunta

LELAND EMERSON MCCLEARY
responde

KARINE PATRÍCIA DIAS CARDOSO: Quais adaptações são necessárias, quais estratégias podem ser adotadas ou quais recursos pedagógicos podem ser utilizados para responder positivamente à inclusão de portadores de necessidades especiais nas aulas de língua estrangeira do ensino regular? A temática não deveria fazer parte da grade curricular de formação do professor de LE?

LELAND EMERSON MCCLEARY: Com a inclusão de alunos com necessidades especiais em escolas e classes regulares de ensino, os professores são confrontados com situações de ensino para as quais não foram preparados. Professores já enfrentam um grande desafio ao precisar adaptar sua atuação em sala de aula à gama normal de diversidade que os alunos apresentam nas classes regulares: de níveis de atenção e preparo, níveis de motivação e estilos de aprendizagem. Numa classe inclusiva, além dessa diversidade comum, podem ser encontrados também alunos com baixa visão, com comprometimentos motores ou cognitivos, ou com surdez. Ora, a formação da maioria dos professores nem sequer chegou a vislumbrar o assunto. Diante disso:

- Quais adaptações são necessárias, quais estratégias podem ser adotadas ou quais recursos pedagógicos podem ser utilizados para responder positivamente à inclusão de portadores de necessidades especiais nas aulas de língua estrangeira do ensino regular?
- A temática não deveria fazer parte da grade curricular de formação do professor de LE?

A segunda questão é, sem dúvida, a mais fácil de responder. A resposta é: sim, com certeza! E não só em relação à formação de professores de LE, como em relação a todas as licenciaturas. É uma das grandes contradições (e contrassensos) da política de inclusão no Brasil que alunos com necessidades especiais estejam sendo colocados em escolas e classes comuns, sob os cuidados de profissionais que não têm o mínimo preparo para atendê-los.

Mas o fato de essa resposta ser óbvia não ajuda muito. Sim, a temática deveria fazer parte da grade curricular de formação, mas o que exatamente seria o conteúdo dessas disciplinas preparatórias? Aí, esbarramos na questão de quais adaptações, quais estratégias, quais recursos pedagógicos poderiam ser implementados. Essa pergunta é bem mais difícil de responder e, infelizmente, não vou ter a resposta para ela. Além de indicar uma extensa bibliografia sobre o ensino de línguas estrangeiras e necessidades educacionais especiais (Wilson, 2007), o que eu posso fazer é mostrar alguns aspectos da complexidade da questão. Se isso não satisfizer a ânsia por uma resposta, pelo menos deve servir para levar os leitores a uma posição mais crítica em relação aos discursos da inclusão, para contextualizar seu sentimento de despreparo dentro de um quadro geral de falta de conhecimentos científicos e, para os interessados, para apontar uma área carente de pesquisa.

As diferenças entre as diferenças

A primeira complicação é a de que qualquer medida que deva "responder positivamente à inclusão de portadores de necessidades especiais" enfrenta uma verdade inconveniente: os portadores de necessidades especiais não formam um grupo homogêneo, com as mesmas necessidades. Embora no discurso político da inclusão as pessoas com necessidades especiais sejam tratadas, em geral, como pertencendo a uma mesma grande minoria marginalizada, o fato é que cada grupo tem suas demandas específicas, muitas vezes antagônicas umas às outras.

Com isso, já podemos ver por que é complicado incluir a temática das necessidades especiais no currículo de formação de professores. Numa escola inclusiva, cada aluno com necessidades educacionais especiais tem direito de receber, no mínimo, os melhores cuidados que teria se estivesse matriculado numa escola especial; isso significa que cada professor que tenha responsabilidade pela educação desse aluno teria direito a uma formação igual à dos profissionais especializados. É ilusão achar que uma disciplina que trate, em termos gerais, de necessidades educacionais especiais possa preparar professores para lidar com a diversidade de necessidades especiais que aparecerão nas suas classes, com conhecimento de estratégias e recursos pedagógicos específicos para todas as matérias ministradas.

Como as "diferenças" variam enormemente, não posso responder por todos os grupos de necessidades especiais, já que só tenho conhecimento específico sobre a educação de surdos, e por isso só posso afirmar algo na minha área de especialidade. E, pelo menos nessa área, existe um segundo motivo que me impede de responder a pergunta adequadamente: faltam conhecimentos científicos. Como espero mostrar, ainda existem mais questões do que respostas sobre como os surdos aprendem línguas que eles não ouvem.

Onde queremos chegar? Teremos de considerar o que se sabe sobre estratégias e recursos pedagógicos específicos para o ensino de língua estrangeira para alunos surdos. Mas antes de tratar especificamente desse assunto, teremos que fazer um longo desvio para tratar dos problemas de linguagem enfrentados pelos surdos de forma mais geral. A grande especificidade dos surdos é essa: a relação extremamente atípica que eles têm com as línguas nacionais dos países em que vivem. Os problemas de exclusão familiar, escolar e social são todos decorrentes desse fato central. Por isso, para compreender os grandes desafios que uma pessoa surda enfrenta para aprender uma língua estrangeira, é primeiro necessário compreender os desafios que ela enfrenta para aprender a própria língua nacional e, antes disso, para ter acesso a um meio de comunicação que a integre a seu meio social e que facilite seu desenvolvimento cognitivo e emocional.

A especificidade do aluno surdo: aquisição de língua

Para compreender a especificidade do aluno surdo dentro da categoria "aluno com necessidades educacionais especiais", é útil começar com uma experiência imaginada. Vamos imaginar uma ilha isolada do resto do mundo em que todos são surdos. Pais, filhos, avós; ricos, pobres; políticos, filósofos, artistas, professores, religiosos. É possível? Sim! Seria uma desgraça? Não! Poderiam ter uma vida social normal? Com certeza.

Mas como os habitantes dessa ilha poderiam ter uma vida social normal sem ouvir, sem poder se comunicar? Ah, mas isso não vai acontecer! Eles vão poder se comunicar perfeitamente! É um fato muito bem estabelecido que sempre que surdos se encontram e convivem uns com os outros, principalmente quando há contato entre surdos mais velhos e surdos mais jovens, emerge uma língua gestual, geralmente chamada de "língua de sinais". Hoje em dia é sabido que a capacidade linguística do ser humano não é limitada ao canal oral-auditivo, o domínio das línguas "orais" do mundo. Não existe nada intrinsecamente "linguístico" na capacidade humana de emitir e ouvir sons. O que é "linguístico" é a *organização* dos sons emitidos que constituem a língua (em fonemas, morfemas, sintagmas etc.). Da mesma forma, é perfeitamente possível organizar a gestualidade e a expressividade facial e corporal de forma *linguística*. Sempre que há convivência entre surdos, a capacidade linguística começa a ser expressa pela gestualidade.

O conhecimento de que a capacidade linguística não depende da modalidade (gestual ou sonora), é relativamente novo. Durante séculos persistiu a certeza de que a língua (e, portanto a cognição típica da espécie humana) dependia da oralidade e da audição. Desse ponto de vista, os surdos, impedidos pela surdez de adquirir a língua oral, não só ficavam à margem da sociedade, como também eram vistos como incapazes de desenvolver o pensamento abstrato.

Mas voltando ao nosso "país dos surdos", vamos observar como procede o uso da sua "língua de sinais". Os pais falam em sinais entre si. Nascem as crianças e elas interagem com os pais em sinais. Em seis meses, já estão "balbuciando" em sinais; até o fim do primeiro ano, muitas já se comunicam com sinais isolados; no segundo aniversário, estão formando frases de dois sinais e, logo em seguida, frases mais complexas que mostram um domínio da gramática da língua – tudo em conformidade com o que é sabido sobre o processo de aquisição da primeira língua por crianças ouvintes. Ou seja, essas crianças estão adquirindo língua como qualquer outra criança; estão interagindo com seus pais e irmãos como qualquer outra criança. Não existe nada que isole a criança do seu meio social. Ela participa de tudo. Ela aprende tudo sobre seu mundo.

Vamos imaginar agora que uma criança "estranha" nasça nessa comunidade, uma criança que ouve. Ela vai passar pelo mesmo processo, adquirindo língua (de sinais, é claro!) dos seus pais e irmãos. Com o tempo, as pessoas podem perceber que essa criança tem um "dom" que permite a ela "ouvir sons" do ambiente, mas isso não vai afetar seu uso da língua da comunidade e nem seu convívio social no dia a dia. Ninguém – nem a própria criança – vai saber o que significa "ouvir sons". Seu "dom" será visto como um incômodo com que a criança vai ter que conviver, ou como uma capacidade de ter acesso a conhecimentos "extrassensoriais". Mas nunca vai passar pela cabeça de ninguém que essa criança que ouve é "sã" enquanto todas as outras pessoas na comunidade são "deficientes".

O que essa fábula mostra é que uma pessoa surda não necessariamente apresenta uma deficiência cognitiva ou social, dadas as condições de comunicação desde bebê com seus familiares e de participação plena na sua comunidade. Nada no convívio social *depende* do som; nada na organização social *depende* do som; nada no desenvolvimento cognitivo *depende* do som. Tudo depende, obviamente, da existência de língua e de interação social; mas se tivermos uma língua alternativa que não dependa do som, a surdez, em si, não fará a menor diferença, e as pessoas vão poder viver suas vidas plenamente.

Em verdade, essa fábula não é tão fabulosa assim. Existem, historicamente, comunidades com altos índices de surdez, em que uma língua de sinais convive em harmonia com uma língua oral. O mais famoso caso é o de Martha's Vineyard, uma ilha da costa sul do estado de Massachusets, nos Estados Unidos. Durante os séculos XVIII e XIX, a ilha tinha um índice de surdez 40 vezes maior do que o do continente. Em algumas aldeias, uma em cada quatro pessoas era surda. Solução? Surgiu uma língua de sinais que era usada por surdos e ouvintes, ao lado do inglês. Os surdos participavam de todo aspecto da vida social: trabalhavam, casavam, criavam famílias. Nem os surdos nem sua língua eram estigmatizados. Essa era uma sociedade inclusiva *de fato*, e o meio da inclusão dos surdos foi o bilinguismo. O bilinguismo em Martha's Vineyard era uma condição de vida.

Vamos comparar esse quadro "ideal" com o que encontramos na nossa sociedade, na qual a pessoa surda é vista como uma pessoa "com deficiência".

No Brasil, como na maioria dos países, estima-se que por volta de 95% das pessoas que nascem surdas, ou que ficam surdas nos primeiros anos de vida, têm pais ouvintes. Ou seja, apenas 5% dos natissurdos teriam a sorte de nascer em famílias de pais surdos. Que sorte é essa? É sorte, porque nasceriam num ambiente em que há a grande possibilidade de seus pais usarem – no Brasil – a língua de sinais brasileira, a LIBRAS. Nesse caso, eles iriam adquirir essa língua normalmente, sem atraso e, como consequência, começariam imediatamente a interagir plenamente com a família e a construir seu conhecimento de mundo, como acontecia na ilha de Martha's Vineyard, ou com qualquer criança ouvinte em uma família de ouvintes.

Mas para a grande maioria dos surdos, esse não é o caso. Eles nascem em famílias que não usam uma língua de sinais, que provavelmente nem sabem que existe a LIBRAS, e que compartilham com o resto da sociedade uma série de preconceitos em relação à "deficiência" da surdez. *Se* esses pais ouvintes fossem bem orientados, eles poderiam

1) começar eles mesmos a aprender língua de sinais para poder se comunicar com seu filho desde cedo;

2) colocar seu filho o mais rápido possível em contato com crianças e adultos surdos que sinalizam, para que não houvesse atraso na aquisição de língua.

Infelizmente, isso raramente acontece. Infelizmente, grande parte da classe médica continua mal informada e não sabe orientar os pais, ou os orienta mal, reforçando preconceitos que as pessoas já trazem de seu cotidiano em relação ao "diferente".

Quando os pais são orientados, muitas vezes são instruídos a procurar um fonoaudiólogo para começar a *ensinar* a língua *oral* para seu filho, pressupondo que a "oralização" seja o único caminho para a integração do seu filho no mundo. Esse viés a favor da oralização e o desprezo pelas línguas de sinais como meio de integrar o surdo na família, na escola e na sociedade tem uma longa e triste história que continua até hoje (ver, por exemplo, Sacks, 1998). O que nos interessa aqui são os efeitos que essa opção tem sobre o desenvolvimento cognitivo e social das crianças surdas.

Parece óbvio que um dos direitos humanos mais fundamentais e inalienáveis de qualquer pessoa deva ser o direito de ter acesso a uma língua natural adquirida espontaneamente, de maneira que ela possa se comunicar com seus pais desde bebê e que possa participar plenamente do seu meio social. Mas é justamente isso que é negado às pessoas surdas que são privadas de contato com uma língua de sinais. A falta de audição impede a aquisição de uma língua oral-auditiva, mas *não* impede a aquisição de uma língua gestual-visual. Resultado: crianças surdas que são forçadas a se relacionar com as famílias e o mundo (inclusive o mundo da escola) em língua oral são efetivamente marginalizadas nesses contextos pela ausência de um meio de comunicação pelo qual os significados, os sentimentos e os valores possam ser compartilhados. As crianças não acompanham a constante negociação interpessoal de sentidos que constitui um grupo social, não participam do planejamento familiar, não recebem informações, não entendem as piadas, e não conseguem expressar suas dúvidas e sentimentos ou compreender as explicações sobre o que está acontecendo. Não é de surpreender que crianças que crescem nessas condições podem exibir "deficiências" de conhecimentos e problemas de relacionamento social e estado emocional. São "deficiências" decorrentes da falta de comunicação. Não são inerentes à condição de surdez, e não apareceriam num mundo em que houvesse uma língua usada que fosse igualmente acessível aos surdos e ouvintes.

Nesta seção, localizamos a especificidade da "deficiência" do surdo no campo de aquisição de língua. A deficiência sensorial da audição não teria consequências mais graves do que uma deficiência sensorial de olfato, por exemplo, não fosse o fato crucial de as sociedades do mundo serem organizadas à base de línguas que dependem do som. Isso significa que os problemas apresentados por surdos na aprendizagem e no enquadramento em atividades produtivas e criativas são decorrentes do descompasso entre a organização das sociedades por meio de línguas orais e a falta de acesso a essas línguas por parte dos surdos.

Como vimos, há duas abordagens possíveis para contornar essa falta de acesso à comunicação e aos bens culturais. Uma abordagem é a do "oralismo", que coloca o foco do problema na incapacidade do indivíduo surdo de adquirir a língua oral. O oralismo tenta superar a dificuldade por um processo de ensino formal de língua, raras vezes bem-sucedido. A outra abordagem reconhece que as línguas de sinais, igualmente acessíveis a surdos e ouvintes, podem servir de elo de comunicação, ao mesmo tempo em que asseguram para os surdos seu direito a uma língua adquirida naturalmente[1]. Essa segunda aborda-

---

[1] "Uma língua adquirida naturalmente" é aquela que é adquirida sem instrução específica a partir de interação com os pais e familiares, normalmente chamada de "língua materna". No caso de crianças surdas em famílias de ouvintes, no cenário ideal, essa língua *não* seria a língua *materna*, literalmente, porque seria uma segunda língua para os pais: os pais teriam que aprender uma língua de sinais para

gem, a do "bilinguismo", coloca o foco do problema na pouca difusão das línguas de sinais na sociedade. Essa última abordagem tem como alvo transformar a sociedade, tornando-a mais bilíngue, começando com as famílias de surdos e as escolas onde eles são educados.

Primeira e segunda língua; oralidade e escrita

Com esse pano de fundo, podemos passar agora a considerar em mais detalhes como poderia ser organizada a educação de crianças surdas no nosso mundo de hoje. Não vivemos na Martha's Vineyard do século XVIII, uma região de pescadores e pequenas aldeias, em que a educação formal e o letramento ocupavam uma importância mínima quando comparada, por exemplo, com o Brasil dos dias de hoje. Hoje, num país já industrializado e inserido na economia e política mundial, como o nosso, não é mais possível imaginar idilicamente uma sociedade em que os cidadãos surdos possam se comunicar exclusivamente em LIBRAS pelo fato de seus conterrâneos ouvintes serem bilíngues em português e LIBRAS. Não é só a sociedade que tem que ser bilíngue para que os surdos sejam incluídos; os surdos também vão ter que ser bilíngues (ou trilíngues!) para ter acesso ao conhecimento que só existe em língua escrita (em português e em outras línguas modernas como o inglês) e para poder participar criativamente da nossa produção cultural. Ou seja, para que os surdos brasileiros de hoje tenham todas as oportunidades para realizar suas potencialidades e sonhos, eles não podem ficar limitados à sua língua de preferência, a LIBRAS. Sem o domínio da leitura e escrita do português, terão suas possibilidades limitadas. A LIBRAS sempre terá a sua função – e uma função de grande importância – na inclusão de surdos brasileiros na sociedade, mas não exclusivamente. O português terá também um papel fundamental. A sociedade, sim, precisa assumir o compromisso de se tornar bilíngue, a ponto de

---

que seu filho tivesse aquilo que poderia ser chamado de *língua do berço*. Nesse cenário ideal, são os pais que se adaptam às necessidades do bebê surdo, e não o bebê que teria que se adaptar às convenções e às expectativas dos pais.

poder garantir aos surdos seu direito a uma língua do berço, de garantir que os surdos, desde bebês, tenham uma língua com que eles possam construir seu mundo e desenvolver-se cognitiva e socialmente, de garantir seu acesso à educação básica; mas isso não será o suficiente. Os surdos também vão ter que se tornar bilíngues em LIBRAS e português.

Esse discurso sobre a necessidade de os surdos dominarem a língua nacional precisa ser feito e compreendido com muito cuidado. É por isso que nos detivemos tanto na exposição sobre a necessidade imprescindível da aquisição da língua de sinais para o bem-estar da criança surda. Precisa ficar muito clara a diferença entre o que estamos dizendo aqui e o discurso fundador do oralismo. O oralista também está preocupado com a inserção do surdo na sociedade, o acesso dele à educação e aos bens culturais. A diferença é que o oralista só vê um caminho – um caminho estreito, íngreme e árduo, por sinal – para atingir esse objetivo: a oralização. Ele não reconhece que diferentes necessidades da criança e diferentes fases da educação podem ser mais bem servidas com outra língua. Em parte, essa cegueira do oralista resulta da ignorância sobre o estatuto linguístico das línguas de sinais: ele considera que a língua gestual é mera mímica, sem capacidade para expressar pensamentos complexos e abstratos. Em parte, a cegueira resulta também da ignorância sobre a aquisição de língua: ele acha que aprender uma língua por meios formais, processo lento e penoso, que requer a intervenção de especialistas, que tira a criança das brincadeiras do seu dia a dia e que nunca a habilita a se sentir perfeitamente à vontade no uso da língua, possa ter o mesmo resultado social, cognitivo e emocional que um processo de aquisição espontâneo. Em parte, ela resulta de ignorância sobre o bilinguismo: ele parece achar que a criança tem uma capacidade limitada para aprender línguas – ou uma preguiça inata –, e que o uso da língua de sinais vai prejudicar a aprendizagem da língua oral. Nenhuma dessas justificativas tem fundamento científico. As línguas gestuais das comunidades surdas são linguisticamente perfeitas, capazes de grande expressividade, sem limitações de tema ou nível de abstração. Línguas naturais adquiridas espontaneamente exercem um papel privilegiado na vida e no desenvolvimento da criança; a "primeira língua" é a mais preciosa conquista da criança nos primeiros três anos de vida. Finalmente, sabemos que a capacidade da mente para processar língua parece ser ilimitada, e que cada língua adquirida além da primeira traz benefícios metacognitivos. Ou seja, não há por que privar a criança de uma "língua do berço" (a língua de sinais) a fim de garantir a ela a chance de aprender uma outra língua majoritária. Ao contrário. É uma questão de prioridade, e a primeira e indiscutível prioridade para o bebê é adquirir uma língua imediatamente acessível nos seus contextos significativos de uso. Essa vai ser a língua da "oralidade" para a criança, a língua usada para a comunicação cotidiana imediata. Isso não significa que ela não possa também ter contato na infância com a língua oral, mas nunca em detrimento da sua língua de preferência.

Num segundo momento, ao ingressar na escola, mais uma vez temos que ser criteriosos e críticos quanto à língua de educação. No nosso cenário idealista em que as crianças surdas brasileiras estão todas adquirindo LIBRAS no berço da família (porque os pais foram orientados a estudar a língua e porque as crianças têm contato com outros surdos), qual seria a opção para as primeiras séries? Não seria a hora de fazer a transição para português? Sim, mas progressivamente, e enfatizando não a língua portuguesa oral, mas a língua portuguesa *escrita*. Isso significa que a *oralidade* do cotidiano escolar deve continuar sendo em LIBRAS. Para as crianças que chegam à escola já fluentes em LIBRAS, a escola não tem justificativa para adiar o ensino *dos conteúdos*, e o ensino deve ser *em LIBRAS*, com professores surdos ou ouvintes bilíngues. Só o fato de estar tratando de conteúdos acadêmicos em LIBRAS vai estimular as habilidades linguísticas dos alunos; mas esse fato não invalida haver também aulas *de LIBRAS*, da mesma forma que crianças ouvintes têm aulas *sobre* o português ao mesmo tempo em que estão estudando *em* português. Esse contexto rico em LIBRAS vai servir crucialmente para aqueles alunos que chegam à escola (realisticamente falando) sem língua nenhuma, fato comum na conjuntura atual, em que os pais são mal orientados e as crianças surdas não são colocadas logo em contato com LIBRAS. Esses alunos, com atraso de vários anos, vão ter a tarefa imperiosa de adquirir LIBRAS (sua primeira língua, já que não têm outra) o mais rápido possível, e para isso, precisam de um ambiente de imersão total.

Espera aí! Parece que estamos nos esquecendo de alguma coisa! Primeiro, como fica a língua portuguesa? E segundo, como fica a inclusão?

O português vai chegando. Como o objetivo vai ser a fluência em LIBRAS e em português escrito, o português vai ser introduzido de duas formas: primeiro, como um apoio escrito nas aulas de conteúdo (o português pode aparecer ao lado, por exemplo, de escrita de sinais)[2]. O importante é que a aula seja sempre focada nos *conceitos*, e não nas *palavras*. Também não vamos esquecer das aulas de português como segunda língua. Sim, já que a primeira língua dos surdos vai ser a LIBRAS, o português vai ser uma segunda língua e vai ter que ser ensinado levando-se isso em conta. Vamos voltar a falar sobre isso na próxima seção.

Mas e a inclusão?

Foi a inclusão de alunos com necessidades educacionais especiais nas escolas comuns que ocasionou o questionamento original. Diante da abrangência da pergunta, não prometi dar uma resposta definitiva, mas prometi que a discussão das diferenças entre as diferenças, em particular das especificidades dos alunos surdos, provocaria uma reflexão crítica sobre o processo da inclusão, como vem acontecendo no Brasil. Munidos dos conceitos discutidos até agora, os leitores já devem poder avaliar a seguinte afirmação de uma das importantes teóricas brasileiras da inclusão, Maria Teresa Eglér Mantoan. Em entrevista dada à revista *Nova Escola*, ela diz: "É até positivo que o professor de uma criança surda não saiba LIBRAS, porque ela tem que entender a língua portuguesa escrita. Ter noções de LIBRAS facilita a comunicação,

---

[2]   Existem várias propostas para uma escrita de sinais, isto é, um sistema de escrita para criar uma ortografia própria para os sinais de LIBRAS que não seja simplesmente a "tradução" para o português. Para ver uma dessas propostas, ver: <http://www.signwriting.org>.

mas não é essencial para a aula" (Cavalcante, 2005, 26). Obviamente isso vai de encontro a tudo o que está sendo dito aqui. Será mesmo que a comunicação não é essencial para o ensino? Na visão da professora, entre dois professores, um que *não consegue se comunicar* com seu aluno (a não ser por meio de gestos e figuras) e um que consegue conversar fluentemente com o aluno numa língua que ele entende, criar com ele um elo afetivo, explicar tudo sobre o assunto do texto e tirar suas dúvidas, é o primeiro professor que tem vantagem na tarefa de alfabetizar uma criança numa língua que ela nunca ouviu. Se Mantoan tiver razão, também seria positivo que os professores dos alunos *ouvintes* não soubessem *português*! Isso também não incentivaria os alunos a aprender a língua portuguesa escrita, pela impossibilidade de eles compreenderem a aula de outra forma?

É preocupante que a inclusão esteja sendo concebida e implantada com tamanho desprezo pelo direito que os alunos surdos têm de *compreender* tudo o que está acontecendo na sala de aula. Se existe uma língua acessível a eles, que permite que eles tenham acesso pleno aos conteúdos, com a possibilidade de eles discutirem, debaterem e colocarem suas dúvidas, a escola – a nação – tem o direito de privá-los da possibilidade de ser educados nessa língua?

A ironia dessa questão é que a conscientização da sociedade sobre a importância da LIBRAS para o desenvolvimento cognitivo e social de surdos já resultou no reconhecimento oficial da LIBRAS em nível nacional. Ela já é uma língua oficial do Brasil, recomendada por lei para garantir o acesso dos surdos à educação e aos serviços públicos. Ela já está sendo implantada como disciplina obrigatória nos cursos de licenciatura, pedagogia e fonoaudiologia, por força da lei[3]. Paralelamente a isso, vem paradoxalmente a inclusão, pregando a

---

[3]   Não que um curso introdutório de LIBRAS vá resolver os problemas de comunicação entre surdos e seus professores na inclusão escolar, e certamente não vai permitir que os professores dêem aula em duas línguas simultaneamente para atender igualmente aos alunos ouvintes e surdos! De qualquer maneira, é um avanço no sentido de prover para futuros professores e profissionais uma conscientização sobre LIBRAS como língua e sobre a comunidade surda como um grupo linguístico minoritário.

distribuição de alunos "deficientes" em escolas comuns e o progressivo fechamento das escolas especiais (ou sua transformação em "polos de apoio").

Com todos os defeitos que possam ter, as escolas especiais para surdos têm a grande vantagem de agregar surdos, criando um ambiente para o cultivo da LIBRAS e sua aquisição por alunos surdos que não tiveram outro contato com a língua. A LIBRAS nem precisa ser uma língua oficial da escola e não precisa ser ensinada na escola para estar presente. Ela estará presente, se não nas aulas, no recreio, pela absoluta necessidade dos alunos de socializar e conversar entre si sobre seu mundo. Distribuir esses alunos em escolas comuns significa, em muitos casos, isolar os alunos surdos uns dos outros, abortando o processo de aquisição de LIBRAS e forçando as crianças a permanecer no limbo de uma pessoa sem língua.

Se a inclusão é "irreversível", como afirmam Francelin & Motti (2001), ela vai ter que se acomodar à necessidade número um dos alunos surdos, isto é, a convivência com outros surdos e ouvintes *usando LIBRAS*. Isso pode ser feito, por exemplo, criando-se, entre as escolas comuns, "polos" regionais que agreguem o maior número de surdos em classes especiais em que LIBRAS seja usada como língua de ensino durante parte do dia (ver, por exemplo, Nicolucci & Dias, 2006). Para uma visão equilibrada sobre a inclusão e suas contradições internas, ver Mendes (2006).

Português (e outras línguas) como L2 e LE para surdos

Chegamos de volta à pergunta inicial sobre o ensino de LE para alunos com necessidades especiais. Como pode ser visto na bibliografia de Wilson (2007), muita coisa já foi publicada sobre o assunto. Isso não significa, no entanto, que já existe um conhecimento consolidado sobre a adoção de estratégias e a utilização de recursos para esse fim. Se a literatura sobre o ensino de inglês para surdos é indicativa, o que mais se encontra são relatos de experiência de professores e instituições. Essa literatura é difícil de ser avaliada pela falta de informações precisas sobre as variáveis centrais como: os objetivos do ensino (e.g., língua oral ou língua escrita), o contexto de ensino (língua oral ou língua de sinais, classes especiais ou inclusivas) e o perfil dos alunos (oralizados ou fluentes em língua de sinais). Essa imprecisão é o resultado, em parte, das exigências imediatas dos contextos de ensino: as instituições tinham alunos para ser educados e os educadores buscavam soluções práticas possíveis; o objetivo não era o de fazer pesquisa básica com os controles necessários. Mas a imprecisão também é o resultado da falta de conhecimentos teóricos sobre os assuntos tratados neste artigo: a natureza linguística das línguas de sinais, a precariedade da oralização como aquisição de língua, os efeitos de aquisição tardia de uma primeira língua, o papel cognitivo fundamental de uma "língua do berço", o papel da socialização entre surdos na aquisição de língua gestual. A literatura deve ser lida sempre com esses parâmetros em mente.

A primeira grande "descoberta" no período recente de reflexão sobre a educação de surdos, após as primeiras pesquisas linguísticas sobre línguas de sinais dos anos 1960, é a tomada de consciência de que a língua nacional não é a "primeira língua" dos surdos, e que, portanto, deve ser tratada como segunda língua. Nos Estados Unidos, essa ideia coincidiu com uma rápida expansão do interesse em pesquisa sobre o ensino de segunda língua e educação bilíngue, nos anos 1980. Houve uma esperança de que o ensino de inglês para surdos norte-americanos poderia ser resolvido com a aplicação de abordagens e métodos sendo desenvolvidos para o ensino de segunda língua[4].

Em 1982, foi criada uma revista que reflete essa esperança: *Teaching English to Deaf and Second Language Students*. Foram publicados dez volumes até sua interrupção em 1994. Dentro da organização TESOL (Teachers of English to Speakers of Other Languages), surgiu em 1987 um SIG (Special Interest Group) chamado Teaching English to Deaf Students. Esse grupo ficou ativo até 2001, quando

---

[4] No Brasil, o estudo do ensino de português como segunda língua para surdos ainda está no começo, mas já conta com alguns trabalhos iniciais, por exemplo, Salles et al. (2003).

foi absorvido pelo sig de Bilingual Education. A não sobrevivência dessas iniciativas reflete a falta de consolidação, nesse período, de pesquisas que comprovem os pontos em comum e os pontos de diferença entre a aquisição de uma segunda língua oral por ouvintes e a aquisição de uma língua oral (nas suas modalidades falada ou escrita) por surdos. Por um lado, alguns processos parecem ser comuns aos dois grupos (cf. Allington, 1998), mas outros, como as estratégias usadas por surdos na alfabetização inicial e a aquisição da sintaxe da língua oral, até agora continuam mal compreendidos.

O resultado mais robusto para o qual as pesquisas têm apontado é o de que os surdos que aprendem melhor (inclusive a ler e escrever uma língua oral) são aqueles com maior proficiência em língua de sinais, isto é, aqueles que nasceram em famílias surdas, ou que tiveram contato com a língua mais cedo, ou que usaram a língua durante mais tempo (e.g. Hoffmeister, 2000; Chamberlain; Mayberry, 2000). É com base nesses resultados que se pode afirmar a necessidade absoluta de uma língua de sinais como meio de ensino para surdos, principalmente no ensino fundamental.

Outra esperança que se teve durante esse mesmo período foi a de que as novas tecnologias de comunicação pudessem oferecer meios de superar as dificuldades de aprendizagem dos surdos por meio de mídias visuais. Essa promessa não tem se concretizado como método específico para surdos. A boa comunicação visual é eficaz tanto para surdos quanto para ouvintes, e complementa, mas não substitui, o papel da língua na elaboração de conceitos.

O que as novas tecnologias parecem mais ter a oferecer para surdos são as oportunidades de usar a forma escrita das línguas orais interativamente, primeiro nos *chats* e *e-mails* e mais recentemente nos torpedos dos telefones móveis. Sem dúvida, o português que os surdos usam nesses novos meios interativos não é o português padrão: ele combina as particularidades do português "surdo" com as particularidades do português dos *chats* dos jovens. Mesmo assim, a interatividade traz uma nova dimensão para a relação do surdo com a língua oral. Pela primeira vez, é possível tratar a língua oral (na sua modalidade escrita) de uma forma mais próxima à oralidade, em que os turnos conversacionais criam oportunidades de interpretação e produção linguística em tamanhos factíveis: um turno por vez, com tempo disponível para pensar e formular uma interpretação e uma resposta. É uma forma de aproximar, para o surdo, o tipo de interação usando a língua oral que a criança ouvinte experimenta na conversação com seus familiares – e que ouvintes jovens e adultos experimentam nas salas de aula de inglês, francês, espanhol etc. como segunda língua.

Essa possibilidade foi primeiro percebida em 1985 por um professor de inglês da Gallaudet University, a primeira universidade para surdos dos Estados Unidos. O professor Trent Batson ministrou um curso de redação em inglês por meio de uma rede local de computadores em que *toda* a comunicação entre professor e aluno (e entre aluno e aluno) aconteceu por escrito em mensagens enviadas pela rede. Essa experiência e seus desdobramentos são descritos em Bruce et al. (1993) e Peyton & French (1996); veja também Wood (1995). Infelizmente, as experiências na Gallaudet não conseguiram estabelecer a interatividade escrita como norma no ensino de inglês naquela universidade, ou no ensino com surdos em geral; mesmo assim, as experiências de Batson e seus colegas foram o início de um crescente interesse pelo uso de redes de computadores no ensino de redação em inglês *para ouvintes* que continua até hoje, exemplificado nos congressos anuais de Computers and Writing e na revista *Computers and Composition*[5]. No Brasil, uma excelente justificativa para a eficácia no ensino da interação em português por computador, aproveitando a LIBRAS como meio presencial de construção de significados, pode ser vista na dissertação de mestrado de Valentini (1995).

Como sinalizei no começo deste artigo, o campo para pesquisa está completamente aberto. O que se precisa são estudos que vão além da descrição do português escrito por surdos – embora tais estudos

---

[5]   Cf. *Computers and Writing* 2008, em: <http://www.cw2008.uga.edu/cw2008/>, e *Computers and Composition*, em: <http://www.bgsu.edu/cconline/>.

tenham um papel importante na comprovação de que surdos em geral não dominam o português padrão e, em consequência, que podem ter seu acesso à educação superior negado por questões normativas e não de conteúdo. Precisamos saber mais sobre os processos de alfabetização de surdos que são bons leitores, sobre os problemas de *compreensão de leitura*, e não só de produção de escrita. Precisamos saber mais sobre o uso do "português surdo" como uma versão escrita da LIBRAS. Precisamos saber mais sobre a própria gramática da LIBRAS, para compreender as influências sobre o processamento da língua oral e para desenvolver materiais de ensino (tanto de LIBRAS quanto de português para surdos) mais apropriados.

Espero que, a partir dessas reflexões, a pergunta de Karine tenha despertado nos leitores um alerta quanto ao agrupamento de todas as diferenças sob o único rótulo de "alunos com necessidades especiais" ou "deficientes", e um redobrado interesse pelos desafios que a inclusão desses alunos na rede comum apresenta para todos nós.

Avaliação: uma reflexão

EDNA PIRES CORREIA *pergunta*

MELISSA SANTOS FORTES E ANA MARIA STAHL ZILLES *respondem*

EDNA PIRES CORREIA: Gostaria de abordar a questão da avaliação em língua estrangeira, algo bem difícil de ser trabalhado. Quando pensamos em avaliação, geralmente pensamos em julgamento, ou algum tipo de teste, prova ou algo que julgue a competência de alguém sobre determinado assunto. Na realidade, pensar em mensurar o conhecimento, a capacidade física, psíquica, artística de alguém por meio de uma situação que envolva provas, testes, concursos, é admitir o momento da falha que está envolvido em um contexto muito maior, pois o resultado de uma avaliação nem sempre leva em conta as emoções, problemas familiares, doenças, limitações etc.

A avaliação está presente em nossa vida desde o momento em que nascemos. A partir daí, somos levados ao mundo do mensurável, onde tudo tem um conceito, uma nota, um critério, um padrão.

Se pensarmos a avaliação como "um ato diagnóstico que tem por objetivo a inclusão e não a exclusão" (Luckesi, 1997, 173), auxiliaremos nossos alunos de língua estrangeira no processo de ensino/aprendizagem, independentemente das habilidades que enfocarmos em nossa salas de aula. Poderemos contemplar tanto os erros como os acertos, os alunos mais e menos brilhantes, aceitando o erro como instrumento importante no alcance do objetivo almejado.

Mesmo sabendo que dentro da sociedade em que vivemos a avaliação é uma constante e não deixa de ser necessária, dentro de mim existe uma pergunta que parece não calar: o que fazer como educadora para avaliar esse processo e auxiliar no desenvolvimento de pessoas mais livres?

MELISSA SANTOS FORTES E ANA MARIA STAHL ZILLES: A avaliação não apenas está em nossa vida desde o momento em que nascemos como, segundo McNamara (2000, 3), é um aspecto universal da vida social. De acordo com o autor, convivemos nas sociedades modernas com testes de *doping*, testes de DNA, testes de paternidade, testes médicos (aqui incluídos todos os exames de saúde que se pode realizar), testes de direção, provas e entrevistas de seleção para emprego, testes de bafômetro, entre outros. Ser avaliado é, portanto, uma constante na vida das pessoas. No conjunto de avaliações às quais um indivíduo é submetido ao longo da vida, temos também as avaliações escolares e acadêmicas.

Na vida extraescolar, cada avaliação é realizada de acordo com um objetivo específico e com um contexto particular, sendo os instrumentos de avaliação definidos com base no resultado a que se quer chegar e nos dados que se precisa colher para tal. As análises dos dados coletados são feitas a partir de critérios que permitam identificar, nesses dados, as informações que levem à tomada de decisões sobre o que está sendo avaliado. No caso dos testes de paternidade, por exemplo, se x é realmente pai de y. Nos testes de bafômetro, se o cidadão havia ultrapassado o limite de consumo de álcool permitido aos motoristas. Nas seleções para emprego, se o candidato tem o perfil ideal para ocupar a vaga existente. Nos exames médicos, qual é a moléstia e qual o melhor tratamento para o paciente que a tem.

Nas avaliações escolares e acadêmicas, o mesmo deve acontecer. Os alunos devem ser submetidos a instrumentos de avaliação que forneçam dados ou amostras de seu desempenho em determinada competência ou área de conhecimento a fim de que as decisões mais adequadas com relação à trajetória de aprendizagem desse aluno possam ser tomadas. Em outras palavras, se o aluno pode progredir ou se ele deve retomar todos ou certos conteúdos avaliados pelos instrumentos.

1. Testes de itens isolados e testes de desempenho

O que vemos na maioria das salas de aula, sobretudo de língua estrangeira, são avaliações que medem em separado os conhecimentos e as habilidades na língua-alvo, sempre de forma restrita e descontextualizada. Temos como exemplo os testes de múltipla escolha, os de preencher lacunas ou os de verdadeiro ou falso (Schlatter, Almeida, Fortes & Schoffen, 2005), em que os itens linguísticos são testados independentemente do contexto e de sua relação com os demais itens da língua. Esses testes são chamados de *testes*[1] *de itens isolados* (Hughes, 1999, 16; McNamara, 2000, 13-14; Schlatter et al., 2005, 13). Por segmentarem itens isolados de conhecimento, acabam por testar o conhecimento de forma indireta.

Que tipo de inferência sobre o conhecimento de língua por parte dos alunos podemos fazer com base em dados obtidos por meio de testes de itens isolados? Basicamente, podemos ter acesso à compreensão que esse aluno tem dos itens lexicais e das regras gramaticais avaliadas por esse tipo de teste, assim como podemos verificar até que ponto ele compreende o próprio tipo de teste que está sendo apresentado, o que não é a mesma coisa que saber este ou aquele conteúdo ou ter desenvolvido esta ou aquela competência. Em outras palavras, o aluno deve ter aprendido não só certos conteúdos e desenvolvido certas competências, mas deverá saber, especificamente, como se responde a cada tipo de teste, seus pressupostos, e, em certos casos, até mesmo suas armadilhas e malícias.

Por meio de testes de itens isolados, podemos saber, por exemplo, o quanto o aluno é capaz de identificar e de aplicar a regra de uso

---

[1] Usaremos aqui teste e avaliação como sinônimos. Isso significa que ao falarmos de teste ou de avaliação estamos englobando todos os tipos de instrumentos de avaliação aplicados em sala de aula (individual, em pares, em grupos, com consulta, sem consulta, testes, trabalhos, apresentações etc.).

do –s da terceira pessoa do singular no presente simples em língua inglesa. Ou o quanto ele é capaz de identificar e de aplicar as regras que regem os plurais regulares e irregulares na língua inglesa.

Mas como proceder se quisermos ter acesso ao que os alunos podem fazer com a língua inglesa, e não apenas ao que sabem sobre ela? Para isso, devemos considerar os instrumentos de avaliação direta, tecnicamente chamados de *testes de desempenho* (Schlatter et al., 2005, 13-14). Ao contrário dos testes de itens isolados, que testam o conhecimento segmentado em partes, os testes de desempenho pressupõem que o conhecimento seja uma rede integrada e que, portanto, deva ser avaliado em sala de aula em situações de uso semelhantes àquelas da vida real. Para a área de línguas estrangeiras, isso significa levar o aluno a interagir e agir na língua, sendo testado na sua capacidade de produção da língua, não somente no seu reconhecimento das estruturas gramaticais e do léxico. São exemplos disso os testes em que se solicita ao aluno que use seus conhecimentos de língua para, por exemplo, apresentar-se, descrever fatos ou lugares, aceitar ou recusar convites, convencer, reclamar etc. (p. 14).

Se quisermos fazer inferências válidas sobre a capacidade de um aluno de escrever uma carta a um amigo estrangeiro falando de seu país, é necessário que a esse aluno seja dada a oportunidade de ser avaliado em uma tarefa de produção escrita na qual ele tenha que, exatamente, escrever uma carta a um amigo estrangeiro, falando de certos aspectos de seu país (culinária, festas, clima, entre outros). Isso, é claro, deve levar em conta a capacidade de uso dos recursos linguísticos na língua estrangeira que esse aluno tiver no momento daquela avaliação.

Como afirma Luckesi (1996, 28), "a avaliação não se dá nem se dará num vazio conceitual, mas sim dimensionada por um modelo teórico de mundo e de educação, traduzido em prática pedagógica". Ou seja, uma avaliação de itens isolados está calcada em uma noção de língua como um conjunto de estruturas gramaticais e de regras lexicais que devem ser memorizadas pelo aluno. A aprendizagem aqui se dá à medida que o aluno é capaz de identificar e de aplicar as regras gramaticais e lexicais da língua que está aprendendo. Nada mais coerente, portanto, que a avaliação de itens isolados para medir a capacidade do aluno de ativar regras gramaticais e lexicais previamente memorizadas e usá-las em testes que exijam a identificação e aplicação dessas regras.

Já uma avaliação de desempenho está comprometida com uma prática pedagógica que entende língua como ação social. Aprendizagem de língua aqui significa tornar-se capaz de usar a língua para agir no mundo, tanto em âmbitos cotidianos quanto profissionais e acadêmicos. O aluno não somente deve desenvolver conhecimento sobre as estruturas gramaticais e o léxico da língua, mas também deve saber aplicá-los em diferentes contextos de uso, com diferentes propósitos e para diferentes interlocutores. Não basta, pois, avaliar somente o que o aluno sabe sobre a língua, mas também e, sobretudo, o que ele é capaz de fazer com a língua que aprendeu.

2. Conceitos fundamentais para uma boa avaliação

Tendo explicitado as diferenças entre avaliação de itens isolados e avaliação de desempenho, bem como os pressupostos de língua e de aprendizagem de língua que subjazem a cada uma, cabe aqui apresentar e discutir alguns conceitos fundamentais na área de avaliação de línguas, com o objetivo de refletir sobre aspectos teóricos que fundamentam a prática de avaliar o desempenho de alunos em sala de aula de língua estrangeira e, a partir deles, pensar uma prática de avaliação que seja condizente com os objetivos de ensino-aprendizagem almejados no contexto escolar.

Idealmente, toda a avaliação deve ser *válida*, *confiável* e *prática*. A seguir, desenvolveremos os conceitos de validade, confiabilidade e praticidade em relação à avaliação de línguas estrangeiras.

2.1 Validade

Historicamente, o conceito de validade na área de avaliação de línguas foi inicialmente entendido como o quanto e com qual precisão um instrumento de avaliação mede aquilo que pretende avaliar.

Já em sua revisão histórica sobre o conceito de validade na área de avaliação de línguas, Chapelle (1999) esclarece que a noção *atual* de validade é relativamente recente e deve muito a trabalhos do final dos anos 1980 e início dos anos 1990. Segundo o autor, tais trabalhos foram fundamentais para a redefinição do conceito, uma vez que introduziram a ideia de que a noção de validade deveria levar em conta não somente o quanto os testes medem aquilo que pretendem medir, mas igualmente as inferências que são feitas com base nos resultados dos testes e os usos futuros desses resultados em situações reais da vida cotidiana (Chapelle, 1999).

Bachman (1998), Hughes (1999) e Brown (2004) reforçam a ideia de que há mais no conceito de validade do que simplesmente "medir acuradamente aquilo que se pretende medir" (Hughes, 1999, 22). E dão seguimento à discussão, apresentando outros aspectos envolvidos na noção de validade, tratados a seguir.

Um deles tem a ver com a relação entre as especificações de conteúdo que o teste pretende avaliar e o conteúdo que ele efetivamente avalia. A isso chamamos de *validade de conteúdo* (Hughes, 1999; Brown, 2004). Assim, a validade de conteúdo é atingida quando um teste efetivamente avalia amostras de conteúdo relevantes e representativas, sobre as quais serão estabelecidas as conclusões, sendo que a definição do que é relevante e representativo depende dos propósitos do teste (Brown, 2004, 23-24; Hughes, 1999, 22).

Outro aspecto diz respeito à *validade de critérios*, ou seja, o quanto os resultados de uma avaliação estão de acordo com os resultados de outra que tenha como base os mesmos critérios (Brown, 2004, 24). Um instrumento de avaliação que tiver os critérios de correção bem claros e definidos, fielmente aplicados pelo corretor no exame de todas as amostras desse instrumento (ou seja, as produções dos alunos), será um instrumento com alta validade de critérios.

Temos ainda a *validade de construto*, a qual é atingida quando um teste avalia aquela habilidade que pretende avaliar (Hughes, 1999, 26). O construto pode ser definido como qualquer teoria, hipótese ou modelo que procure dar conta de alguma competência ou habilidade. Diferentes testes, portanto, constituem operacionalizações de construtos teóricos diversos (Brown, 2004, 25). Um exemplo disso são os testes de itens isolados e os testes de desempenho, os quais operam com base em construtos distintos. Como vimos anteriormente, enquanto os testes de itens isolados estão baseados em uma noção de língua como um conjunto de estruturas gramaticais e regras lexicais, os testes de desempenho se associam a uma noção de língua como prática social, na qual a língua é usada pelos indivíduos para agirem no mundo.

Há, finalmente, a *validade de face*, observada quando um teste parece avaliar aquilo que pretende avaliar (Hughes, 1999, 27; Brown, 2004, 26). Ela é medida pelo julgamento subjetivo dos alunos sobre o quanto um instrumento de avaliação parece estar avaliando os conhecimentos ou habilidades que ele se propõe avaliar (Brown, 2004, 27).

2.2 Confiabilidade

O conceito de confiabilidade está relacionado à garantia de que todos os alunos tenham condições iguais de realização dos instrumentos de avaliação, bem como sejam avaliados de forma equânime.

Segundo Schlatter et al. (2005, 19),

> a confiabilidade de um teste consiste em fazer com que todos os candidatos sejam avaliados em igualdade de oportunidades, minimizando os efeitos na avaliação de fatores externos ao teste, fazendo com que o construto que se está testando seja avaliado de maneira uniforme.

Isso significa que toda avaliação deve procurar minimizar a interferência de fatores externos, muitas vezes incontroláveis, na avaliação do desempenho final do aluno. Dentre esses fatores externos, podemos citar o cansaço, problemas pessoais, condições climáticas, questões de saúde, entre outros.

E como minimizar a interferência desses fatores externos na aplicação do instrumento de avaliação e na avaliação do desempenho do aluno?

Em primeiro lugar, é preciso que seja garantida aos alunos a uniformidade das condições de aplicação (Schlatter et al., 2005, 19-20). Todos os alunos devem fazer a avaliação, seja ela individual, seja ela em duplas ou grupos, no mesmo local e com o mesmo tempo disponível para a finalização do instrumento. Além disso, todos os alunos devem, preferencialmente, responder às mesmas questões. E quando isso não for possível ou desejável, os alunos devem responder a questões com grau bastante semelhante de exigência de suas competências e habilidades.

Em segundo lugar, todas as avaliações devem ser corrigidas com base nos mesmos critérios. Contudo, isso isoladamente não garante a confiabilidade da avaliação. É preciso ainda que esses critérios tenham relação estreita com as competências e habilidades que o instrumento se propõe a medir. E que, por sua vez, as competências e habilidades medidas pelo instrumento sejam realmente representativas daquelas que se quer identificar e avaliar no desempenho do aluno.

Isso implica a criação de grades de correção e/ou gabaritos que, no caso dos testes/avaliações de desempenho, devem assegurar que todos os alunos sejam avaliados com base nas mesmas respostas esperadas para cada item do teste/avaliação.

Em terceiro lugar, os testes de desempenho, ao contrário dos testes de itens isolados, podem apresentar um alto grau de subjetividade, diminuindo, assim, sua confiabilidade. Como, então, reduzir a subjetividade nos testes que avaliam desempenho? Além de critérios de avaliação claros, precisos, relevantes e coerentes com as habilidades e competências que se quer medir, a distribuição dos pesos deve ser feita de forma equilibrada e condizente com a importância de cada critério no desempenho geral do aluno. Por exemplo, se o que queremos medir é a capacidade do aluno de escrever uma carta pessoal em inglês na qual ele fala do seu nome, sua cidade de nascimento, sua família e sua escola, não é coerente que o item ortografia tenha um peso maior do que o item coesão/coerência textual. Isso se justifica porque o que garantirá a compreensão desse texto pelo leitor será o domínio da habilidade de produzir um texto coerente e coeso. Um texto que tenha todas as palavras escritas corretamente, mas que não seja coeso e coerente, fará muito menos sentido para o leitor do que aquele que tenha alguns problemas de ortografia, porém consiga apresentar coesão e coerência textual.

Retomando, então, podemos dizer que a escolha dos critérios de avaliação e sua aplicação uniforme, traduzida na distribuição dos pesos para cada critério e no uso dos mesmos critérios para cada instrumento avaliado, são essenciais para a garantia da confiabilidade da avaliação. Os alunos devem ter respeitado o direito de serem avaliados pelos mesmos critérios, os quais, por sua vez, devem refletir exatamente as habilidades e competências que se quer identificar e avaliar no desempenho deles. Isso, em conjunto com a igualdade das condições de aplicação, é o que efetivamente assegura que uma avaliação seja confiável.

2.3 Praticidade

Além de válida e confiável, toda a avaliação deve ser também prática. A praticidade tem a ver com os custos e tempo despendidos para a elaboração, aplicação e correção de uma avaliação.

Voltando à comparação dos testes de itens isolados com os testes de desempenho, o grau de praticidade dos primeiros é muito mais alto. Um teste de itens isolados, por envolver questões de múltipla escolha ou de preenchimento de lacunas, é altamente prático na sua aplicação e na sua correção, uma vez que pode ser aplicado a muitos alunos ao mesmo tempo e pode conter em si um grande número de questões. Além disso, o tempo despendido na correção de itens de múltipla escolha é pequeno. Contudo, conforme Hughes (1999, 61), a elaboração de bons testes de múltipla escolha é altamente complexa e requer muito tempo e uma equipe especializada.

Por outro lado, um teste de desempenho não seria, pela sua natureza, uma avaliação com alto índice de praticidade. O que fazer, então, para tornar as avaliações de desempenho práticas?

Para que isso aconteça, é preciso que as avaliações de desempenho contenham em si o número relevante e suficiente de questões para a realização de inferências sobre as competências e habilidades dos alunos avaliados, levando-se em conta o tempo e os recursos disponíveis para a aplicação.

É também essencial que haja uma grade de avaliação clara, objetiva e fácil de ser usada, sendo os critérios de clareza, objetividade e facilidade determinados pelo grau de proximidade e de abrangência que a grade terá em relação às habilidades e competências avaliadas pelo instrumento. Isso economiza custos e tempo de correção. Garante ainda, como vimos anteriormente, uma percepção mais confiável do desempenho do aluno que realiza o instrumento de avaliação.

2.4 Para integrar validade, confiabilidade e praticidade

Em suma, não importando o tipo de avaliação, ela deve ser válida, confiável e prática. Enquanto os testes indiretos, ou de itens isolados, têm alto índice de confiabilidade e de praticidade, os testes diretos, ou de desempenho, primam pela validade. Cabe ao professor o julgamento de quais aspectos de avaliação são mais relevantes para cada momento pedagógico, levando sempre em conta o percurso de aprendizagem percorrido pelo aluno, na medida em que deve ser este percurso o objeto da avaliação.

3. Considerações finais

Em primeiro lugar, é preciso reconhecer que não basta que o professor se proponha a uma avaliação que auxilie no desenvolvimento de pessoas mais livres se a própria prática pedagógica da qual a avaliação faz parte não tiver tal característica. No ensino de línguas estrangeiras, como nas demais disciplinas, o desenvolvimento de pessoas mais livres pode ser promovido por práticas de sala de aula que conduzam ao letramento crítico dos alunos (Cox; Assis-Peterson, 2000) e que abram espaço para interações respeitosas, menos assimétricas e mais democráticas (Fabrício, 2007). Nessa perspectiva, a voz do aluno passa a ser valorizada em processos de construção conjunta de conhecimento (Garcez, 2006) e isso estimula o desenvolvimento de sua reflexão crítica, leva-o a aprender a fundamentar e justificar suas posições e a agir com responsabilidade e autonomia. Haverá, portanto, um processo, um devir, um percurso de aprendizagem do aluno, o qual, justamente, será o alvo da avaliação.

Desse modo, impõe-se, antes de tudo, a exigência de coerência entre o ensino e a avaliação, e esta deve nos dar uma visão adequada da consecução de nossos objetivos pedagógicos, consubstanciados nos resultados dos alunos nos testes.

Para que o ensino e a avaliação auxiliem a desenvolver pessoas mais livres, é preciso que se conceda ao aluno, tanto num quanto noutra, o direito e a oportunidade de fazer escolhas – de fato, de procurar fazer as melhores escolhas, de acordo com cada momento e contexto. Nesse caso, vamos avaliar a capacidade do aluno de fazer as escolhas adequadas. Para tanto, serão necessários critérios de avaliação mais complexos e mais flexíveis, que não se reduzam a um esquema binário de certo e errado, mas antes se expressem por um elenco de possibilidades sobre um eixo que define graus de adequação. Os conceitos de validade, confiabilidade e praticidade serão indispensáveis para se avaliar a própria avaliação, antes e depois de sua realização. Acreditamos, por fim, que nossa melhor escolha para auxiliar a desenvolver pessoas mais livres, no ensino de língua estrangeira, coadune-se com testes de desempenho.

Evidentemente, ainda é preciso reconhecer que a avaliação deve ser um processo *constante* e *cumulativo*, oferecendo oportunidades para que o aluno, quando necessário, repense e refaça trabalhos, tendo em vista a possibilidade de aprender com os erros para ser capaz de fazer escolhas melhores da próxima vez que se defrontar com situação semelhante.

Além disso, a avaliação deve ser *processual*, para garantir que o aluno possa encontrar novamente situações semelhantes ou que exijam conhecimentos e/ou habilidades desenvolvidos anteriormente, refletindo uma organização espiralada do ensino e da avaliação.

Pensamos também que a avaliação pode oferecer oportunidades de *trabalho em duplas* que permitam valorizar não resultados apenas acidentais, mas coconstruídos, entendendo que também se aprende na hora dos testes. Testes que exigem só reprodução de conhecimento subestimam muito as capacidades dos alunos e os levam a adotar posição de submissão frente a uma das mais valiosas facetas da educação, qual seja, a da produção de novos conhecimentos. Já testes que exigem que o aluno mobilize e aplique diferentes conhecimentos de forma reflexiva e crie respostas únicas de acordo com suas capacidades fazem-no pensar e aprender ao mesmo tempo em que trabalha para ser avaliado.

A avaliação pode auxiliar no desenvolvimento de pessoas mais livres se fizer parte de um ensino que detenha as mesmas características e se com ele for coerente. Sustenta essa posição a discussão que tem sido feita em torno de uma concepção dialógica[2] e emancipatória de avaliação:

> [A avaliação dialógica é um] tipo de avaliação baseada nos ideais do educador brasileiro Paulo Freire e que não possui o caráter punitivo que caracteriza a avaliação numa concepção bancária e burocrática da escola. A avaliação dialógica, segundo o Instituto Paulo Freire, leva em conta que o funcionamento da escola democrática, a partir de uma estrutura colegiada, exige novas formas de avaliação. "Esta deverá ser necessariamente 'dialógica', tanto interna quanto externamente. Internamente, pois, se ela pode estabelecer seus objetivos é ela que deve avaliar se está, ou não, atingindo-os. Externamente, isto é, nas relações que mantém com a comunidade, com a Delegacia de Ensino e com a Secretaria de Educação. A avaliação dialógica é trans-

---

[2] Para a educação libertadora, o conhecimento não é estático, mas um processo de descoberta coletiva, mediado pelo diálogo entre educador e educando. Nessa perspectiva, a avaliação não é uma simples cobrança de conhecimentos, mas oportunidade de aprendizagem para o aluno e para o professor. Uma referência importante nesse sentido é o livro de J. E. Romão, *Avaliação dialógica:* desafios e perspectivas. São Paulo: Cortez/Instituto Paulo Freire, 2003.

disciplinar, isto é, considera o desenvolvimento e a aprendizagem dos alunos na pluralidade integrada das disciplinas do currículo escolar como um todo (Menezes & Santos, 2002).

A esse respeito, por exemplo, Gadotti (1999) destaca que a avaliação da aprendizagem não pode ser independente da avaliação institucional ("São distintas, mas inseparáveis"), porque o rendimento do aluno depende das condições institucionais e do projeto político-pedagógico da escola. Para esse autor, a avaliação necessita de uma referência, o próprio projeto político-pedagógico da escola. A seu ver, "é no encontro de sujeitos que se constrói um projeto". Para tanto, a intersubjetividade e o diálogo são essenciais. "Um modelo comunicativo de escola a ser construído como escopo da avaliação emancipatória deve facilitar a função social da escola como 'serviço público' e como formadora do cidadão e da cidadã." Como professores de línguas estrangeiras e educadores, devemos lembrar que nosso papel envolve a não submissão do aluno a práticas sociais e modelos de sociedade autoritários, bem como a crítica responsável a qualquer forma de colonialismo, imperialismo ou dominação. A formação do aluno não é completa – e nem mesmo satisfatória – se não o levar a pensar criticamente e a agir, com autonomia, de acordo com sua consciência, em busca de uma sociedade mais humana e justa.

Por fim, fazemos referência a outro aspecto da avaliação que também merece a atenção do professor de línguas estrangeiras, em contraste com a avaliação de desempenho acima discutida. Trata-se da avaliação do grau de proficiência dos alunos, questão amplamente discutida em função da existência, hoje em dia, de múltiplos testes institucionais muito valorizados social e profissionalmente. Sugerimos, nesse sentido, a leitura de Schlatter, Garcez & Scaramucci (2004); de Scaramucci (1995, 2000) e de Sacamori (2006), pois acreditamos que a compreensão dos objetivos diferentes de uma e de outra avaliação pode ser muito esclarecedora para os professores e pode fundamentar práticas de sala de aula mais profícuas e benéficas para o aluno.

Bibliografia geral

ABREU-E-LIMA, D. P. M. A aquisição de inglês como língua estrangeira: o papel do *input*, in EPPLE, 4, 1996, Assis. *Anais...* Assis, 1996, p. 78-82.

ADASKOU, K., BRITTEN, D., FASHI, B. Design Decisions on the Cultural Content of a Secondary English Course for Morrocco. *ELT Journal*, v. 44, n. 1, p. 3-10, 1990.

ALLINGTON, L. M. Critical Literacy: Key to Empowerment in Deaf Language Education. Empowerment Through Partnerships: PEPNet '98, in BIENNIAL CONFERENCE ON POSTSECONDARY EDUCATION FOR PERSONS WHO ARE DEAF OR HARD OF HEARING, 8., 1998. *Proceedings...* Disponível em: <http://sunsite.utk.edu/cod/pec/products/1998/allington.pdf>. Acesso em: 10 dez. 2007.

ALPTEKIN, C., ALPTEKIN, N. The Question of Culture EFL Teaching in Non-English Speaking Countries. *ELT Journal*, v. 38, n. 1, p. 14-20, 1984.

ALVARENGA, M. B., BACELLAR, F. Construindo competências sobre e com o livro didático de inglês, in ALVAREZ, M. L. O., SILVA, K. A. da (orgs.). *Linguística aplicada: múltiplos olhares*. Campinas: Pontes; Brasília: Finatec, 2007, p. 141-166. v. 1.

ALVES, R., DIMENSTEIN, G. *Fomos maus alunos*. Campinas: Papirus, 2004.

ALLWRIGHT, D., FRAHM, G. F., GIMENEZ, T. Do Lessons Matter? *Working Papers Series*, Lancaster, n. 17, 1993.

ALLWRIGHT, R. L. Why Don't Learners Learn What Teachers Teach? The Interaction Hypothesis, in SINGLETON, D. M., LITTLE, D. (orgs.). *Language Learning in Formal and Informal Contexts*. Dublin: Irish Association for Applied Linguistics, 1984, p. 3-18.

AMORIM, V., MAGALHÃES, V. *Cem aulas sem tédio*. Porto Alegre: Editora Instituto Padre Reus, 1998.

APPLE, M. W. *Educação e poder*. Trad.: Mª Cristina Monteiro. Porto Alegre: Artes Médicas, 1989.

APPEL, R., MUYSKEN, P. *Language Contact and Bilingualism*. London: Edward Arnold, 1987.

AVERY, P., EHRLICH, S. *Teaching American English Pronunciation*. Oxford: Oxford University Press, 1992.

BACHELARD, G. *A intuição do instante*. Campinas: Verus, 1993.

BACHMAN, L. Problems in Examining the Validity of the ACTFL Oral Proficiency Interview. *Studies in Second Language Acquisition*, n. 10, p. 149-164, 1998.

BANKS, J. A., BANKS, C. A., McGEE, C. A. (orgs.). *Multicultural Education*. Needham Heighsts: Allyn & Racon, 1989.

_____. *Multicultural Education:* Issues and Perspectives. Needham Heights: Allyn and Bacon, 1993.

BAUDELOT, C. A sociologia da educação: para quê? *Teoria & Educação*, Porto Alegre, n. 3, p. 29-42, 1991.

BENNETT, M. J. How Not to Be a Fluent Fool: Understanding the Cultural Dimensions of Language, in FANTINI, A. E. (org.). *New Ways in Teaching Culture*. Alexandria: Teachers of English to Speakers of Other Languages, 1997, p. 16-21.

BENSON, P. The Philosophy and Politics of Learner Autonomy, in BENSON, P., VOLLER, P. (orgs.). *Autonomy and Independence in Language Learning*. London e New York: Longman, 1997, p. 18-34.

BENSON, P., VOLLER, P. (orgs.). *Autonomy and Independence in Language Learning.* London e New York: Longman, 1997.

BLOMMAERT, J., COLLINS, J., SLEMBROUCK, S. Polycentricity and Interactional Regimes in "Global Neighborhoods". *Ethnography,* v. 6, n. 2, p. 205-235, 2005.

BOLINGER, D. *Language, the Loaded Weapon.* London: Longman, 1980.

BOURDIEU, P. *Language and Symbolic Power.* Cambridge: Harvard University Press, 1991.

_____. *A economia das trocas simbólicas.* São Paulo: Perspectiva, 1974.

BOURDIEU, P., PASSERON, J. C. *A reprodução: elementos para uma teoria do sistema de ensino.* Rio de Janeiro: Francisco Alves, 1992.

BOWERS, C. A. Some Questions about the Anachronistic Elements in the Giroux-McLaren Theory of a Critical Pedagogy. *Curriculum Inquiry,* v. 21, n. 2, p. 239-252, 1991.

BRASIL, E. S. et al. *Proposta pedagógica de organização do ensino noturno das escolas municipais de Vitória da Conquista segmento I e II da educação de jovens e adultos.* 2005. Inédito.

BRASIL. Ministério da Educação. *Leis de diretrizes e bases da educação nacional.* Brasília: MEC, 1996. Disponível em: <http://portal.mec.gov.br/arquivos/pdf/ldb.pdf>. Acesso em: 11 jan. 2008.

BRASIL. Ministério da Educação. Secretaria de Ensino Fundamental. *Parâmetros Curriculares Nacionais* – Ensino Fundamental – Língua Estrangeira. Brasília: Ministério da Educação e Desportos, 1997.

_____. *Parâmetros Curriculares Nacionais.* Terceiro e quarto ciclos do ensino fundamental. Língua estrangeira. Brasília: MEC/SEF, 1998a.

_____. *Parâmetros Curriculares Nacionais:* introdução aos parâmetros curriculares nacionais/secretaria de educação fundamental. Brasília: MEC/SEF, 1998b.

BRASIL. Ministério da Educação. Secretária de Educação Média e Tecnológica. *Parâmetros curriculares nacionais:* ensino médio: linguagens, códigos e suas tecnologias. Brasília: MEC, 1999. v. 2, p. 49-63.

BROWN, D. Some Practical Thoughts about Student-Sensitive Critical Pedagogy. *Braz-Tesol Newsletter,* p. 4-5, sept. 2002.

BROWN, H. D. *Principles of Language Learning and Teaching.* Englewood Cliffs: Prentice Hall Regents, 1994.

BROWN, D. *Language Assessment: Principles and Classroom Practices.* White Plains: Pearson Education, 2004.

BRUCE, B., PEYTON, J. K., BATSON, T. *Network-Based Classrooms: Promises and Realities.* Cambridge: Cambridge University Press, 1993.

BRUNER, J. *The Culture of Education.* Cambridge, Mass: Harvard University Press, 1996.

CALVINO, I. *Seis propostas para o próximo milênio.* Trad.: I. Barroso. São Paulo: Cia. das Letras, 2004.

CANAGARAJAH, A. S. *Resisting Linguistic Imperialism in English Teaching.* Oxford: Oxford University Press, 1999.

CANAGARAJAH, A. S. Globalization, Methods, and Practice in Periphery Classrooms, in BLOCK, D., CAMERON, D. (orgs.). *Globalization and Language Teaching.* London/New York: Routledge Taylor & Francis Group, 2001, p. 134-150.

CAVALCANTE, M. Fala, mestre: "Inclusão é o privilégio de conviver com as diferenças". [Entrevista com Maria Teresa Eglér Mantoan]. *Nova Escola,* n. 182, p. 24-26, maio, 2005.

CELANI, M. A. A. Ensino de línguas estrangeiras: ocupação ou profissão?, in LEFFA, V. J. (org.). *O professor de línguas estrangeiras: construindo a profissão.* Pelotas: Educat, 2001, p. 21-40.

_____. Ensino de línguas estrangeiras: ocupação ou profissão? In: LEFFA, V. J. (org.). *O professor de línguas estrangeiras: construindo a profissão.* Pelotas: Educat, 2006, p. 23-43.

CELCE-MURCIA, M. (org.). *Teaching English as a Second or Foreign Language.* Boston: Heinle & Heinle Thomson Learning, 2001.

CHAMBERLAIN, C., MAYBERRY, R. I. Theorizing About the Relation Between American Sign Language and Reading, in CHAMBERLAIN, C., MORFORD, J. P., MAYBERRY, R. I. (orgs.). *Language Acquisition by Eye.* Mahwah: Lawrence Erlbaum Associates, 2000, p. 221-259.

CHAPELLE, C. Validity in Language Assessment. *Annual Review of Applied Linguistics*, n. 19, p. 254-272, 1999.

CHAUI, M. *O que é ideologia?* São Paulo: Brasiliense, 2006.

CORACINI, M. J. *A celebração do outro – arquivo, memória e identidade – línguas (materna e estrangeira), plurilinguismo e tradução.* Campinas: Mercado de Letras, 2007.

CORTEZ, C. D. C. Estudar... Aprender... Ensinar... Mudar... Transformar-se: um processo contínuo, in BARBARA, L., RAMOS, R. de C. G. (orgs.). *Reflexão e ações no ensino-aprendizagem de línguas.* Campinas: Mercado de Letras, 2003, p. 221-255.

COX, M. I. P., ASSIS-PETERSON, A. A. de. Critical Pedagogy in ELT: Images of Brazilian Teachers of English. *TESOL Quarterly*, v. 33, n. 3, 1999, p. 433-452.

_____. O professor de inglês – entre a alienação e a emancipação. *Linguagem & Ensino*, v. 4, n. 1, p. 11-36, 2000.

CRUZ, G. F. da. *A contribuição das estratégias metacognitivas para o desenvolvimento da autonomia do aprendiz.* 2005. Mestrado em letras – Universidade Federal da Bahia, Salvador, 2005.

CRUZ, N. C. Inteligibilidade de pronúncia no contexto de inglês como língua internacional. *Revista Intercâmbio*, São Paulo: LAEL/PUC-SP, v. 15, 2006. Disponível em: <http://www.pucsp.br/pos/lael/intercambio/pdf/Cruz.pdf>. Acesso em: 12 jun. 2007.

CRYSTAL, D. *English as a Global Language.* Cambridge: Cambridge University Press, 1997.

DALTON, C., SEIDLHOFER, B. *Pronunciation.* Oxford: Oxford University Press, 1994.

DAMEN, L. *Culture Learning: The Fifth Dimension on the Language Classroom.* Reading: Addison-Wesley, 1987.

DAVIES, F. *Introducing Reading.* Cambridge: Cambridge University Press, 1995.

DEWEY, J. *How We Think.* Mineola: Dover, 1997.

DIAS, M. H. M., ASSIS-PETERSON, A. A. de. O inglês na escola pública: vozes de pais e alunos. *Polifonia*, Cuiabá, v. 12, n. 2, p. 107-128, 2006.

DICKINSON, L. Learner Autonomy: What, Why and How? In: LEFFA, V. J. (org.). *Autonomy in Language Teaching.* Porto Alegre: Editora da UFRGS, 1994, p. 2-12.

DUNNETT, S., DUBIN, F, LEZBERG, A. English Language Teaching from an Intercultural Perspective, in VALDES, J. *Culture Bound.* Cambridge: Cambridge University Press, 1986.

ELLIS, R. *Second Language Acquisition.* Oxford: Oxford University Press, 1997.

_____. Item versus System Learning: Explaining Free Variation. *Applied Linguistics*, v. 20, n. 4, p. 460-480, 1999.

_____. *Task-based Language Learning and Teaching.* Oxford: Oxford University Press, 2003.

ELLSWORTH, E. Why Doesn't this Feel Empowering? Working through the Repressive Myths of Critical Pedagogy. *Harvard Educational Review*, v. 59, n. 3, p. 297-325, 1989.

ESPIGA, J. Interferências e interlínguas no aprendizado de espanhol por falantes nativos de português: aspectos de fonologia, in HERNANDORENA, C. L. M. (Org.). *Aquisição de língua materna e de língua estrangeira: aspectos fonético-fonológicos.* Pelotas: Educat, 2001, p. 261-276.

FABRÍCIO, B. F. Coparticipação tático-reflexiva: formas de (inter)ação na sala de aula de LE com potencial democrático. *Calidoscópio*, São Leopoldo, v. 5, n. 2, p. 125-138, 2007.

FAIRCLOUGH, N. Global Capitalism and Critical Awareness of Language. *Language Awareness*, v. 8, n. 2, p. 71-83, 1999.

____. *Language and Power*. London: Longman, 1989.

FERNANDES, A. C. *Análise do discurso: reflexões introdutórias*. São Carlos: Claraluz, 2007.

FERNANDES, P. R. C. A epêntese nas formas oral e escrita na interfonologia português/inglês, in HERNANDORENA, C. L. M. (org.). *Aquisição de língua materna e de língua estrangeira: aspectos fonético-fonológicos*. Pelotas: Educat, 2001, p. 235-259.

FERREIRA, A. B. de H. *Novo dicionário Aurélio da língua portuguesa*. Curitiba: Positivo, 2004.

FIORIN, J. L. *Linguagem e ideologia*. São Paulo: Ática, 1997.

FOUCAULT, M. *The Archaeology of Knowledge and the Discourse on Language*. New York: Pantheon Books, 1972.

FRANCELIN, M. A. S., MOTTI, T. F. G. Questões atuais sobre o ensino para deficientes auditivos no Brasil. *Espaço*, Rio de Janeiro: INES, n. 16, 2001. Disponível em: <http://www.ines.org.br/paginas/revista/TEXTO3.htm>. Acesso em: 27 mar. 2007.

FREIRE, P. *Pedagogia do oprimido*. São Paulo: Paz e Terra, 1977.

____. *Educação e mudança*. Rio de Janeiro: Paz e Terra, 1979.

____. Pedagogia da autonomia: saberes necessários à prática educativa. São Paulo: Paz e Terra, 1996.

____, MACEDO, D. *Alfabetização: leitura do mundo, leitura da palavra*. Rio de Janeiro: Paz e Terra, 1990, p. 89-107.

FRIES, C. *Teaching and Learning English as a Foreign Language*. Ann Arbor: University of Michigan Press, 1945.

GADOTTI, M. Avaliação educacional e projeto político-pedagógico. 1999. Disponível em: <http://www.paulofreire.org/Moacir_Gadotti/Artigos/Portugues/Curriculo/Avali_educacional_PPP.pdf>. Acesso em: 12 nov. 2007.

GAGNÉ, E. D., YEKOVICH, C. W., YEKOVICH, F. R. *The Cognitive Psychology of School Learning*. New York: Harper Collins College Publishers, 1993.

GALLOWAY, V. B. *Communicating in a Cultural Context*. Conferência na Northeast Conference Winter Workshop, Wakerfield, 1985.

GARCEZ, P. M. A organização da fala-em-interação na sala de aula: controle social, reprodução de conhecimento, construção conjunta de conhecimento. *Calidoscópio*, São Leopoldo, v. 4, n. 1, p. 66-80, 2006.

GARDNER, H. *Inteligências múltiplas: a teoria na prática*. Trad.: Mª Adriana Veríssimo Veronese. Porto Alegre: Artes Médicas, 1995.

GASPARINI, E. N. Sentidos de ensinar a aprender inglês na escola de ensino médio e fundamental – uma análise discursiva. *Polifonia*, Cuiabá, n. 10, p. 159-175, 2005.

GENC, B., BADA, E. Culture in Language Learning and Teaching. *The Reading Matrix*, v. 5, n. 1, apr. 2005. Disponível em: <http://www.readingmatrix.com/articles/genc_bada/article.pdf>. Acesso em: 27 ago. 2007.

GIROUX, H. A. *Teoria e resistência em educação*. Petrópolis: Vozes, 1986.

____. Praticando estudos culturais nas faculdades de educação, in SILVA, T. T. da (org.). *Alienígenas na sala de aula*. São Paulo: Vozes, 1995, p. 85-103.

____, McLAREN, P. (orgs.) *Critical Pedagogy, the State, and Cultural Struggle*. New York: Suny Press, 1989.

GORODETSKAYA, L. The Problems of Teaching Sociocultural Competence within a Foreign Language Course. *American Studies International*, v. 34, n. 2, p. 59-75, out. 1996.

GRAMAN, T. Educating for Humanization: Applying Paulo Freire's Pedagogy to Learning a Second Language. *Harvard Educational Review*, v. 38, n. 4, p. 433-448, 1998.

GRIGOLETTO, M. Ideologia e processos identitários: O simbólico em questão, in FREIRE, M., ABRAHÃO, M., BARCELOS, A. (orgs.). *Linguística aplicada e contemporaneidade*. Campinas: ALAB/Pontes, 2005, p. 53-63.

GUILHERME, M. *Critical Citizens for an Intercultural World: Foreign Language Education as Cultural Politics*. Clevedon: Multilingual Matters, 2002.

GUIMARÃES, N. Á. D. *O ensino de inglês como língua estrangeira: um estudo de caso sobre a competência desenvolvida nos alunos no ensino médio*. 2005. Mestrado – Universidade Lusófona de Humanidades e Tecnologias, Lisboa, 2005.

HALL, E. T. *The Silent Language*. New York: Anchor Books, 1961.

HALLIDAY, M. A. K. *An Introduction to Functional Grammar*. London: Edward Arnold, 1985.

HAN, Z-H. Fossilization: Five Central Issues. *International Journal of Applied Linguistics*, v. 14, n. 2, p. 212-242, 2004.

HAWKINS, M. R. Becoming a Student: Identity Work and Academic Literacies in Early Schooling. *TESOL Quarterly*, v. 39, n. 1, p. 59-82, 2005.

HOFFMEISTER, R. J. A Piece of the Puzzle: ASL and Reading Comprehension in Deaf Children, in CHAMBERLAIN, C. et al. (orgs.). *Language Acquisition by Eye*. Mahwah: Lawrence Erlbaum Associates, 2000, p. 143-163.

HOFSTEDE, G. National Cultures and Corporate Cultures, in SAMOVAR, L. A.; SAMOVAR, P. (orgs.). *Communication between Cultures*. Belmont: Wadsworth, 1984.

HOLEC, H. *Autonomy in Foreign Language Learning*. Oxford: Pergamon, 1981.

HOLUB, M. The Door, Go and Open the Door, in ____. *Selected Poems*. Trad.: G. Theiner e I. Milner. Harmondsworth: Faber& Faber, 1967, p. 104.

HUGHES, A. *Testing for Language Teachers*. Cambridge: Cambridge University Press, 1999.

HYDE, M. The Teaching of English in Morocco. The Place of Culture. *ELT Journal*, v. 48, n. 4, p. 295-305, 1994.

HYMES, D. On Communicative Competence, in GUMPERZ, J. J.; HYMES, D. (orgs.). *Directions in Sociolinguistics*. New York, Toronto, London, Sydney: Holt, Rinehart and Winston, 1972, p. 269-293.

IZARRA, L. Critical Pedagogy in TEFL: Cultural Identities at Play. *Braz-Tesol Newsletter*, p. 6-8, June 2002.

KACHRU, B. B. Standards, Codification and Sociolinguistic Realism in the English Language in the Outer Circle, in QUIRK, R., WIDDOWSON, H. G. (orgs.). *English in the World: Teaching and Learning the Language and Literatures*. Cambridge: Cambridge University Press, 1985, p. 11-30.

JENKINS, J. *The Phonology of English as an International Language*. Oxford: Oxford University Press, 2000.

JONES, R. H. Beyond "Listen and Repeat": Pronunciation Teaching Materials and Theories of Second Language Acquisition. *System, Great Britain*, v. 25, n. 1, p. 103-112, 1997.

KRASHEN, S. *Principles and Practice in Second Language Acquisition*. Oxford: Pergamon, 1982.

KRAMSCH, C. J. *Context and Culture in Language Teaching*. Oxford: Oxford University Press, 1993.

KRAMSCH, C. J. The Cultural Component of Language Teaching. *On Line*, v. 1, n. 2, 1996. Disponível em: <http://www.ualberta.ca/~german/ejournal/achive/kramsch2.htm>. Acesso em: 20 jun. 2007.

KUMARAVADIVELU, B. *Beyond Methods: Macrostrategies for Language Teaching.* New Haven; London: Yale University Press, 2003.

LADO, R. *Linguistics Across Culture.* Ann Arbor: University of Michigan Press, 1957.

____. *Language Teaching – a Scientific Approach.* New York: McGraw-Hill, 1964.

LARROSA, J. *Pedagogia profana: danças, piruetas e mascaradas.* Belo Horizonte: Autêntica, 2000.

LARSEN-FREEMAN, D. *Techniques and Principles in Language Teaching.* Oxford: Oxford University Press, 1986.

____. Expanding the Roles of Learners and Teachers in Learner-Centered Instruction, in RENANDYA, W. A., JACOBS, G. M. (orgs.). *Learners and Language Learning.* Singapore: Seameo Regional Language Centre, 1998, p. 207-226.

LAVE, J., WENGER, E. *Situated Learning: Legitimate Peripheral Participation.* Cambridge: Cambridge University Press, 1991.

LEFFA, V. J. O professor de línguas estrangeiras: do corpo mole ao corpo dócil, in FREIRE, M., ABRAHÃO, M., BARCELOS, A. (orgs.). *Linguística aplicada e contemporaneidade.* Campinas: ALAB/Pontes, 2005, p. 203-218.

____. Língua estrangeira hegemônica e solidariedade internacional, in KARWOSKI, A. M., BONI, V. de F. C. (org.). *Tendências contemporâneas no ensino de inglês.* União da Vitória: Kaygangue, 2006, p. 10-25.

____. "Pra que estudar inglês, profe?": autoexclusão em língua estrangeira. *Claritas,* São Paulo: PUC-SP. No prelo.

LIMA, D. C., ROEPCKE, Y. Foreign Language Teachers as Culture Brokers, in ____. (orgs.). *Foreign-Language Learning and Teaching: from Theory to Practice.* Vitória da Conquista: Edições UESB, 2004, p. 211-222.

LIMA, J. R. *A distintividade das vogais anteriores do inglês na comunicação de falantes do português.* Mestrado em letras – Universidade Federal da Bahia, Salvador, 2005.

LIMA, L. R. *O inglês instrumental e a linguística pós-estruturalista: um problema teórico.* 1996. Disponível em: <www.uneb.br/lucianolima>. Acesso em: jul. 2007.

LITTLE, D. *Learner Autonomy: Definitions, Issues and Problems.* Dublin: Authentik Language Learning Resources, 1991.

LONG, M. H. Linguistic and Conversational Adjustments to Non-Native Speakers. *Studies in Second Language Acquisition,* n. 5, v. 2, p.177-193, 1983.

LUCKESI, C. *Avaliação da aprendizagem escolar.* São Paulo: Cortez, 1996.

____. *Avaliação da aprendizagem escolar: estudos e preposição.* São Paulo: Cortez. 1997.

MAFFESOLI, M. *O conhecimento comum – introdução à sociologia compreensiva.* Trad.: A. R. Trinta. Porto Alegre: Sulina, 2007.

____. *A sombra de Dioniso – contribuição a uma sociologia da orgia.* Trad.: R. de Almeida. São Paulo: Zouk, 2005.

MARINHO, A. *O desejo na prática pedagógica.* Disponível em: <http://projetoeducacao. com.br/index.asp?Ir=noticia.asp&Notcod=7>. Acesso em: 17 set. 2007.

MARTINS, J. Psicologia da aprendizagem: uma abordagem fenomenológica, in MAGALHÃES, M. C. C. *A formação do professor como um profissional crítico.* Campinas: Mercado de Letras, 2004, p. 27-36.

MASI, D. de. *O ócio criativo.* Rio de Janeiro: Sextante, 2000.

MATEUS, E. F., PICONI, L. Aprendizagem colaborativa de professores em formação inicial e continuada: investigando as práticas discursivas, in CONGRESSO BRASILEIRO DE LINGUÍSTICA APLICADA, 8., 2007, Brasília. *Anais...* Brasília: ALAB, 2007.

McNAMARA, T. F. *Language Testing.* Oxford: Oxford University Press, 2000.

MENDES, E. G. A radicalização do debate sobre inclusão escolar no Brasil. *Revista Brasileira de Educação*, Rio de Janeiro, v. 11, n. 33, p. 387-405, 2006.

MENEZES, E. T. de; SANTOS, T. H. dos. Avaliação dialógica (verbete), in *Dicionário interativo da educação brasileira*. São Paulo: Midiamix Editora, 2002. Disponível em: <http://www.educabrasil.com.br/eb/dic/dicionario.asp?id=424>. Acesso em: 12 nov. 2007.

MICOLI, L. Autonomia na aprendizagem de língua estrangeira, in PAIVA, V. L. M. O. (org.). *Práticas de ensino e aprendizagem de inglês com foco na autonomia*. Campinas: Pontes, 2007, p. 31-49

MITCHEL, R., MYLES, F. *Second Language Learning Theories*. London: Edward Arnold Ltd., 1998.

MOITA LOPES, L. P. da. A função da aprendizagem de línguas estrangeiras na escola pública, in ____. *Oficina de linguística aplicada – a natureza social e educacional dos processos de ensino/aprendizagem de línguas*. Campinas: Mercado de Letras, 1996.

____. *Read, Read, Read*. São Paulo: Ática, 1998.

____. *Identidades fragmentadas: a construção discursiva de raça, gênero e sexualidade em sala de aula*. Campinas: Mercado de Letras, 2001.

____. A nova ordem mundial, os parâmetros curriculares nacionais e o ensino de inglês no Brasil: a base intelectual para uma ação política, in BARBARA, L., RAMOS, R. de C. G. (orgs.). *Reflexão e ações no ensino-aprendizagem de línguas*. Campinas: Mercado de Letras, 2003, p. 29-57.

MORITA, N. Negotiating Participation and Identity in Second Language Academic Communities. *TESOL Quarterly*, v. 38, n. 4, p. 573-603, 2004.

MOSKOWITZ, G. *Caring and Sharing in the Foreign Language Class: a Sourcebook on Humanistic Techniques*. Rowley: Newbury House, 1978.

MOTA, K. Incluindo as diferenças, resgatando o coletivo — novas perspectivas multiculturais no ensino de línguas estrangeiras, in ____; SCHEYERL, D. *Recortes interculturais na sala de aula de línguas estrangeiras*. Salvador: Edufba, 2004a, p. 37-60.

____. Multiculturalismo: perspectivas pedagógicas para uma sociedade mais solidária. *Formadores: vivências e estudos*, Cachoeira, v. 1, n. 1, p. 15-26, jun. 2004b.

NAIMAN, N. et al. *The Good Language Learner*. Toronto: Multilingual Matters Ltd, 1978.

NICOLUCCI, D., DIAS, T. R. S. Educação de surdos: análise de uma intervenção em escola pública. *Espaço*, Rio de Janeiro: INES, v. 1, p. 115-134, 2006.

NORTON, B., TOOHEY, K. Changing Perspectives on Good Language Learners. *TESOL Quarterly*, v. 35, n.2, p. 307-322, 2001.

O'CONNOR, M., MICHAELS, S. Shifting Participant Frameworks: Orchestrating Thinking Practices in Group Discussion, in HICKS, D. (org.). *Discourse, Learning and Schooling*. Cambridge: Cambridge University Press, 1996, p. 63-103.

ORTENZI, D. I. B. G. Avanços e lacunas nos estudos em formação de professores de língua inglesa no Brasil. *Acta Scientiarum. Human and Social Sciences*, v. 29, p. 121-127, 2007.

PAIVA, V. L. M. O. *Estratégias individuais de aprendizagem de língua inglesa*. Uberlândia: Letras & Letras, 1998.

____. A língua inglesa no Brasil e no mundo, in ____ (org.). *Ensino de língua inglesa: reflexões e experiências*. Campinas: Pontes, 2001, p. 9-28.

____. *Projeto AMFALE, aprendendo com memórias de falantes e aprendizes de língua estrangeira*. Belo Horizonte: Universidade Federal de Minas Gerais, 2005.

____. Autonomia e complexidade. *Linguagem & Ensino*, Pelotas, v. 9, n 1, p. 77- 127, jan./jun. 2006.

_____. (org.). *Práticas de ensino e aprendizagem de inglês com foco na autonomia.* Campinas: Pontes, 2007.

PALMER, P. J. *The Courage to Teach: Exploring the Inner Landscape of a Teacher's Life.* San Francisco: Jossey-Bass Publishers, 1998.

PATTO, M. H. S. *Psicologia e ideologia.* São Paulo: Queiroz, 1984.

PENNYCOOK, A. Critical Pedagogy and Second Language Education. *System,* v. 18, n. 3, p. 303-314, 1990.

_____. *The Cultural Politics of English as an International Language.* London: Longman, 1994.

_____. Cultural Alternatives and Autonomy, in BENSON, P., VOLLER, P. (orgs.). *Autonomy & Independence in Language Learning.* London e New York: Longman, 1997, p. 35-53.

_____. *Critical Applied Linguistics: an Introduction.* Mahwah, New Jersey/London: Lawrence Erlbaum, 2001.

PERIN, J. O. R. *Ensino / aprendizagem de língua inglesa em escolas públicas: o real e o ideal.* Pelotas: Educat, 2005.

PETERSON, R. E. Teaching How to Read the World and Change it: Critical Pedagogy in the Intermediate Grades, in WALSH, C. E. (org.). *Literacy as Praxis: Culture, Language and Pedagogy.* Norwood: Ablex, 1991. p. 156-182.

PEYTON, J. K., FRENCH, M. *Making English Accessible:* Using Electronic Networks for Interaction in the Classroom. Washington: Gallaudet University, 1996.

PHILLIPSON, R. *Linguistic Imperialism.* Hong Kong: Oxford University Press, 1992.

POLITZER, R. *Developing Cultural Understanding Through Foreign Language Study.* Report of the Fifth Annual Round Table Meeting on Linguistics and Language Teaching. Washington: Georgetown University Press, 1959, p. 99-105.

PRATOR JR., C. H., ROBINETT, B. W. *Manual of American English Pronunciation.* San Francisco: Holt, Rinehart and Winston, Inc., 1972.

RAJAGOPALAN, K. The Politics of Language and the Concept of Linguistic Identity. *CAUCE: Revista de Filología y su Didáctica,* Sevilla: Universidad de Sevilla, p. 17-28, 2001.

_____. *Por uma linguística crítica: linguagem, identidade e a questão ética.* São Paulo: Parábola Editorial, 2003.

_____. The Concept of "World English" and its Implications for ELT. *ELT Journal,* v. 58, n. 2, p. 111-117, 2004.

_____. Non-Native Speaker Teachers of English and their Anxieties: an Experiment in Action Research, in LLURDA, E. (org.). *Non-Native Language Teachers: Perceptions, Challenges, and Contributions to the Profession.* Boston: Springer, 2005a, p. 283-303.

_____. A geopolítica da língua inglesa e seus reflexos no Brasil: por uma política prudente e propositiva, in LACOSTE, Y. (org.) *A geopolítica do inglês.* São Paulo: Parábola Editorial, 2005b, p. 135-159.

_____. O grande desafio: aprender a dominar a língua inglesa sem ser dominado/a por ela, in GIMENEZ, T., ANDREOTTI, V., JORDÃO, C. (orgs.). *Perspectivas educacionais e o ensino de inglês na escola pública.* Pelotas: Educat, 2005c, p. 37-48.

_____. Tesol and the Question of Learners' Cultural Identity: Towards a Critical Approach. *International Journal of Applied Linguistics,* v. 145, p. 167-180, 2005d.

_____. O ensino de línguas estrangeiras como uma questão política, in MOTA, K., SCHEYERL, D. (orgs.). *Espaços linguísticos: resistências e expansões.* Salvador: Edufba, 2006, p. 17-24.

_____. Revisiting the Nativity Scene. *Studies in Language,* v. 31, n. 1, p. 193-205, 2007a.

_____. Postcoloniality as Translation in Action. *Revista do GEL*, Araraquara, n. 4, p. 169-186, 2007b.

_____. Politics of the English Language. *Claritas*, São Paulo, v. 13, 2007c.

REVUZ, C. A língua estrangeira entre o desejo de um outro lugar e o risco do exílio, in SIGNORINI, I. (org.). *Lingua(gem) e identidade.* Campinas: Mercado de Letras, 2002, p. 213-230.

RICHARDS, J., RODGERS, T. *Approaches and Methods in Language Teaching.* New York: Cambridge University Press, 1994.

ROBINS, R. H. *A Short History of Linguistics.* Bloomington e London: Indiana University Press, 1967.

ROBINSON, G. L. N. *Teaching Culture.* Lincolnwood: National Textbook Company, 1985.

RODRIGUES, E. G. Repensando a consciência (e) (a) crítica: por uma redefinição da noção de fortalecimento das identidades sociais, in RAJAGOPALAN, K., FERREIRA, D. M. (orgs.). *Políticas em linguagem: perspectivas identitárias.* São Paulo: Mackenzie, 2006, p. 107-112.

ROSENTHAL, R., JACOBSON, L. *Teacher Expectations and Student Academic Results.* New York: Rinehart & Winston, 1968.

RUBIN, J., THOMPSON, I. *How to Be a More Successful Language Learner.* Boston: Heinle & Heinle, 1994.

SACAMORI, L. *A atuação do entrevistador na interação face a face do exame Celpe-Bras.* 2006. Mestrado – Unicamp, Campinas, 2006.

SACKS, O. W. *Vendo vozes: uma viagem ao mundo dos surdos.* Rio de Janeiro: Cia. das Letras, 1998.

SANTOMÉ, J. T. As culturas negadas e silenciadas no currículo, in SILVA, T. T. (org.). *Alienígenas na sala de aula.* Petrópolis: Vozes, 1995, p. 159-177.

SANTOS, M. *Por uma outra globalização – do pensamento único à consciência universal.* São Paulo: Record, 2000.

SCARAMUCCI, M. V. R. O projeto Celpe-Bras no âmbito do Mercosul: contribuições para uma definição de proficiência comunicativa, in ALMEIDA, J. C. P. F. (org.). *Português para estrangeiros – interface com o espanhol.* Campinas: Pontes, 1995, p. 77-90.

_____. Proficiência em LE: considerações terminológicas e conceituais. *Trabalhos de linguística aplicada*, Campinas, n. 36, p. 11-22, 2000.

SCHARLE, A., SZABÓ, A. *Learner Autonomy: a Guide to Developing Learner Responsibility.* Cambridge: Cambridge University Press, 2000.

SCHEYERL, D. et al. A filosofia da positividade e o ensino de línguas estrangeiras. *Estudos Linguísticos e Literários*, Salvador, n. 23/24, p. 59-66, jun./dez. 1999.

SCHLATTER, M., GARCEZ, P. M., SCARAMUCCI, M. *Letras de Hoje*, Porto Alegre, v. 38, p. 334-378, 2004.

_____ et al. Avaliação de desempenho e os conceitos de validade, confiabilidade e efeito retroativo, in FLORES, V. N. et al. (org.) *A redação no contexto do vestibular 2005 – a avaliação em perspectiva.* Porto Alegre: Editora da UFRGS, 2005, p. 11-35.

SCHNORR, G. M. Pedagogia do oprimido, in SOUZA, A. I. (org.). *Paulo Freire – vida e obra.* São Paulo: Expressão Popular, p. 67-100, 2001.

SCHUMACHER, C., WHITE, P. de L., ZANETTINI, M. *Guia de pronúncia do inglês para brasileiros: soluções práticas para falar com clareza.* Rio de Janeiro: Campus, 2002.

SCHUMANN, J. *The Pidginization Process: a Model for Second Language Acquisition.* Rowley: Newbury House, 1978.

SCOVEL, T., SCOVEL, J. A Note on EFL Programs in University Level Institutions in China. *Teaching English Abroad Newsletter*, setembro de 1980.

SCOVEL, T. Psycholinguistics, in CARTER, R., NUNAN, D. (orgs.). *The Cambridge Guide to Teaching English to Speakers of Other Languages*. Cambridge: Cambridge University Press, 2001, p. 80-86.

SELINKER, L. Interlanguage. *International Review of Applied Linguistics*, n. 10, p, 209-31, 1972.

____. *Rediscovering Interlanguage*. New York: Longman Group, 1992.

SHEERIN, S. *Self-Access*. Oxford: Oxford University Press, 1999.

SHOR, I. *Culture Wars: School and Society in the Conservative Restoration 1969-1984*. Boston: Routledge & Kegan, 1986.

SKEHAN, P. *Individual Differences in Foreign Language Learning*. London: Edward Arnold, 1989.

SILBERSTEIN, S. Sociolinguistics, in CARTER, R., NUNAN, D. (orgs.). *The Cambridge Guide to Teaching English to Speakers of Other Languages*. Cambridge: Cambridge University Press, 2001, p. 100-106.

SILVA, T. T. da. Quem escondeu o currículo oculto, in ____. *Documento de identidade: uma introdução às teorias do currículo*. Belo Horizonte: Autêntica: 1999, p. 77-152.

SILVERS, S. M. *Inglês: 5ª Série*. Manaus: Novo Tempo, 2001.

SIQUEIRA, S. O desenvolvimento da consciência cultural crítica como forma de combate à suposta alienação do professor brasileiro de inglês. *Inventário, Revista dos Estudantes de Pós-Graduação em Letras e Linguística da UFBA*, Salvador, v. 4, n. 4, 2005. Disponível em: <http://www.inventario.ufba.br/04/04ssiqueira.htm>.

SKIDMORE, D. From Pedagogical Dialogue to Dialogical Pedagogy. *Language and Education*, v. 14, n. 4, p. 283-96, 2000.

SOARES, M. *Linguagem e escola*. São Paulo: Ática, 1986.

SPRENGER, M. *How to Teach Students to Remember*. Alexandria: Association for Supervision and Curriculum Development, 2005.

STEVICK, E. W. *Humanism in Language Teaching: a Critical Perspective*. Oxford: Oxford University Press, 1990.

THOMPSON, J. B. Language and Ideology: a Framework for Analysis. *Sociological Review*, n. 35, v. 3, p. 516-536, 1987.

TOMALIN, B., STERNPLESKI, S. Introduction, in ____. *Cultural Awareness*. Oxford.: Oxford University Press, 1996, p. 5-9.

TOMITCH, L. M. B. Scheme Activation and Text Comprehension. *Fragmentos*, Florianópolis, v. 3, n. 2, p. 29-43, 1991.

____. O ensino de vocabulário em leitura na língua estrangeira: uma análise de materiais didáticos, in CONGRESSO INTERNACIONAL DA ABRAPUI, 1., 2007, Belo Horizonte. *Caderno de Resumos*. Belo Horizonte: Editora da UFMG, 2007. v. 1, p. 45-45.

TSUI, A. B. M. Classroom Interaction, in CARTER, R.; NUNAN, D. (orgs.). *The Cambridge Guide to Teaching English to Speakers of Other Languages*. Cambridge: Cambridge University Press, 2001, p. 120-125.

VALENTINI, C. B. *A apropriação da leitura e escrita e os mecanismos cognitivos de sujeitos surdos na interação em rede telemática*. 1995. Mestrado em Psicologia – UFRGS, Porto Alegre, 1995.

VASCONCELOS, M. G. *Testing the Effectiveness of a Pre-Reading Activity in Triggering Proper Schemata in EFL University Students*. Trabalho de Conclusão de Curso defendido no curso de letras-inglês da UFSC, Florianópolis, 2007.

VYGOTSKY, L. S. *Mind and Society: the Development of Higher Psychological Processes*. Cambridge, MA: Harvard University Press, 1978.

WENGER, E. *Communities of Practice: Learning, Meaning, and Identity*. Cambridge: Cambridge University Press, 1998.

WIDDOWSON, H. G. *Aspects of Language Teaching*. Oxford: Oxford University Press, 1990.

____. The Ownership of English. *TESOL Quarterly*, n. 28, v. 2, p. 377-388, 1994.

WILSON, D. R. *A Bibliography of Modern Foreign Languages and Special Educational Needs*. 2007. Disponível em: <http://www.specialeducationalneeds.com/mfl/biblio.doc>. Acesso em: 10 dez. 2007.

WOOD, G. F. Making the Transition from ASL to English: Deaf Students, Computers and the Writing Center. *Computers and Composition*, v. 12, p. 219-226, 1995.

WYATT, B. O aprendiz de línguas: uma visão humanística, in CELANI, M. A. A. (org.). *Ensino de segunda língua*. São Paulo: Educ, 1997.

YOUNG, R. W. Culture, in ABRAHAMS, R. D., TROIKE, R. C. (org.). *Language and Cultural Diversity in American Education*. New Jersey: Englewood Cliffs, 1972, p. 35-47.

ZEICHNER, K. M., LISTON, D. P. *Reflective Teaching: an Introduction*. Mahwah: Lawrence Erlbaum, 1996.

ZUENGLER, J., MILLER, E. R. Cognitive and Sociocultural Perspectives: Two Parallel SLA Worlds? *TESOL Quarterly*, v. 40, n.1, p. 35-58, 2006.

BIODATA

Os autores das perguntas

Antonio Eliseu Lemos Leal Sena. Licenciado em letras com inglês e especialista em inglês como língua estrangeira pela UESB.

Arisvaldo Benedito da Silva. Licenciado em letras com inglês pela UESB.

Carla Dias Fernandes. Licenciada em letras com inglês e especialista em inglês como língua estrangeira pela UESB.

Clara Carolina Souza Santos. Licenciada em letras com inglês pela UESB.

Claudio Moisés Lima Caires. Licenciado em letras vernáculas pela UNEB.

Edna Pires Correia. Licenciada em letras com inglês e especialista em inglês como língua estrangeira pela UESB.

Gilberto Botelho. Bacharel em língua estrangeira (inglês) pela UFBA.

Gisvaldo Bezerra Araújo-Silva. Licenciado em letras com inglês pela UESB. Mestre em linguística aplicada pela Universidade Federal do Rio Grande do Sul.

Juliana Alves dos Santos. Licenciada em letras com inglês e especialista em inglês como língua estrangeira pela UESB.

Karine Patrícia Dias Cardoso. Licenciada em letras com inglês e especialista em inglês como língua estrangeira pela UESB.

Liliana Ferraz dos Santos. Licenciada em letras com inglês e especialista em linguística aplicada à língua inglesa pela UESB.

Maria Bethânia Gomes Paes. Licenciada em letras com inglês e especialista em linguística pela UESB.

Maria José Hagge. Licenciada em letras com inglês pela UESB.

Maria Nilva Pereira. Licenciada em letras com inglês pela UNEB. Especialista em linguística aplicada ao português pela UESB.

Neivande Dias da Silva. Licenciada em letras com inglês e especialista em inglês como língua estrangeira pela UESB.

Rute Moreira de Brito. Licenciada em letras com inglês e especialista em inglês como língua estrangeira pela UESB.

Shirley Guedes. Licenciada em letras com inglês pela UESB.

Sinézio Cotrim Guimarães. Licenciado em letras com inglês pela UNEB.

Tânia Drummond. Licenciada em letras vernáculas com língua estrangeira pela UFBA.

Zelinda Almeida Souza Caires. Licenciada em letras com inglês pela UNEB. Especialista em inglês como língua estrangeira pela UESB.

Os especialistas

Adelaide P. Oliveira. Doutora em linguística aplicada pela UFBA. Professora de língua inglesa da Universidade Estadual da Bahia – UNEB.

Ana Antonia de Assis-Peterson. Professora de língua inglesa, linguística aplicada e prática de ensino no curso de letras da Universidade Federal de Mato Grosso.

Ana Maria Stahl Zilles. Professora de linguística na graduação em letras e no Programa de Pós-Graduação em Linguística Aplicada na Universidade do Vale do Rio dos Sinos (Unisinos).

DENISE SCHEYERL. Doutora em linguística teórica, alemão como língua estrangeira e filologia portuguesa pela Ludwig Maximilian Universität München. Professora do Departamento de Letras Germânicas do Instituto de Letras da UFBA.

DIÓGENES CÂNDIDO DE LIMA. Doutor em educação/estudos da linguagem pela Southern Illinois University. Professor pleno de língua inglesa e de linguística aplicada da UESB.

DOMINGOS SÁVIO PIMENTEL SIQUEIRA. Doutor em letras e linguística aplicada pela UFBA. Coordenador acadêmico da ACBEU-Salvador, professor da Universidade Salvador (UNIFACS).

ELADYR MARIA NORBERTO DA SILVA. Professora de língua inglesa, linguística aplicada e prática de ensino no curso de letras da Universidade Federal de Mato Grosso.

ELIZABETH SANTOS RAMOS. Doutora em letras e linguística pela UFBA. Professora da Universidade Federal da Bahia, junto ao Departamento de Letras Germânicas.

GIÊDRA FERREIRA DA CRUZ. Mestre em letras e linguística pela UFBA. Professora assistente da Universidade Estadual do Sudoeste da Bahia (UESB) e coordenadora do Centro de Aprendizagem Autônoma de Línguas Estrangeiras.

HILÁRIO INÁCIO BOHN. Doutor pela Universidade do Texas. Professor titular e pesquisador da Universidade Católica de Pelotas, RS.

JOCELI ROCHA LIMA. Mestre em letras e linguística pela UFBA. Professora assistente de língua inglesa da UESB.

JOHN ROBERT SCHMITZ. Doutor em Letras pela PUCSP. Professor aposentado do Departamento de Linguística Aplicada da Unicamp (1988-2003), ex-professor da UNESP/Assis (1987-1988), PUC-SP (1971- 1987) e também da Southern Connecticut State University, New Haven, EUA (1963- 1970).

KANAVILLIL RAJAGOPALAN. Doutor em linguística aplicada pela PUC-SP. Professor titular na área de semântica e pragmática das línguas naturais da Universidade Estadual de Campinas (UNICAMP)

LEDA MARIA BRAGA TOMITCH, Doutora em letras e linguística aplicada pela UFSC. Professora de língua e literatura estrangeiras da UFSC, onde atua no Programa de Pós-Graduação em Letras/Inglês e Literatura Correspondente.

LELAND EMERSON MCCLEARY. Doutor em semiótica e linguística geral pela USP. Professor do curso de inglês do Departamento de Letras Modernas da USP.

LUCIANO AMARAL OLIVEIRA. Doutor em letras e linguística pela Universidade Federal da Bahia (2003). Atualmente é professor titular da Universidade Estadual de Feira de Santana.

LUCIANO RODRIGUES LIMA. Doutor em letras pela UFBA. Professor titular da UNEB e adjunto da UFBA. Leciona literatura de língua inglesa e orienta pesquisas junto ao Programa de Pós-Graduação em Letras e Lingüística da UFBA.

MELISSA SANTOS FORTES. Professora de estágio supervisionado da Universidade do Vale do Rio dos Sinos (Unisinos). Doutoranda do curso de Letras da Universidade Federal do Rio Grande do Sul.

MIRIAM LÚCIA DOS SANTOS JORGE. Professora da Faculdade de Educação da UFMG, onde leciona prática de ensino de língua inglesa.

RICARDO AUGUSTO DE SOUZA. Doutor em linguística aplicada pela UFMG. Professor junto à Faculdade de Letras da UFMG.

TELMA GIMENEZ. Doutora pela Lancaster University. Professora associada da Universidade Estadual de Londrina, onde atua no Programa de Pós-Graduação em Estudos da Linguagem.

VERA LÚCIA MENEZES DE OLIVEIRA E PAIVA. Doutora em linguística e filologia pela UFRJ. Professora titular da Faculdade de Letras da UFMG.

VILSON J. LEFFA. Doutor pela Universidade do Texas. Professor titular e pesquisador da Universidade Católica de Pelotas, RS.

ESTA OBRA FOI COMPOSTA EM CAMBRIA 11/15
E IMPRESSA PELA GRÁFICA PAYM EM PAPEL
OFF-WHITE 80G PARA A PARÁBOLA EDITORIAL
EM JUNHO DE 2010.